安徽省社会科学创新发展研究课题"地方高校促进脱贫攻坚与乡村振兴有机衔接的策略研究"（项目编号：2019CX115）

新农科研究与改革实践项目：基于"命运共同体"理念的高等学校服务乡村产业振兴模式研究与实践（项目编号：2020076）

脱贫攻坚与乡村振兴的有效衔接

——论地方高校的助力举措

汪建飞　孙得东　许正宏　张海亮　著

合肥工业大学出版社

图书在版编目（CIP）数据

脱贫攻坚与乡村振兴的有效衔接：论地方高校的助力举措/汪建飞等著 . —合肥：合肥工业大学出版社，2022.11

ISBN 978 - 7 - 5650 - 6159 - 2

Ⅰ.①脱⋯ Ⅱ.①汪⋯ Ⅲ.①地方高校—作用—扶贫—研究—中国②地方高校—作用—农村经济建设—研究—中国 Ⅳ.①F126②F323

中国版本图书馆 CIP 数据核字（2022）第 226744 号

脱贫攻坚与乡村振兴的有效衔接

——论地方高校的助力举措

汪建飞　孙得东　许正宏　张海亮　著

责任编辑	张择瑞　殷文卓	
责任校对	汪　钵　郭　敬	
出版发行	合肥工业大学出版社	
地　　址	（230009）合肥市屯溪路 193 号	
网　　址	www.hfutpress.com.cn	
电　　话	理工图书出版中心：0551 - 62903204	
	营销与储运管理中心：0551 - 62903198	
开　　本	787 毫米×1092 毫米　1/16	
印　　张	16	
字　　数	332 千字	
版　　次	2022 年 11 月第 1 版	
印　　次	2022 年 11 月第 1 次印刷	
印　　刷	安徽联众印刷有限公司	
书　　号	ISBN 978 - 7 - 5650 - 6159 - 2	
定　　价	128.00 元	

如果有影响阅读的印装质量问题，请与出版社营销与储运管理中心联系调换。

前　言

2021年2月25日，习近平总书记在全国脱贫攻坚总结表彰大会上庄严宣告，我国脱贫攻坚战取得了全面胜利。习近平总书记深刻指出："脱贫摘帽不是终点，而是新生活、新奋斗的起点。""我们要切实做好巩固拓展脱贫攻坚成果同乡村振兴有效衔接各项工作，让脱贫基础更加稳固、成效更可持续。"

2019年6月，安徽省社会科学界联合会发布《关于申报2019年安徽省社会科学创新发展研究课题的通知》（皖社科联通字〔2019〕5号），把"脱贫攻坚与乡村振兴有机衔接研究"列为一个选题方向。项目组老师敏锐地认识到这一选题方向的重要性，经过讨论，以"地方高校促进脱贫攻坚与乡村振兴有机衔接的策略研究"为题，申报了当年的攻关研究项目并获批立项（项目编号：2019CX115）。

一直以来，地方高校凭借自身在人才、科技、区位方面的优势，以服务"三农"为己任，主动融入地方经济建设主战场，已经成为一支打赢脱贫攻坚战不可或缺、不可替代的重要力量。但是，面对当下轰轰烈烈、如火如荼的乡村振兴伟大运动，地方高校该如何提供更能持久发力、更大作为的举措？这是摆在地方高校及其管理人员面前的一道难题，也是每一位高校科技人员需要深入思考并理性回答的问题。项目组通过3年多的调查研究，深入分析了地方高校促进脱贫攻坚和乡村振兴有效衔接的理论逻辑与政策背景，结合安徽科技学院的实践，提出了地方高校有序而精准地服务于两大战略的方法路径；更重要的是，通过地方高校的主动创新作为，还可以激活各方主体的"衔接"意识，促进全社会各方主体通力协作、共促乡村振兴良好局面的形成。

本书结构主要包括理论研究、地方高校举措、社会实践三大部分，共分9章。第1章重点论述了地方高校助力脱贫攻坚与乡村振兴战略有效衔接的时代背景、政治意义，明确了课题研究的重要性与可行性；第2章从专家学者、研究机构、关键词、资助基金等多维度对最新的研究成果进行了分析与总结，并对今后一段时期的研究趋势进行了科学展望；第3章在较为全面系统地收集党中央国务院、国家机关部委以及安徽省制定出台的相关政策文件的基础上，通过剖析脱贫攻坚与乡村振兴战略政策有效衔接的学理基础，提出了政策衔接的路径；第4章较为深刻地阐述了地方高校推动脱贫攻坚与乡村振兴有效衔接的理论逻辑，通过现状分析，指明了地方高校推动脱贫攻坚与乡村振兴有效衔接的实现路径，并以安徽科技学院为例介绍了具体方法策略；第5章分析了高校科技特派员这个特殊而重要的群体在助力脱贫攻坚和乡村振兴中的独特作用，为科技特派员在乡村振兴伟大进程中发挥更大的作用提出了合理化建议；第6章从农业标准化建设的视角，提出了地方高校通过参与农业技术标准研制，可以有效促进区域农业产业发展，也是地方高校助力乡村振兴的重要举措；第7章通过对国内多所地方高校助力乡村生态宜居案例的总结分析，阐明了地方高校助力乡村生态宜居的意义、优势和实现路径；第8章介绍了安徽科技学院自2014年与涡阳县西阳镇王桥村建立定点帮扶关系以来，从助力脱贫攻坚到与乡村振兴有效衔接的生动实践；第9章以界首市为研究对象，从县（市）视角，在更大的区域详细论述了地方高校在助力脱贫攻坚与乡村振兴中的作用发挥，为高校进一步服务乡村振兴提供了有益的经验。

书中第1章、第2章、第5章、第6章、第9章由安徽科技学院汪建飞、张国宝、郑晓凡（2021级农业管理领域硕士生）、张子玉（2020级农业管理领域硕士生）编写；第3章、第7章由孙得东编写；第4章由许正宏编写；第8章由张海亮编写。全书由汪建飞统稿。由于作者学识水平有限和经验不足，难免有遗漏不妥之处，恳请读者批评指正。

谨以此书向中国共产党第二十次全国代表大会献礼！

作 者

2022年9月于安徽凤阳

目 录

第 1 部分　理论研究

第3部分　社会实践

第 1 部分
理 论 研 究

第 1 章　问题的提出

党的十八大以来，中国特色社会主义进入新时代，以习近平同志为核心的党中央基于对我国贫困状态以及长期以来实施的减贫脱贫政策效果分析，提出了打好脱贫攻坚战的战略，并相继出台了相关政策，在全国范围全面部署实施。脱贫攻坚战略明确了解决贫困问题的手段，提出了详尽具体的战略目标，规定了这一战略的实施时间为 2015 年至 2020 年。基于对我国乡村现状的分析和进入新时代后我国主要社会矛盾转变的判断，党的十九大报告中首次提出"实施乡村振兴战略"，随后颁布的 2018 年中央一号文件，从国家层面提出了实施乡村振兴战略的意见，同年 9 月，出台了《乡村振兴战略规划（2018—2022 年)》，明确了到 2022 年乡村振兴战略要达到的具体目标，并远景谋划至 2035 年和 2050 年。显然，乡村振兴战略实施的近期安排是 2018 年至 2022 年。

毫无疑问，当前正处在两大战略的交汇期，在如此重要的历史时间轴上，如何让既有不同点又有共同点的两大战略有机衔接，显得尤为急迫、尤为重要。

1.1　选题的意义和价值

1.1.1　当前，我国正处在实施乡村振兴与脱贫攻坚战略历史交汇期，从理论上探讨两大战略关系及其衔接问题十分必要

2012 年，党的十八大提出到 2020 年全面建成小康社会，在全国范围内全面启动了新时期脱贫攻坚伟大行动。2017 年 10 月，党的十九大报告中首次提出乡村振兴战略，将其作为坚定实施的七大战略之一，强调要坚持农业农村优先发展，按照"产业兴旺、生态宜居、乡风文明、治理有效、生活富裕"总要求，加快推进农业农村现代化。对于贫困地区，则要求脱贫攻坚工作要参照乡村振兴战略的目标要求，从生产、生活、生态、社会、政治五个方面着手，整体推进，实现贫困人口的持续增收，促进人的全面发展。

紧接着，2018 年中央一号文件明确指出，做好实施乡村振兴战略与打赢精准脱贫攻坚战的有机衔接。2018 年 5 月 31 日，中共中央政治局会议审议了《关于打赢脱贫攻

坚战三年行动的指导意见》（以下简称《脱贫指导意见》）和《乡村振兴战略规划（2018—2022年）》（以下简称《振兴战略规划》），并分别于6月15日、9月26日颁布实施。《脱贫指导意见》中压轴条款就是"统筹衔接脱贫攻坚与乡村振兴"，以此作为加强和改善党对脱贫攻坚工作的领导的一项重要内容；《振兴战略规划》明确提出"把打好精准脱贫攻坚战作为实施乡村振兴战略的优先任务，推动脱贫攻坚与乡村振兴有机结合相互促进"。安徽省委省政府也相继出台了《中共安徽省委 安徽省人民政府关于推进乡村振兴战略的实施意见》《中共安徽省委 安徽省人民政府关于打赢脱贫攻坚战三年行动的实施意见》，与中央精神保持一致，两个文件在省级层面上对脱贫攻坚与乡村振兴的有机衔接均做了明确规定。

不难看出，乡村振兴与脱贫攻坚有机衔接问题在政策的顶层设计层面已十分明晰。当前我国正处于乡村振兴与脱贫攻坚衔接过渡的时期，在此背景下，从理论上探讨乡村振兴与脱贫攻坚的关系及其衔接问题十分必要。

1.1.2　在全省范围内因地制宜地探索脱贫攻坚与乡村振兴有机衔接策略，对推动全面迈入小康社会的目标具有极其重要的现实意义

自从党的十九大报告提出实施乡村振兴战略以来，全国各地积极响应，如火如荼地展开了乡村振兴理论大讨论，并在实践中加以探索。尤其是一些贫困地区一方面抢抓脱贫攻坚进度，另一方面积极对接乡村振兴战略，率先推进了脱贫攻坚与乡村振兴有效衔接的实践，涌现了一批脱贫攻坚与乡村振兴有效衔接的典型。

但是，毋庸讳言，当前全社会在推进脱贫攻坚和乡村振兴两大战略实施过程中，依然存在着"两张皮"运作、政策制度衔接配套不够、各方主体共同参与协助共促局面难以形成、零散化和碎片化现象严重等突出问题，造成了脱贫攻坚与乡村振兴的脱节，既影响到脱贫攻坚的进度，又弱化了乡村振兴的基础，最终影响到农业现代化的进程。为此，在全省范围内，因地制宜地探索脱贫攻坚与乡村振兴有机衔接、协同推进的正确路径，对确保我省与全国同步全面迈入小康社会、实现全面建设社会主义现代化国家的目标具有极其重要的意义。

1.1.3　加强地方高校在促进脱贫攻坚和乡村振兴有机衔接的策略研究，当下具有十分重要的实践应用价值

当前，我国正处于脱贫攻坚和乡村振兴两大战略交汇期，地方高校作为重要的参与主体，面对二者衔接中存在的诸多问题，必须要立足自身特色优势，加强研究和探索，拿出切实可行的"高校解决方案"，摒弃脱贫攻坚和乡村振兴工作的"两张皮"，从理论层面编好脱贫攻坚和乡村振兴的"麻花辫"，从实践层面解锁脱贫攻坚与乡村振兴不能融合的藩篱，架起脱贫攻坚与乡村振兴有机衔接的桥梁，让乡村振兴与脱贫攻坚的春天之约更加和谐，力促两者有机结合、互融互通、同频共振，以此助力广大贫

困地区及贫困群众打赢脱贫攻坚战，推动乡村振兴战略行稳致远，助推全面建成小康社会，为实现中华民族伟大复兴的中国梦贡献智慧和力量。

因此，加强地方高校在促进脱贫攻坚和乡村振兴有机衔接中的理论研究和实践探索，不仅可以为当下高校有序而精准地服务于两大战略提供方法路径，更重要的是，还可以激活各方主体的"衔接"意识，促进全社会各方主体通力协作、共促振兴的良好局面的形成。

1.2　研究的必要性与可行性

1.2.1　当前关于脱贫攻坚与乡村振兴的研究，从理论上阐明了二者有机衔接的必要性

2017 年 11 月，龚亮保在《老区建设》上撰文"从脱贫攻坚到乡村振兴"，打响了脱贫攻坚与乡村振兴关系研究的"第一枪"。之后，越来越多的专家学者、政府官员、新闻媒体关注到这一重要的时代命题，相关文章也如雨后春笋般涌现出来。2019 年 7 月 5 日在知网平台上，以"脱贫攻坚 * 乡村振兴"作为主题词，共检索出 248 篇文献。其中期刊论文 151 篇，报纸文章 93 篇，会议文章 3 篇，硕士学位论文 1 篇。图 1-1 显示了 2017 年 12 月至 2019 年 6 月相关文献发表季度变化趋势，几近直线增长模式。当下，专家学者们对于脱贫攻坚和乡村振兴及其衔接问题的研究已渐入佳境，颇有热火朝天之态。可以预测，未来一段时间，这方面的研究成果还将呈现快速增长的趋势。图 1-2 显示的为检索文献中排名在前 10 位的主题词分布文献的篇数及各自的占比（2017 年 12 月至 2019 年 6 月），从中可以看出，"振兴战略""乡村振兴""脱贫攻坚"是依次排列在前 3 位的主题词，说明人们对此高度关注。

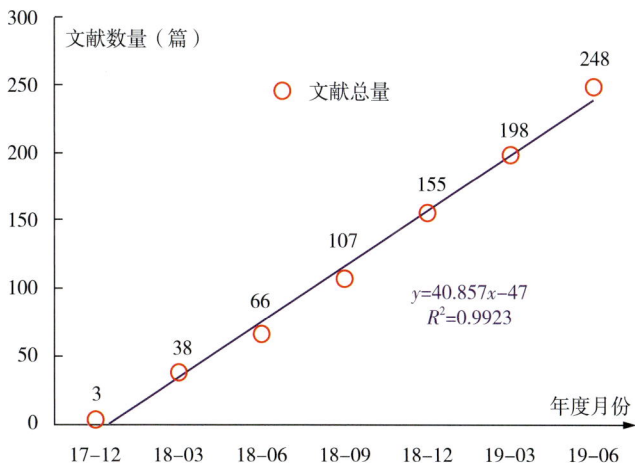

图 1-1　2017 年 12 月至 2019 年 6 月相关文献发表季度变化趋势

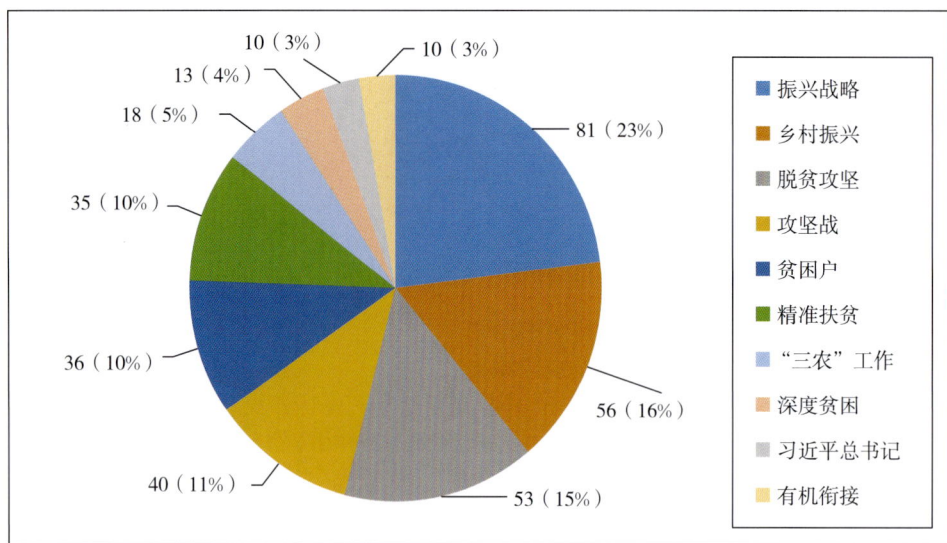

图 1-2　检索文献中排名在前 10 位的主题词分布文献的篇数及各自的占比
（2017 年 12 月至 2019 年 6 月）

全国政协委员、中国工程院院士、北京大学教授张改平在《光明日报》撰文指出，"当前，我国正处在脱贫攻坚和乡村振兴战略实施的交汇期，打赢脱贫攻坚战是乡村振兴的基础和前提，实施乡村振兴战略是脱贫攻坚的巩固和提升。我们要以习近平新时代中国特色社会主义思想为指导，积极稳妥做好脱贫攻坚战与乡村振兴战略的有机衔接"。从精准扶贫精准脱贫决策部署与实施乡村振兴战略的内在逻辑来分析，两者在目标上高度契合，均统一于为了实现全面建成小康社会和伟大复兴中国梦；从相互关系来看，一方面，脱贫攻坚的多维贫困治理需要乡村全面振兴来支撑；另一方面，脱贫攻坚的成功经验及取得成就为实施乡村振兴战略奠定坚实基础。

庄天慧等（2018）研究认为，精准脱贫和乡村振兴之间是相互协调和相互促进的关系。精准扶贫通过政策性措施，精确瞄准贫困地区和贫困户推进脱贫攻坚，解决了绝对贫困问题。但稳定脱贫内生动力的形成需要更长效的机制。乡村振兴在协调城乡资源配置实现帕累托最优的过程中，天然地强化了脱贫内生动力，降低了精准脱贫的制度费用，同时乡村振兴过程中存在短板效应，精准脱贫解决了乡村贫困居民的基本生存和发展需求，弥补了乡村振兴的最低短板。

有学者从不同的角度对两大战略有机衔接的必要性进行了讨论与分析，认为主要体现在三个方面。一是实现"两个一百年"奋斗目标有效衔接的战略需求，二是顺应新时代社会主要矛盾转变的客观要求，三是遵循贫困演变及农业农村发展规律的现实需要。

当前人们对两大战略有机衔接内涵的认识基本统一，必要性的论证也相当充分。问题是，相关内容的表述还存在一定的差异，尤其是对必要性的认识还不够系统和完整，不少文献的观点是自说自话。所以，有必要对已有的文献进行梳理，从理论上系统全面阐明脱贫攻坚与乡村振兴有机衔接的内涵与必要性。

1.2.2　从社会实践层面来看，脱贫攻坚与乡村振兴战略有机衔接是完全可行的

脱贫攻坚，为乡村振兴奠定了基础，指明了方向也积累了经验。首先，我国实施了多年的农村扶贫工作实践，特别是党的十八大以来，农村的精准脱贫攻坚战，不论是在基层组织建设上还是在干部队伍、工作方式方法上，都积累了丰富的经验，锻炼了基层干部队伍，形成了符合当地实际情况、能发挥比较优势的脱贫模式，为乡村振兴打好了基础。

其次，在领导责任制和工作机制层面，2017 年中央农村工作会议明确指出要建立实施乡村振兴战略领导责任制，实行中央统筹，省负总责，市县抓落实的工作机制，在建立科学评价考核指标体系的基础上，对各地实施乡村振兴战略进展及绩效进行综合评价，这和现行的脱贫攻坚领导责任制、工作机制以及考核方式一脉相承。

最后，最近几年刚脱贫的乡村自然应成为实施乡村振兴战略的支持重点，为巩固脱贫成果，仍需借助乡村振兴战略，巩固产业发展基础，提升基本公共服务，增强治理能力，保障稳定持续脱贫。

1.2.3　从政府管理层级分析，当前以行政村为两大战略有机衔接的节点指向明确

从社会实践层面来看，以消除绝对贫困为目标的精准脱贫要在 2020 年前完成，这是当前最大的历史使命。打好打赢脱贫攻坚战是全面建成小康社会的底线任务，是乡村振兴的首场硬仗，是乡村振兴的前提、基础和底线，是必须率先完成的任务。精准脱贫攻坚战的实施效果，对于乡村振兴战略有基础性的影响。

在乡村振兴二十字方针中，产业兴旺排在首位，这与产业脱贫高度契合。首先，乡村振兴能为产业脱贫提供产业支撑，产业的存在是产业脱贫的前提。乡村振兴通过结合区位优势布局和培育地方优势特色产业，为产业脱贫提供了产业基础。其次，乡村振兴在提供产业基础的同时，通过对农业多功能性的有力挖掘和一二三产业融合，极大延伸了产业链，这为产业脱贫的长久有效提供了保障。最后，乡村振兴的产业建设是全方位的立体产业建设，其不仅在生产方式上进行变革，同时还在大力发展新模式新业态，这有助于产业脱贫质量和水平的提升。

因此，在村级层面上以产业发展为龙头，脱贫攻坚与乡村振兴统筹兼顾，同频共振，有机衔接，一石二鸟。当然，在村级层面发展产业也正是当前工作中的难点所在。地方高校则可以充分发挥自身的学科专业、人才资源方面的优势，为乡村产业发展提供智力支撑，并进一步促进两大战略在社会实践中的有机衔接。2012 年以来，我省省

属 27 所地方本科高校驻村定点帮扶贫困村,为在村级层面助力脱贫攻坚与乡村振兴有机衔接做出了大量卓有成效的工作。

1.2.4 地方高校助力脱贫攻坚和乡村振兴有机衔接,义不容辞,刻不容缓

2018 年底,教育部印发《高等学校乡村振兴科技创新行动计划(2018—2022年)》,对全国高校科技创新服务乡村振兴作出了总体设计和系统部署。计划通过五年时间,使高校成为乡村振兴战略科技创新和成果供给的重要力量、高层次人才培养集聚的高地、体制机制改革的试验田、政策咨询研究的高端智库,为乡村振兴战略的实施提供坚实的支撑和保障。

一直以来,地方高校凭借自身在人才、科技、区位方面的优势,以服务为己任,主动融入地方经济建设主战场,已经成为一支打赢脱贫攻坚战不可或缺、不可替代的重要力量。而乡村振兴战略的实施,则为高校提供了更能持久发力、大有作为的广阔天地。

1.3 研究方法

1.3.1 文献研究

利用互联网,利用"百度""知网"平台,重点以"脱贫攻坚""乡村振兴""有机衔接""产业发展"等作为主题词,检索查阅相关文献资料,参考其他国家乡村发展的资料,收集阅读中共中央、国务院、安徽省委省政府、市(区、县)政府主管部门颁发的政策、法规等文件文本。对核心期刊报纸、学位论文、学术专著进行重点研读。整个研究期内,对文献进行动态实时研读,并借助 CiteSpace 工具,对文献进行整理、分析与归纳。

1.3.2 实地考察

拟用一年左右时间,对我省 27 所本科高校定点帮扶贫困村工作进行调研,并进村实地考察,调查的重点内容是产业扶贫和产业振兴在村级层面的衔接与融合情况。

1.3.3 问卷调查

根据研究的内容,面向贫困户、贫困村干部、高校驻村工作队、高校参与扶贫开发工作的教师等不同对象,以促进两大战略有机衔接作为主线,设计一套调查问卷,并对调查结果进行统计分析。

1.3.4　会议研讨

围绕两大战略衔接主题，组织一次小型研讨会，并邀请同行专家给予指导，人数20 人左右。

1.4　初步调研报告

为准确了解地方高校在促进脱贫攻坚和乡村振兴有机衔接的路径，我们开展了调研。主要面向贫困户、贫困村干部、高校驻村工作队、高校参与扶贫开发工作的教师等不同对象，以促进两大战略有机衔接作为主线，设计了相关调查问卷，并对调查结果进行统计分析。

1.4.1　调研基本情况简介

1. 调研样本

调研对象为安徽省的贫困户、贫困村干部、高校驻村工作队、高校参与扶贫开发工作的教师等不同对象，其中安徽省的建档立卡贫困户 832 户、贫困村 26 个、高校驻村工作队 5 个、高校参与扶贫开发工作的教师 12 位。

2. 调研方法

调研分为两个阶段，分别采用问卷调研和无结构访谈两种方法。

第一阶段，问卷调研法。于 2019 年 11 月份在安徽省省内选取了 5 个不同的县（市、区）发放了有关贫困户和行政村的两个调研问卷（详见本章附件 1、附件 2）。共发放了 1025 份贫困户的调研问卷，回收了 946 份问卷，有效问卷 832 份，问卷回收率为 92.29%，有效问卷率为 87.95%；面对贫困村干部发放了 35 份调研问卷，实际回收30 份，有效问卷 26 份，问卷回收率为 85.71%，有效问卷率为 86.67%。问卷调研样本分布情况见表 1-1 所列。

表 1-1　问卷调研样本分布情况

序号	所属区域	所属地市	区县名称	贫困户	贫困户所占比例	贫困村	贫困村所占比例
1	皖中	合肥市	肥东县	140	16.83%	3	11.54%
2	皖北	淮南市	毛集区	311	37.38%	5	30.77%
3	皖北	淮北市	濉溪县	156	18.75%	7	19.23%
4	皖南	安庆市	桐城市	56	6.73%	3	11.54%
5	皖北	阜阳市	颍东区	169	20.31%	8	26.92%
合计				832	100%	26	100.00%

第二阶段，无结构访谈法。于 2019 年 11 月—2020 年 1 月，访谈了 5 个高校驻村工作队和 12 位高校参与扶贫开发工作的教师，主要结合贫困村调研表，围绕乡村振兴中产业发展、生态文明建设、乡村治理让参与对象进行无结构访谈，访谈后进行归纳总结。

1.4.2 调研结果分析

1. 贫困户对地方高校促进脱贫攻坚与乡村振兴有机衔接的路径分析

（1）调研对象的样本描述性统计分析

课题组主要围绕贫困户对地方高校促进脱贫攻坚与乡村振兴有机衔接的路径进行入户调查，共获取有效问卷 832 份。关于贫困户的样本整体情况见表 1-2 所列。

表 1-2　关于贫困户的样本整体情况　　　　　　（单位：人）

分类	名称	男性	女性
总数	合计总数	690	142
年龄分布	≤45 岁	169	43
	46—60 岁	313	55
	61—75 岁	160	30
	≥76 岁	48	14
学历分布	文盲	112	34
	小学	200	34
	初中及高中	351	61
	大专及以上	27	13

性别分布中，男性 690 人，女性 142 人，性别占比为 83%、17%。具体分布如图 1-3 所示。

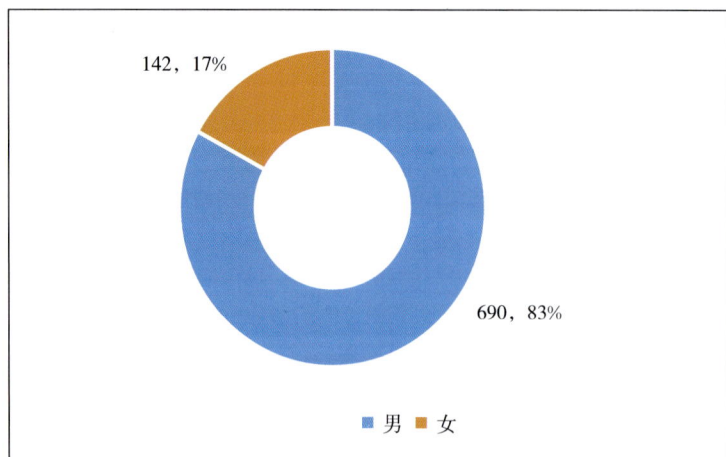

图 1-3　问卷调查贫困户性别分布

年龄分布中，调研对象中 46—60 岁的占比最多，368 人，占比为 44.23%；76 岁以上的最少，62 人，占比为 7.45%。具体分布如图 1-4 所示。

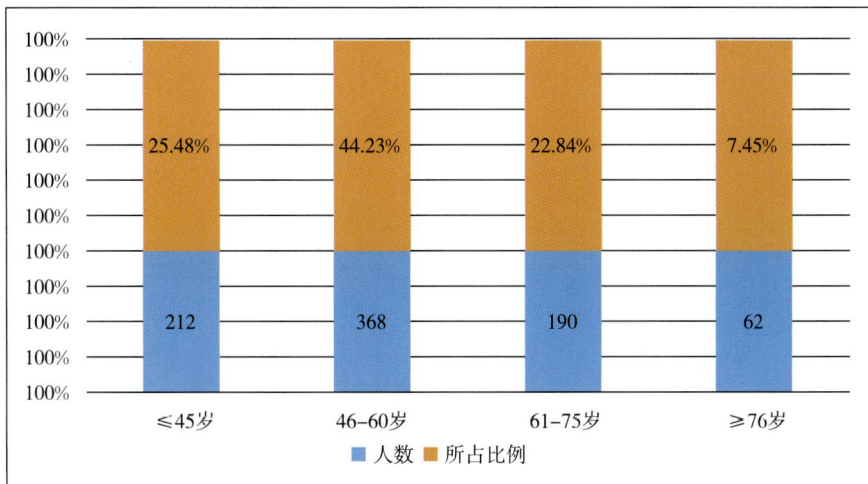

图 1-4　问卷调查贫困户年龄分布

学历分布中，初中及高中学历的占比最多，412 人，占比为 49.52%；大专及以上的最少，40 人，占比为 4.81%。具体分布见图 1-5 所示。

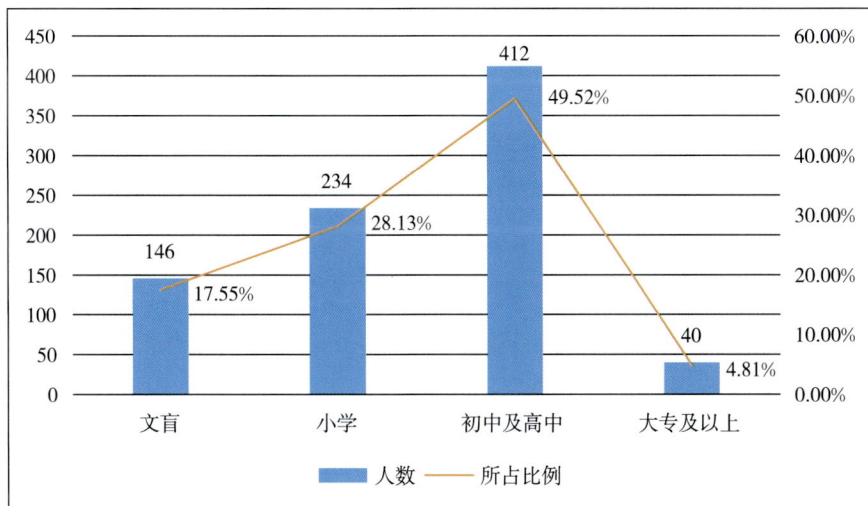

图 1-5　问卷调查贫困户的学历分布

（2）关于地方高校教授专家开展扶贫攻坚和乡村振兴工作的情况

通过调研发现，贫困户对地方高校派教授专家到村入户开展扶贫攻坚和乡村振兴工作的整体认知是持否定的，且存在两极分化情况，没有开展和开展实际工作且有效的处于两个极端。具体情况如下：

对于地方高校派教授专家到村里来开展扶贫攻坚和乡村振兴工作的调研结果发现，超过一半以上认为没有，人数为 470 人，具体占比为 56.49%；超过 2 成的贫困户回答有且多，做过技术指导的为 167 人，占比为 20.07%，在四个选项里排名第二；回答有但没见过的占比为 14.54%，回答见过但次数不多的占比为 8.89%。具体情况如图 1-6 所示。

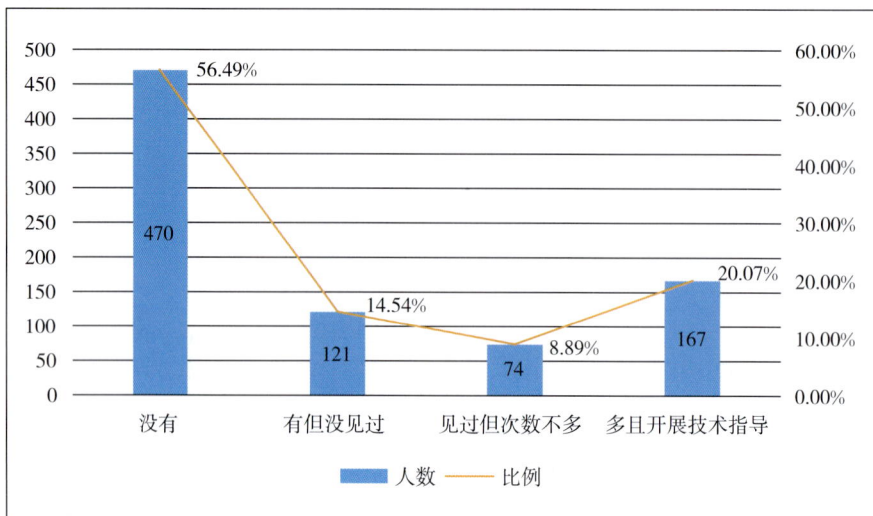

图 1-6　贫困户对地方高校教授专家支农情况的了解熟悉程度

通过贫困户对地方高校教授专家到自己家中来开展扶贫攻坚和乡村振兴情况的调研发现，超过 6 成的贫困户选择没有，具体人数为 556 人，占比为 66.83%；也有超过 2 成的贫困户认为有技术指导且帮助提高收入，具体人数为 190 人，占比为 22.84%；认为有但属于走马观花式的占比为 5.05%；认为有授课但实质性帮助小的占比为 5.29%。具体情况如图 1-7 所示。

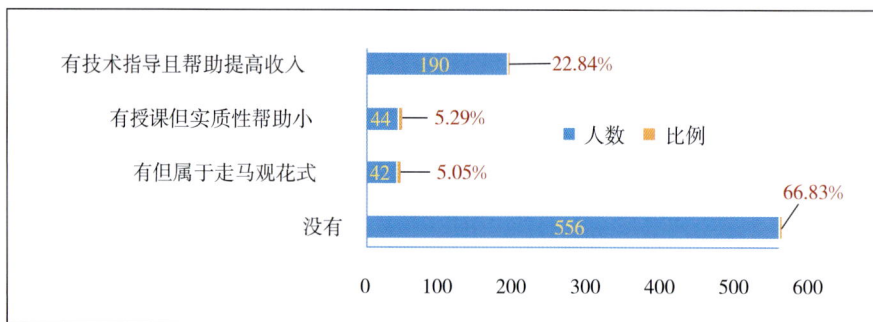

图 1-7　贫困户对地方高校教授专家支农情况的了解熟悉程度

通过对以上数据的分析，可以看出大部分贫困户没有接触到到村入户开展扶贫攻坚和乡村振兴的地方高校教授专家，一方面可能是由于贫困户整体人数较多，教授专家人数较少且深入基层的相对较少导致了解较少；另一方面可能是地方高校教授专家对接的生产种植大户较多，贫困户由于产业基础薄弱，产量和规模较小，无法获得有效直接指导。

（3）关于贫困户对高校专家指导扶贫攻坚和乡村振兴的需求状况

① 贫困户关于农业生产未来面临的最大困难的认知分析

通过对贫困户关于农业生产未来面临的最大困难的认知调研发现，其中将近 4 成的受访者认为文化程度低，无法掌握新技术只能从事简单的生产劳动，这类人群占比最多；也有将近 3 成的受访者认为农产品价格低、收入低，生产没有积极性；认为缺乏劳动力的占 18.03%；认为有发家致富的想法，但缺乏创意和技术的占比最低，为 16.35%（图 1-8）。

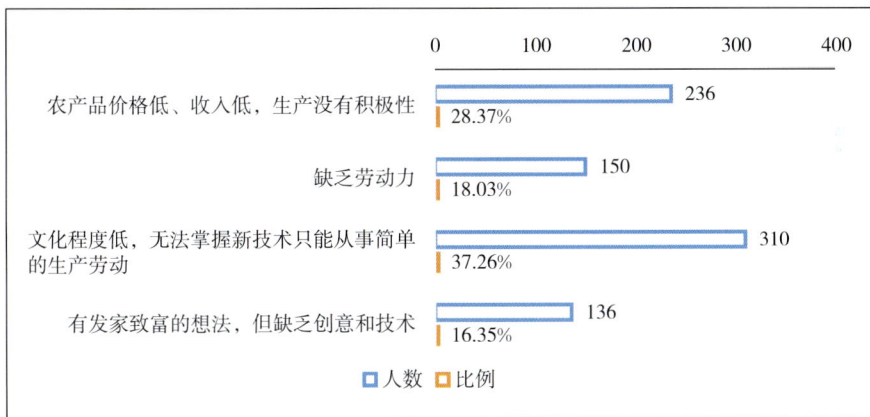

图 1-8　贫困户关于农业生产未来面临的最大困难的认知

以上数据说明，贫困户大部分认为没有文化是未来农业生产面临的最大制约性因素，认为缺乏创意和技术的最少。实际上，现代农业发展更需要面对市场，调整产业结构，这一定会需要更多的创意和技术指导。

② 关于贫困户学习新技术的求助情况分析

通过对贫困户学习新技术的求助情况调研发现，贫困户若需学习新技术帮助发家致富，其会积极主动对接技术人员寻求帮助的占比最高为 45.07%；其次请村镇干部帮忙与技术人员对接的为 43.03%；想办法通过熟人和亲戚关系找技术人员的占比为 5.17%；而不会主动去找技术人员的只占 6.73%（图 1-9）。

通过以上数据发现，贫困户对通过学习新技术帮助发家致富的主动性非常高，会主动寻求技术人员帮助的占 93.27%，只有 6.73% 不寻求技术人员帮助，表明贫困户对发家致富的渴望比较强烈，愿意主动去寻求帮助。同时，在求助渠道中，直接联系的占 45.07%，通过村镇干部的占 43.03%，通过熟人和亲戚关系的占 5.17%，说明通过精准扶贫工作的有效开展，贫困户对技术人员和村镇干部的认可和信任程度非常高，而不是传统意义上的只认熟人之类的情况。

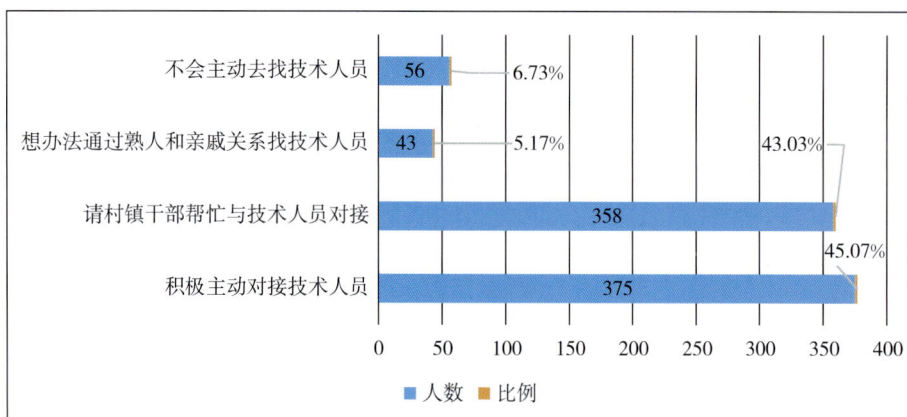

图 1-9 贫困户学习新技术的求助情况

③ 关于贫困户对高校专家教授的认可程度分析

通过调研发现，将近 7 成的贫困户认可高校专家教授的能力，67.19%受访者认为高校专家教授有真本领，能解决生产实际问题；认为高校专家教授只能申报资金补贴项目，不能帮助农业生产的占 15.26%；认为授课行但实践应用性差的占 11.54%；太忙了很少到农村来，来了也不安心的占 6.01%（图 1-10）。

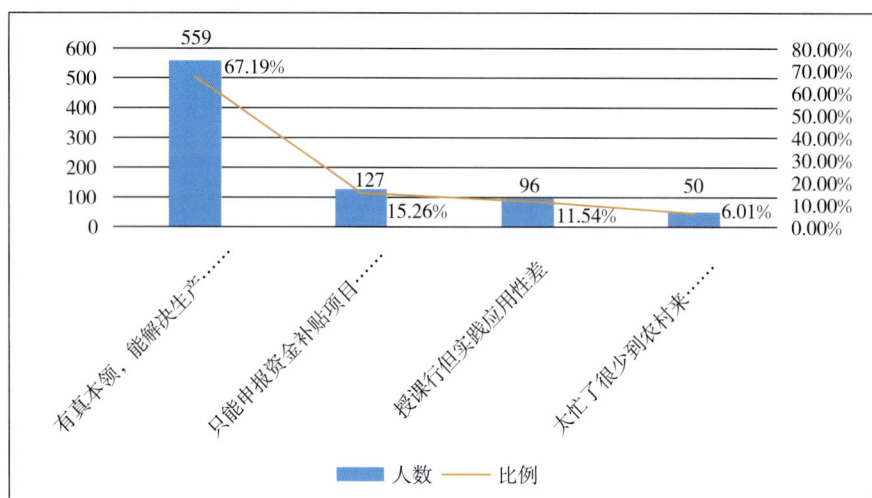

图 1-10 贫困户对高校专家教授的认可程度

通过以上数据发现，贫困户对高校专家教授大部分持认可态度，认为其能有效帮助其解决农业生产实际问题，但也有不少贫困户认为高校专家教授理论水平比较高，实践应用水平不是强项，其发挥作用主要在于授课和申报资金补贴项目，占 26.8%。

④ 关于贫困户对高校帮扶项目的需求分析

通过对贫困户对高校帮扶项目的需求调研发现，大部分希望高校派教授专家提供生产技术指导，占比为 56.01%；希望派大学生驻点帮扶的占比为 22.84%；希望直接给予资金支持的占比为 13.82%；希望帮助解决安排工作的仅占 7.33%（图 1-11）。

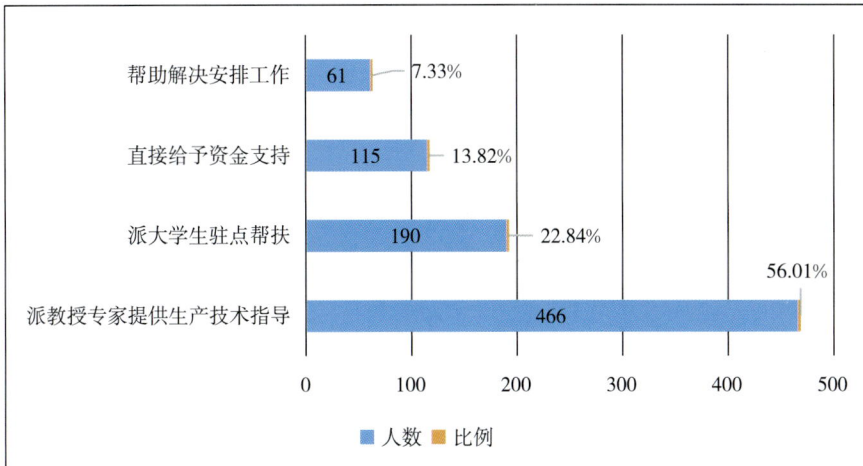

图 1-11　贫困户对高校帮扶项目的需求

通过贫困户对高校帮扶人员类别安排的需求调研发现，超过 6 成以上的贫困户希望派资深老教授和专家，占比为 61.54%；其次是青年教师和研究生，占比为 21.27%；再次是本科大学生，占比为 13.94%；对指派学校的行政干部的期望最低，仅为 3.25%（图 1-12）。

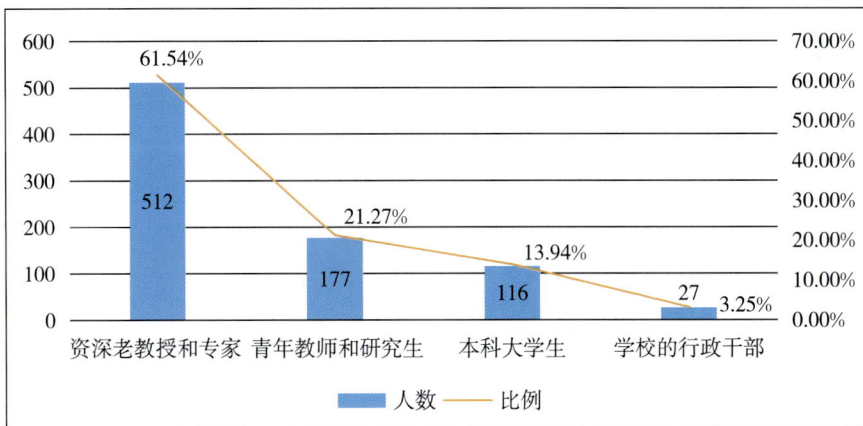

图 1-12　贫困户对高校帮扶人员类别安排的需求

以上数据表明，大部分贫困户希望高校在指导脱贫攻坚和乡村振兴方面的主要作用发挥载体是帮助提供生产技术指导；其次是资金和驻点帮扶，高校在指导脱贫攻坚和乡村振兴方面主要还是应发挥其学术科研解决农业生产实际能力；在人员类别需求方面，对高校的资深老教授和专家认可程度最高，对行政干部的认可程度最低，青年教师和大学生的认可程度处于中间。贫困户更多信任的是资深教授和专家，认为其有非常深厚的积累和经验，可以帮助其解决生产实际问题，对年轻教师和大学生不是特别信任，估计对于高校的行政干部存在一定偏见，认为其学术和实践能力不强。

（4）关于贫困户对各级政府开展脱贫攻坚和乡村振兴工作认可与期望的分析

① 关于贫困户对于政府主导的扶贫工作最大实绩的认知分析

通过对贫困户对于政府主导的扶贫工作最大实绩的认知调研，选择最多的是以股份制参与了村集体企业的分红有260人，占比为31.25％；选择村容村貌的治理有247人，占比为29.69％，排名第二；选择光伏发电扶贫有243人，占比为29.21％；选择金融小额贷款扶贫有82人，占比为9.86％。具体如图1-13所示。在选项排名中，选择以股份制参与了村集体企业的分红、村容村貌的治理以及光伏发电扶贫这三个方面的数据差距非常小。

以上数据表明，贫困户对于政府主导的扶贫工作最大实绩主要在以股份制参与了村集体企业的分红、村容村貌的治理以及光伏发电扶贫等方面，且没有明显区分度。在脱贫攻坚工作中，政府在这三个方面都发挥了积极的关键主导作用，也得到了贫困户的充分认可。

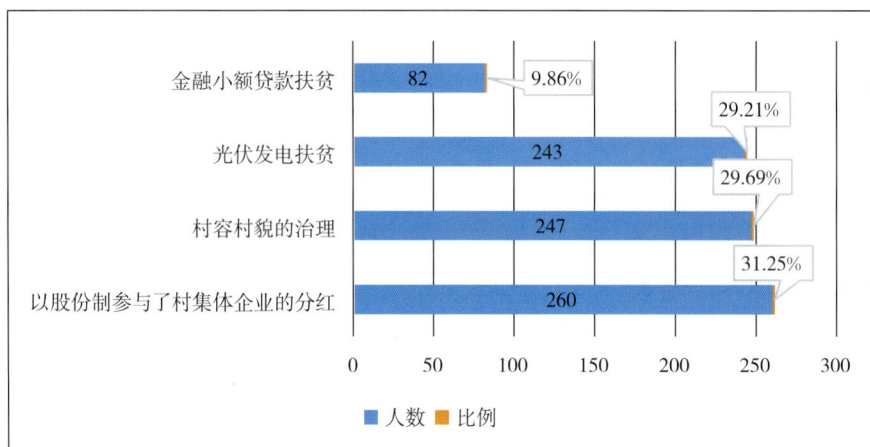

图1-13 贫困户对于政府主导的扶贫工作最大实绩的认知

② 关于贫困户对于政府未来扶贫工作的兴办企业类别的需求分析

通过对贫困户对于政府未来扶贫工作的兴办企业类别的需求调研，有将近一半的人员希望是兴办特色农产品种养企业；其次是兴办产供销一条龙企业；再次是农产品加工企业；最后是电商企业（图1-14）。

以上数据表明，大部分贫困户对于脱贫攻坚与乡村振兴的产业需求方面，主要集中于特色农产品种养企业，对于农产品加工企业和电商企业的重视程度不足。还有一个积极信号是，随着农业的发展，对产供销一条龙企业的认可程度比较高，说明贫困

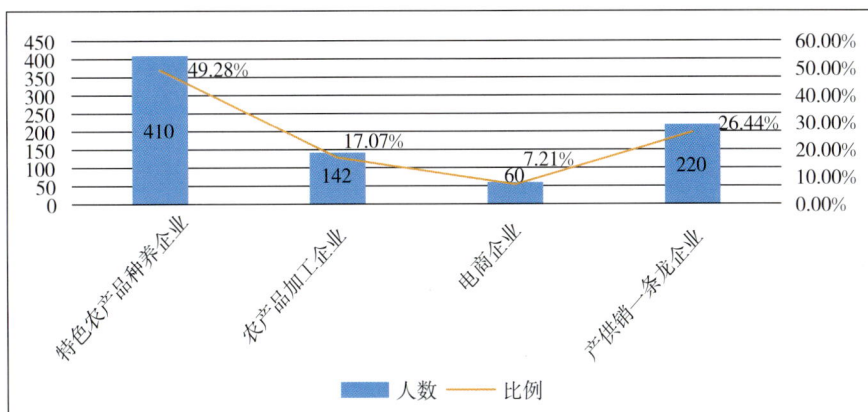

图 1-14　贫困户对于政府未来扶贫工作的兴办企业类别的需求

户的产业链思维正在形成，希望一揽子解决农业生产、加工、销售的意识逐步增强。

（5）贫困户对未来农村生活展望的情况分析

通过对贫困户关于 2020 年后的农村生活展望情况的调研，认为乡村振兴战略会让我们的生产和生活更加美好的占绝对多数，占比为 85.70%；认为主要靠自己努力，生活和现在不会有太大变化的占比为 11.66%；认为不容乐观，生产生活压力会越来越大的占比为 1.80%；认为脱贫了，政府不再关心我们了仅有 7 人，占比仅为 0.84%（图 1-15）。

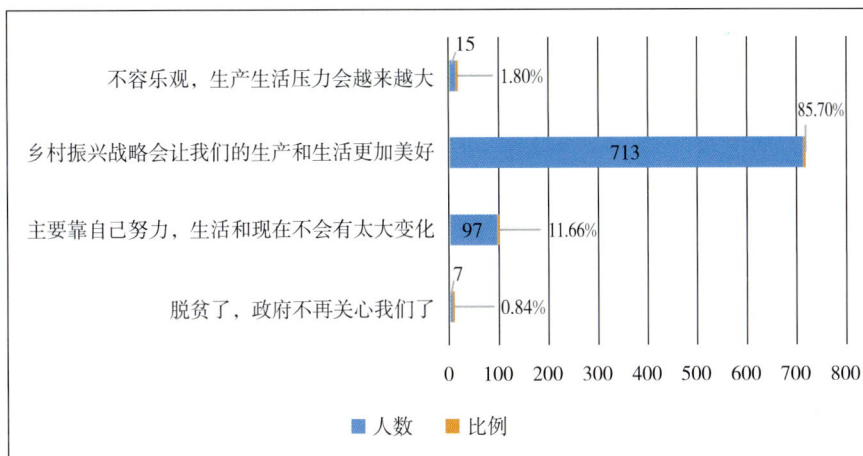

图 1-15　贫困户对 2020 年后的农村生活展望情况

绝大部分的贫困户对 2020 年全面建成小康社会后的农村生活持有积极乐观的心态，认为未来的生产和生活会更加美好，说明贫困户对未来充满信心和自信。贫困户中保持谨慎乐观和不太乐观的心态的人数占比各为 11.66% 和 1.80%，合计为 13.46%，可能是由于一小部分贫困户仍有较大的生活压力。另有极少的贫困户对未来持消极态度,害怕政府不再帮扶。针对此部分群体,应进一步普及宣传国家相关政策,帮助其树立信心。

2. 贫困村对地方高校促进脱贫攻坚与乡村振兴有机衔接的路径分析

(1) 贫困村的致贫主要原因分析

通过调研和访谈,贫困村的致贫原因排在前三的分别为集体经济收入薄弱、公共基础建设落后、无经济实体从而导致的贫困人口多,贫困发生率高。贫困村大多数无集体收入来源,极少数有集体收入来源也主要依靠财政转移支付和村集体财产收益两个方面,收益低,不稳定。在贫困户的致贫原因中,主要包括因病和因残两种,占比均高达 9 成以上,然后就是缺劳动力,再次就是缺技术。

(2) 贫困村脱贫攻坚主要成效分析

此次参与调研和访谈的 26 个贫困村中,均是 2014 年被列入贫困村的,其中 2016 年出列的有 8 个,2017 年出列的有 12 个,2018 年出列的有 3 个,2019 年出列的有 3 个。当贫困村出列时,其村主要集体收入来源于光伏电站、特色产业收入、集体财产收益等方面。脱贫攻坚工作开展后,新增的特色产业主要是特色种植养殖业,如蔬菜、水果、茶叶、鱼虾、莲藕、家禽等;然后就是光伏发电项目,再次就是农产品加工业和休闲旅游业等。特色产业覆盖群体包括贫困户和一般农户等,占村人口的平均比例为 25%～30%。该村开展脱贫攻坚工作后,该村的文化建设改善情况,按序依次主要体现在村民文化活动广场建设、农家书屋、体育健身活动场所等方面;该村的生态环境建设改善主要体现在村容村貌、沟塘渠等水环境改善、农村厕所改造等方面。

(3) 贫困村对高校教授提供帮扶的需求情况分析

在被问到产业扶贫,是否需要高校专家教授的技术支持时,基本 95% 的贫困村觉得非常需要。具体高校专家教授的帮扶项目主要集中在种养殖生产技术指导、人才培训、信息提供等方面,也有提出进行产业规划与设计、电商平台搭建等方面。而为了创造便于高校专家教授开展帮扶工作的条件时,大部分村都愿意提供办公场所、后勤保障、土地等科研场所资源、科研数据、人员调配等方面的支持。

(4) 贫困村未来发展方面的调研分析

在贫困村的调研访谈中,所有的贫困村都配有驻村工作队,人数一般为 3 人,且都希望在 2020 年后继续开展驻村帮扶,继续开展乡村振兴工作。其希望驻村工作队下一步主要在乡村振兴规划与指导、基础设施与乡村环境建设、申请帮扶项目、开展技术指导等方面开展工作。在对该村乡村振兴建设的主要重点工作访谈时,大部分村干部和帮扶工作队、高校帮扶教师表示:下一阶段的主要工作任务是围绕帮扶特色产业发展,加强乡村基础设施建设,提升环境治理力度,加强基层组织建设,提升公共服务水平等方面开展。

1.4.3 调研主要结论

通过对地方高校促进脱贫攻坚与乡村振兴有机衔接的路径及针对贫困户和贫困村

的初步统计分析，结合相关文献资料，可以得出如下初步结论。

1. 脱贫攻坚与乡村振兴两大战略是一个有机衔接和互融互通的系统

精准扶贫与乡村振兴在内容的一致性、功能的互构性、价值的一元性和主体的共通性上具有内在的耦合性。二者之间本质上是一种共生共存共促的关系，以高质量扶贫产业、新农村建设、繁荣农村文化为接点，以产业扶贫推动农业强，以生态扶贫助力农村美，以教育扶贫实现农民富，这是精准扶贫推进乡村振兴的三重路径。

同时，脱贫攻坚与乡村振兴在时间安排上具有重叠性，在战略思想、战略安排上具有高度一致性。

按照中央总体部署，2018 年至 2020 年是打赢脱贫攻坚战和实施乡村振兴战略同时推进的时期。时间上的重叠充分反映了中央在部署两大战略时的深谋远虑，就是要保证两大战略在实施上不产生脱节的现象。时间一致性决定了一定时期内战略主要内容的一致性，特别是针对贫困地区，中央明确要求乡村振兴的主要任务是要打好脱贫攻坚战，解决好贫困问题。

在任务目标上，两大战略高度统一。各地在进行乡村振兴战略规划和制定相关支持政策时要优先向贫困地区倾斜。时间上的交叉保证了两大战略的"无缝对接"，进而确保了在战略实施各要素上的连续性。在战略思想上，实施两大战略，消除贫困，让社会的每一个层面都得到发展，让全体人民过上幸福好日子，是中国共产党人为民族谋复兴、为人民谋幸福的具体体现。脱贫攻坚是通过"五个一批"的具体方法，按照贫困人口的实际情况有的放矢地解决他们的贫困问题，乡村振兴则是从制度、手段、环境等方面入手，着眼于增加贫困人口收入、通过教育培训增加就业技能、以生态保护改善生存条件、提供基本权利保障等多个维度，共同目标都是有效推动农村贫困人口全面发展和贫困乡村整体发展。两大战略实施的共同目标都是要消除我国城乡之间存在的较大发展差距，解决我国城乡和区域之间经济发展不平衡的问题，短期目标是使贫困人口迅速摆脱贫困，长期目标则是农民的生活质量不断提升，从而使全国共同进入小康社会。

在领导体制上，均一以贯之地强调党的领导。党委领导全局，从省到村五级书记一起抓。政府规划实施、全面负责，制订具体的工作方案。领导体制的一致性确保了政治保障的一致性。

在工作机制上，均实行中央统筹、省（自治区、直辖市）负总责、市（地）县抓落实的工作机制。在实施手段上，均坚持把发展特色产业放在首位，脱贫攻坚中发展特色产业脱贫就是要通过产业发展，增加脱贫对象就业人数，提高贫困人口收入水平，这是解决贫困问题最有效和最可靠的手段。乡村振兴中强调发展特色产业，改变传统农业模式，发展现代农业，是保证农村长久繁荣的根本途径。

在发展理念上，均强调生态保护。本质上，两大战略都体现了"绿水青山就是金山银山"的理念。在战略实施的具体方法上，均要求突出问题导向，一切工作从本地实际出发，不搞"一刀切"。

2. 脱贫攻坚与乡村振兴两大战略有着差异性和递进性的战略安排

脱贫攻坚战略时间在前，安排在前，是为乡村振兴战略奠定实施基础，同时乡村振兴战略也是脱贫攻坚战略的巩固和提升。

脱贫攻坚与乡村振兴两大战略在实施时间上的错位关系。打赢脱贫攻坚战的时间安排是 2015 年至 2020 年，实施乡村振兴战略的时间安排近期是 2018 年至 2022 年，中期和远期分别规划至 2035 年和 2050 年。虽然两大战略在时间上有三年的并存交汇期，但乡村振兴战略的启动时间晚于脱贫攻坚战，而且在 2020 年以后有更长的实施期限。到并存交汇期结束的 2020 年，脱贫攻坚任务全面完成，此后是要巩固和全面提升脱贫攻坚的成果。乡村振兴战略则是处于起步和打基础阶段，以建立基础性制度框架为主要目标。到 2035 年和 2050 年，乡村振兴要达到的目标逐步递进。两大战略在实施时间上一短一长的特征决定了两大战略在其他方面也会有明显的不同。

脱贫攻坚与乡村振兴在战略目标上存在递进关系。打赢脱贫攻坚战是实现第一个百年奋斗目标的重点工作，实施乡村振兴战略是实现"两个一百年"奋斗目标的必然要求。

脱贫攻坚与乡村振兴在战略地位上存在基础与提升关系。从不断消除贫困到彻底消除贫困，将为乡村振兴战略奠定基础。乡村存在大量的贫困区域和贫困人口，是各种尖锐社会矛盾产生的主要根源，严重制约生产力的解放和发展，乡村产业发展缺少能动主体。贫穷使整个社会丧失了物质文明和精神文明共同进步的基础，当人们的基本生存条件得不到满足的时候，道德追求会沦为空谈，乡风文明更不可能建立。乡村法治、自治和德治的结合，必定要建立在人民群众追求善治的基础上，贫困的存在使人们缺乏维持合理的现行秩序的动力，从而动摇善治的基础。打赢脱贫攻坚战，为生产力中最活跃的人力资源和人力资本的释放提供有效保证，从而建立起适应乡村现实、顺应民心、符合民情的有效社会管理体系，走出一条乡村发展和生态保护协调推进的新路，从多方面为乡村振兴创造条件。

3. 高校在促进脱贫攻坚与乡村振兴有机衔接方面将发挥重要作用

地方高校，特别是涉农高校，其在人才培养、科学研究、服务社会和文化传承与创新等方面具有独特优势。应主动发挥高校的这些优势，通过科技创新引领，全面服务乡村产业振兴、人才振兴、文化振兴、生态振兴、组织振兴，充分发挥高校在脱贫攻坚与乡村振兴有机衔接方面的重要作用。

高校应发挥人才培养、科学研究、服务社会和文化传承与创新等优势，协同地方政府和企事业单位，立足地方实际，深入研究习近平总书记关于脱贫攻坚的重要论述精神、"三农"讲话精神和"乡村振兴战略"的科学内涵，探索实施乡村振兴战略的有效路径，为实施乡村振兴战略提供强有力的人才、智力、科技支撑和服务保障。

在调研和访谈中，无论是贫困户还是贫困村都非常欢迎和希望地方高校多深入现场，走村入户，在产业规划、技术指导、人才培养、项目申报、信息提供、搭建平台等方面具有旺盛的需求计划，同时也乐于为高校的扶智行为提供相应的配套服务。

1.4.4　建议对策

1. 高校在促进脱贫攻坚与乡村振兴有机衔接方面应更加主动和积极

高校在促进脱贫攻坚与乡村振兴有机衔接时，主要是提供智力和人才支持等。但部分高校以及高校教师，深入农业农村农户现场不足，热衷于撰写课题论文，搞理论研究，对实践操作缺乏积极性。这一方面已经引起国家、政府、高校、社会各界的重视，并出台了相关政策，教育部科技部相继发文，推出一系列破四唯落实措施，实际上就是从制度上引导和创立人才评价体系中的破除"唯论文""SCI至上"等不良导向，强化分类考核评价。按照分类评价、注重实效的原则，更加注重成果对经济社会发展的作用和效果、解决实际问题。这些都会促进高校教师特别是应用型学科人才更加注重成果创新和转化，提升成果转化效益和影响。高校教师势必会更多地将时间和精力投入到教学、科研一线工作实践中去，不为了发论文而发论文，从而推动高校科研成果的落地和转化。把农业技术推广、服务"三农"工作与职称评聘、绩效考核挂钩，完善科技人员投身乡村振兴的激励机制，鼓励农业科技人员兼职创办企业，"把论文写在大地上"，在服务乡村振兴中建功立业。

2. 发挥高校理论研究优势，构建战略高端智库

高校特别是涉农高校可以通过汇聚校内外涉农领域专家、经验丰富的"三农"工作者及相关领域知名学者，围绕习近平新时代中国特色社会主义思想、十九大报告、十九届四中全会等一系列重要精神内容，对脱贫攻坚以及新时代乡村振兴进行理论和实践层面的全方位研究，加快构建现代农业产业体系、生产体系、经营体系以及健全农业社会化服务体系、乡村治理体系研究；因地制宜积极探索"农村一二三产业融合"等发展模式和乡村振兴治理新模式；构建服务于国家及地方"三农"政策制定和乡村社会经济发展的高端智库。

3. 发挥高校人才培养优势，为"三农"提供人才和智力支持

涉农高校在培养造就一支懂农业、爱农村、爱农民的"三农"工作队伍方面具有天然优势。围绕脱贫攻坚与乡村振兴战略，加大培养服务"三农"的专业人才力度。通过优化学科专业结构，发挥农业试验站、新农村服务基地、农业产业创新等平台作用，加强大学生理论教育和实践能力锻炼，并将高校众创空间、创业孵化器、科技园等创业资源注入农村，改善农村创新创业生态，培养造就一支懂农业、爱农村、爱农民的"三农"专业队伍。发挥大学农业科技领军人才、科技特派员、科技挂职干部等作用，为乡村干部、农业企业家、农民开展专题讲座、现场培训和新技术成果示范推广等，为地方实施乡村振兴战略提供人才和智力支持。

4. 发挥涉农高校科学研究优势，为"三农"提供科技支撑

现代科学技术研发和应用是脱贫攻坚和乡村振兴中产业兴旺的"引擎"，农科高校要以农科为主导，发挥多学科协同优势，形成基础研究→应用研究→产业化开发研究的现代生态农业科技创新学科链，依托各类现代农业科技创新平台、农业试验示范站、农业科技园区、乡村振兴研究院等，围绕种子工程、植保工程、农产品质量安全与营养健康工程、标准农田建设工程、高效节水工程、土壤肥料水体系建设工程、农民专业合作社示范社工程、农业机械化推进工程、农业生态与资源保护工程、农村沼气工程等领域，提升农业重大关键共性技术研发攻关能力，研发一批先进适用技术成果，实现技术集成与创新，为发展现代农业提供优质技术解决方案，助力培育农业新技术新业态新模式新产业，打造农业全产业链，促进产业转型升级，助力脱贫攻坚与乡村振兴。

参考文献

［1］龚亮保．从脱贫攻坚到乡村振兴［J］．老区建设，2017（21）：1.

［2］廖彩荣，郭如良，尹琴，等．协同推进脱贫攻坚与乡村振兴：保障措施与实施路径［J］．农林经济管理学报，2019，18（2）：273-282.

［3］黄昕．以乡村振兴战略为统揽　打好脱贫攻坚战［N］．湖南日报，2018-01-20（8）.

［4］张改平．助力脱贫攻坚与乡村振兴有机衔接［N］．光明日报，2019-03-11（6）.

［5］高莉娟．统筹衔接脱贫攻坚与乡村振兴［N］．江西日报，2019-05-27（10）.

［6］庄天慧，孙锦杨，杨浩．精准脱贫与乡村振兴的内在逻辑及有机衔接路径研究［J］．西南民族大学学报（人文社会科学版），2018，39（12）：113-117.

［7］豆书龙，叶敬忠．乡村振兴与脱贫攻坚的有机衔接及其机制构建［J］．改革，2019（1）：19-29.

［8］刘建军．驻村"第一书记"的行动壁垒如何破［J］．人民论坛，2019（8）：33-35.

［9］朱启铭．脱贫攻坚与乡村振兴：连续性、继起性的县域实践［J］．江西财经大学学报，2019（3）：95-104.

［10］杨世伟．乡村振兴战略与精准脱贫攻坚有机衔接研究［J］．中国国情国力，2019（6）：49-52.

附件 1

关于地方高校促进脱贫攻坚与
乡村振兴有机衔接的路径入户调查问卷

农户基本信息

户主姓名：_____　性别：_____　年龄：_____岁　文化程度：_____

所在地：_____县（市）_____镇（乡）_____行政村_____自然村

1. 最近 3 年，除了第三方评估和驻村工作队，另外有没有高校（大学）派教授专家到村里来开展扶贫攻坚和乡村振兴工作？

A. 没有

B. 听说有，但没有见到具体人

C. 见过教授专家到村里来，但次数不多

D. 来了不少大学的专家教授，还做到生产技术指导

2. 最近 3 年，除了第三方评估和驻村工作队，另外有没有高校（大学）派教授专家到您家中开展帮扶工作？

A. 没有

B. 来过，但看看说说就走了

C. 有教授专家到村里来，我听过他讲课，但生产上用不上

D. 有专家教授到我们家指导生产，增加了收入

3. 当前您家农业生产上最大的困难是：

A. 农产品价格低，收入低，生产没有积极性

B. 缺乏劳动力

C. 文化程度低，掌握新技术困难，只能从事简单的生产劳动

D. 有发家致富的想法，但缺乏发家致富的创意和技术

4. 如果有一项新技术能让您发家致富，您会：

A. 积极主动对接技术人员，寻求他的帮助

B. 和想办法通过熟人和亲戚关系，再找到技术人员

C. 求人很麻烦，不会主动去找技术人员

D. 找村镇干部，请他们帮忙，再与技术人员对接

5. 2020 年，我国将全面建成小康社会，您认为：

A. 脱贫了，政府不再关心我们了

B. 主要靠自己努力，生活和现在不会有太大变化

C. 乡村振兴战略会让我们的生产和生活更加美好

D. 不容乐观，生产生活压力会越来越大

6. 您认为高校的专家、教授能帮助农村发展农业生产吗？

A. 他们讲课还行，生产上真刀真枪他们不在行

B. 他们可以帮助我们申报一些资金补贴项目，农业生产上不指望他们

C. 专家教授有真本领，能解决我们生产实际问题

D. 他们太忙了，很少到农村来，来了也不安心

7. 如果有所高校提出来，要帮助您发家致富，您最需要的是：

A. 为您提供一笔资金

B. 派教授专家为您提供技术，指导生产

C. 派大学生到您家中（或村里）驻点，点对点帮扶

D. 为您安排一份工作

8. 如果有所高校提出来，派人来要帮助您发家致富，您最希望选派的人员是：

A. 资深老教授和专家

B. 青年教师和研究生

C. 大学生

D. 学校的行政干部

9. 在过去几年政府主导的一些扶贫工作，您认为最靠谱的事情是：

A. 以股份制参与了村集体企业的分红

B. 光伏发电扶贫

C. 金融小额贷款扶贫

D. 村容村貌的治理

10. 如果村里最近准备兴办一个企业，您认为最靠谱的企业是：

A. 特色农产品种养企业

B. 农产品加工企业

C. 电商企业

D. 产供销一条龙企业

问卷调查人：_____

问卷调查时间：_____

附件 2

关于地方高校促进脱贫攻坚与乡村振兴有机衔接的
路径村干访谈调研提纲

1. 该村是哪年列入贫困村的？

2. 该村是哪年出列的？

3. 该村驻村工作队人数（人）：

4. 该村是属于哪所高校对口帮扶的？

5. 该村被列入贫困村的主要原因是：

6. 该村被列入贫困村的贫困发生率为多少，脱贫时贫困发生率为多少，现在贫困发生率为多少？

7. 该村的贫困户最主要的两种致贫原因：

8. 未脱贫时，村级集体经济收入主要来源于：

9. 现在该村的村级集体经济收入主要来源于：

10. 2014 年以来到村到户扶贫资金（万元）多少？其中，财政专项扶贫资金（万元）多少，其他部门资金（万元）多少？

11. 2014 年以来实施扶贫项目（个/万元）多少个？其中，到村项目（个/万元）多少个？到户项目（个/万元）多少个？

12. 村内特色产业名称是什么，该村是否有开展脱贫攻坚工作以来才新增的特色产业？若有，是什么产业？该产业规模发展情况？

13. 特色产业覆盖群体是哪些对象，具体占村人口的比例是多少？

14. 如果一所大学的教授专家要到村里开展脱贫攻坚与乡村振兴工作，村里会提供哪些条件支持？

15. 该村的驻村工作队主要提供的帮扶项目有哪些？脱贫后，还希望他们继续留在村里开展乡村振兴指导工作吗？

16. 针对产业扶贫，您觉得是否需要大学教授专家的技术支持？如果需要，目前具体需要哪些方面的支持（可介绍具体项目）？

17. 该村开展脱贫攻坚工作后，返乡人员规模，主要是哪些人群，返乡后主要从事的工作是什么？

18. 该村开展脱贫攻坚工作后，该村的文化建设改善主要体现在哪些方面？

19. 该村开展脱贫攻坚工作后，该村的生态环境建设改善主要体现在哪些方面？

20. 该村乡村振兴建设的重点工作是哪些方面？

_____县（市、区）_____镇（乡）_____村（居）

访谈对象的担任村级职务情况：_____

访谈人：_____ 访谈时间：_____

第 2 章　理论研究现状与展望

　　为了比较系统地研究脱贫攻坚与乡村振兴有机衔接的学术文献，本文以 CNKI（知网）的总库文献作为数据来源，在 CNKI 的高级检索中按"脱贫攻坚与乡村振兴有机衔接"或者"脱贫攻坚与乡村振兴有效衔接"为主题进行精确检索，其中检索时间选择为 2017 年 10 月 1 日—2022 年 6 月 1 日，共得到 2095 篇文献（图 2-1）。利用知网自带的可视化分析功能对文献进行初步的分析与整理。同时，将检索出来的 2095 篇文献以 Refworks 的格式导出，作为研究样本。应用 CiteSpace 软件，绘制出研究作者、关键词以及突现词的相关图谱，通过分析图谱中节点的大小以及节点之间线条相关度来呈现出脱贫攻坚与乡村振兴有机衔接研究现状。

图 2-1　"脱贫攻坚与乡村振兴衔接"文献检索式

2.1 文献数量分析

图 2-2 显示，自 2018 年以来，公开发表的关于"脱贫攻坚与乡村振兴有机衔接"的文献数量是逐年增加的，尤其是 2021 年，增加的幅度较为迅猛，几乎是 2020 年发文量的 4 倍；预计 2022 年增速放缓，观测全年发表相关文献 1431 篇，截至 6 月 1 日，实际发文数量为 395 篇。

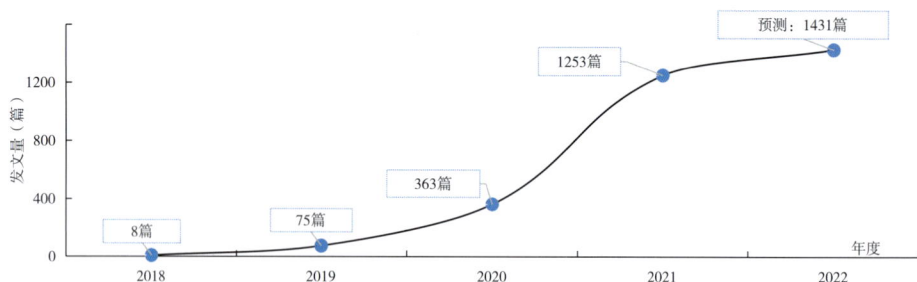

图 2-2 脱贫攻坚与乡村振兴 "有机衔接" OR "有效衔接" 年度发表文献数量

进一步检索发现，在设定的检索式下，发表时间最早（2018 年 4 月 1 日）的一篇文献是中央党校刘金新博士撰写的学位论文《脱贫脆弱户可持续生计研究》。该文分析了脆弱性脱贫的生成原因、生计现状，以马克思反贫困理论和中国反贫困治理理论为指导，借鉴西方反贫困理论中的有益成分，提出了实现脱贫脆弱户可持续生计的对策。文中 6 次提及脱贫攻坚与乡村振兴的有机衔接，强调以党的十九大提出的乡村振兴战略引领乡村重建，实现精准扶贫与乡村建设的有机衔接是全面小康决胜期和后小康时期推进社会主义现代化建设的主要任务。而最早在学术期刊上发表的论文是《正确理解和把握支持脱贫攻坚与服务乡村振兴战略的关系》，期刊名称为《农业发展与金融》，作者是姜列友，发表时间为 2018 年 6 月 16 日。文中指出，未来三年将是我国推动脱贫攻坚与实施乡村振兴战略并存交汇的特殊时期。作者立足于国家农发行的工作性质，强调正确理解和把握两者之间的关系，对于农发行形成支持脱贫攻坚与服务乡村振兴战略相互支撑、相互配合、有机衔接的良性互动格局，进一步强化政策性金融服务国家重大战略的能力，具有十分重要的意义。可以说，这两篇文献引领了"脱贫攻坚与乡村振兴有机衔接"学术研究的先河，尔后，相关研究便像雨后春笋般快速涌现，并且拓展到各行各业，呈现出遍地开花的态势。

2.2 发文作者分析

将 2095 篇文献作为研究样本，选择 "Author" 功能，运行 CiteSpace 软件，可以获得"脱贫攻坚与乡村振兴相衔接"文献作者合作网络知识图谱（图 2-3），同时，可以输出作者发文基本信息一览表（表 2-1）。由图 2-3 可以看出，Network：$N=56$，$E=239$，说明只有 56 位作者参与合作研究，且有两位及以上作者合作发表的论文数量是 239 篇。故在图 2-3 中便呈现出代表作者发文的圆圈之间连线较少，各圆圈之间都是较为孤立的存在，说明这些作者之间合作开展研究共同发表论文的次数不多。究其原因，一方面可能是这一领域兴起的时间较短，相关的研究人员只是在各自岗位上独立地开始研究，还没有来得及联系、合作；另一方面可能是人文学科的性质决定了研究者需要保持相对的独立性，而不像自然科学研究那样更多地需要合作。

有意思的是，图 2-3 中看到发文数量最多的作者是"本刊编辑部"，共有 19 篇文献，时间跨度从 2020 年至 2022 年。进一步溯源发现，"本刊编辑部"并非某一特定作者，而是不同期刊于不同时间发表在刊首的文章，多数为杂谈、小品文，或是新闻动态、文件转发，但也有一定数量的学术论文（表 2-2）。阅读学习这类文章，可以为我们研究脱贫攻坚与乡村振兴有机衔接打开一片新的视野。

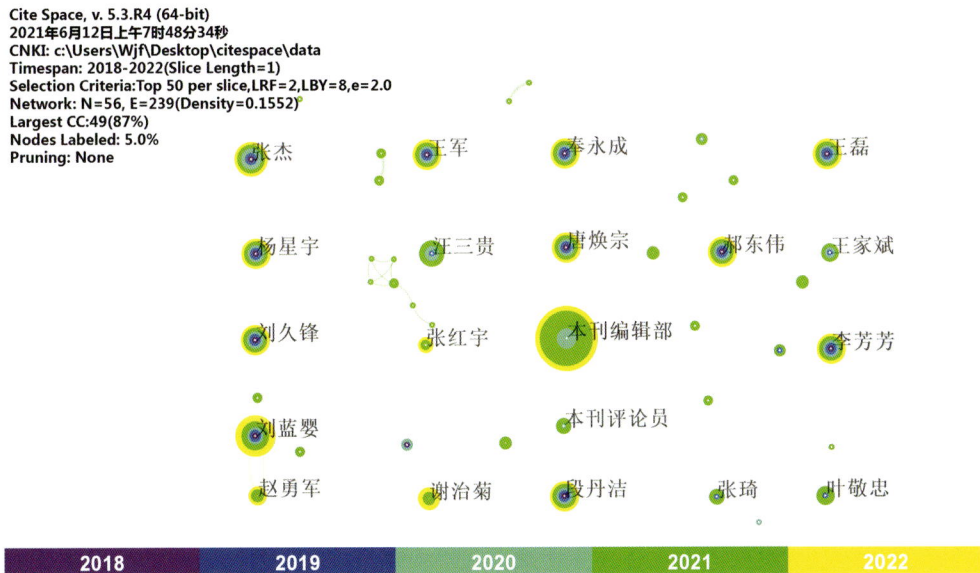

图 2-3　"脱贫攻坚与乡村振兴相衔接"文献作者合作网络知识图谱

表 2-1　2018—2022 年作者发文基本信息一览表

作者	引文频数	首发年份	半衰期	作者	引文频数	首发年份	半衰期	作者	引文频数	首发年份	半衰期
本刊编辑部	19	2020	1	汪三贵 *	8	2019	1	侯雪静	4	2021	0
刘蓝婴	13	2018	3	谢治菊 *	7	2021	0	张洁	4	2020	1
张杰	11	2018	2	叶敬忠 *	6	2019	2	郑瑞强	3	2021	0

（续表）

作者	引文频数	首发年份	半衰期	作者	引文频数	首发年份	半衰期	作者	引文频数	首发年份	半衰期
郝东伟	10	2018	2	王家斌*	6	2019	1	谢本洪	3	2021	0
杨星宇	10	2018	2	赵勇军*	6	2021	0	胡伟强	3	2021	0
刘久锋	10	2018	2	张琦*	5	2019	2	杨帆	3	2021	0
王军	10	2018	2	张红宇*	5	2021	0	李畅	3	2021	0
唐焕宗	10	2018	2	本刊评论员	5	2020	1	李小云	3	2021	0
王磊	10	2018	2	黄承伟*	4	2021	0	罗兴斌	3	2021	0
李芳芳	10	2018	2	刘奇*	4	2019	2	李鹏	3	2021	0
奉永成	10	2018	2	高强*	4	2018	2	吴奇修	3	2021	0
段丹洁	10	2018	2	本刊讯	4	2021	0	孙权	2	2021	0

表2-2中第1篇文章是《中国农村科技》杂志刊发的卷首语，篇名叫《实现脱贫攻坚有效衔接乡村振兴需要科学家精神》，文中列举了从2011年开始，中央组织部、财政部、人力资源和社会保障部、国务院扶贫办、科技部等十个中央部门联合实施边远贫困地区、边疆民族地区和革命老区人才支持计划实施以来，大批优秀教师、医生、科技人员、社会工作者、文化工作者到近1300个"三区"县工作或提供服务的事实，充分肯定了科技人才队伍缓解了贫困地区人才不足的困境，为决战决胜脱贫攻坚战做出了重要贡献。而今，站在新的历史交汇点，统筹推进脱贫攻坚与乡村振兴战略的有效衔接，农业科技工作者应一马当先，把习近平总书记的重要指示作为根本遵循。

表2-2 "本刊编辑部"发文信息一览

序号	作者署名	文章题目	期刊信息	发表年份
1	本刊编辑部	实现脱贫攻坚有效衔接乡村振兴需要科学家精神	中国农村科技，V10，P1	2020
2	本刊编辑部	让乡村振兴同脱贫攻坚有效衔接	乡村科技，V01，P1	2020
3	本刊编辑部	胡春华强调积极探索脱贫攻坚与乡村振兴有机衔接	乡村科技，V18，P1	2020
4	本刊编辑部	推动脱贫攻坚与乡村振兴有效衔接	农民科技培训，V11，P1	2020
5	本刊编辑部	做好全面脱贫与乡村振兴的有效衔接	源流，V06，P1	2020
6	本刊编辑部	从脱贫攻坚到乡村振兴	老区建设，V23，P1	2020
7	本刊编辑部	在巩固拓展脱贫攻坚成果有效衔接乡村振兴中彰显民政担当	中国民政，V08，P1	2021
8	本刊编辑部	编者按	中国民族教育，V10，P1	2021

（续表）

序号	作者署名	文章题目	期刊信息	发表年份
9	本刊编辑部	编者按	中国民族教育，V12，P1	2021
10	本刊编辑部	谱写"巩固＋振兴"新篇章　南方电网云南电网公司做好巩固脱贫攻坚成果同乡村振兴有效衔接	中国电力企业管理，V32，P1	2021
11	本刊编辑部	写好脱贫攻坚成果与乡村振兴的"结合文章"	农民科技培训，V05，P1	2021
12	本刊编辑部	巩固拓展脱贫攻坚成果　"协"力振兴美丽乡村	协商论坛，V10，P1	2021
13	本刊编辑部	中共中央国务院关于实现巩固拓展脱贫攻坚成果同乡村振兴有效衔接的意见	当代农村财经，V06，P1	2021
14	本刊编辑部	全面推进乡村振兴	政协天地，VZ1，P1	2021
15	本刊编辑部	脱贫摘帽是新的起点　要为乡村振兴再立新功——全国脱贫攻坚总结表彰大会上广东受表彰的先进个人和先进集体代表获奖感言摘录	源流，V03，P1	2021
16	本刊编辑部	从脱贫攻坚到乡村振兴：如何用好 5 年过渡期？	记者观察，V10，P1	2021
17	本刊编辑部	以组织振兴全面推进乡村振兴	共产党员，V06，P1	2022
18	本刊编辑部	做好乡村振兴大文章	江淮法治，V03，P1	2022
19	本刊编辑部	让脱贫群众生活更上一层楼	老区建设，V02，P1	2022

　　第 5 篇文章篇名为《做好全面脱贫与乡村振兴的有效衔接》，是《源流》杂志刊发的卷首语，文章强调"接续推进全面脱贫与乡村振兴有效衔接，是脱贫攻坚与乡村振兴交汇和过渡时期的一项重大战略任务"并为杂志所在省份广东省的工作摇旗呐喊，吹响了前进的号角。文中指出，广东在这方面已经先行一步，率先提出了在实现"四个走在全国前列"、当好"两个重要窗口"中交出广东乡村振兴的合格答卷。同时，力争完成"三年取得重大进展"的阶段目标，衔接"五年见到显著成效"要求，扎实精准推进乡村振兴战略，全力将农业农村短板变为"潜力板"。第 16 篇文章《从脱贫攻坚到乡村振兴：如何用好 5 年过渡期？》则是一篇较具深度的记者调查报告。文章通过对 2021 年中央一号文件《中共中央国务院关于全面推进乡村振兴加快农业农村现代化的意见》的解读，明确了脱贫攻坚目标任务完成后，对摆脱贫困的县，从脱贫之日起设立 5 年过渡期，过渡期内保持现有主要帮扶政策总体稳定，做到扶上马送一程，确

保工作不留空档、政策不留空白。那么，如何用好5年过渡期呢？文章在给出山西大同云州成功案例的基础上，提出了培育特色农业、深挖本地资源、城乡融合发展等举措，以实现从脱贫攻坚到乡村振兴的有效衔接。

作者标注为"本刊评论员"的发文情况与"本刊编辑部"类似，这里不再赘述。

需要指出的是，表2-1中，从"本刊编辑部"之后到段丹洁，文章被引频数居前的11位作者，主要为报纸撰写文章，内容涉及扶贫攻坚与乡村振兴有机衔接。主要都是宣传、报道，或是科普性的知识，学术性研讨不足。若从学术研究的角度来看，当从汪三贵开始。根据知网的检索，可以获得"脱贫攻坚与乡村振兴"学术性论文作者分布图（图2-4），从中可以看出，图中列举的前20名作者与表2-1中作者名单之间有较好的契合性。结合发文期刊的影响因子等因素，汪三贵等10位作者理应为当前脱贫攻坚与乡村振兴有机衔接学术研究领域的权威专家（见表2-1中带*的作者）。

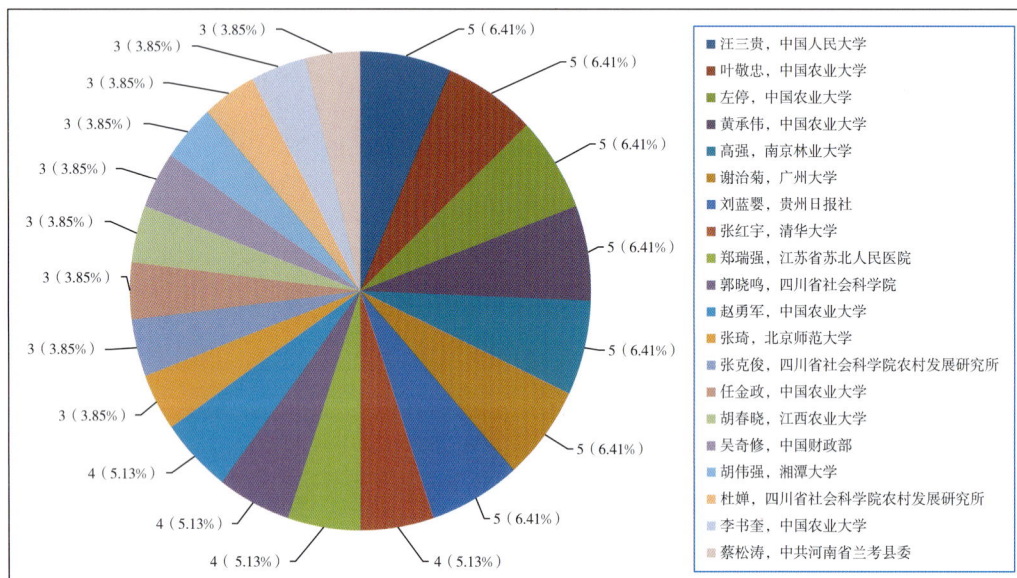

图2-4 "脱贫攻坚与乡村振兴相衔接"学术性论文作者分布

利用Price定律计算公式，某一研究领域内核心作者（即权威专家）的发文数量为 $N \approx 0.749 \sqrt{n(\max)}$，其中 $n(\max)$ 为发文数量最多的作者发表的论文数量，而相应计算结果 N 值则为核心作者最少的发文数量。根据知网检索结果，发表学术论文数量最多的作者是汪三贵，共5篇，即 $n(\max)=5$，按照公式计算出核心作者发文量 $N \approx 1.7$，即在这一领域内发文数量达到2篇以上的作者就是核心作者。根据数据得出研究脱贫攻坚与乡村振兴相衔接的核心作者有90人，他们的发文数量之和为219篇，仅占此领域发文总数的10.5%，表明当前脱贫攻坚与乡村振兴有机衔接学术研究领域的核心作者带头作用还没有发挥出来，临时性、追风性研究较多，缺少一个强有力的团队在这个领域开展深层次、持续的研究。

2.3　发文机构分析

通过对发文机构分析，我们能够了解其对脱贫攻坚与乡村振兴相衔接研究的贡献程度、研究特色与进展情况。利用知网的可视化分析功能得到的"脱贫攻坚与乡村振兴相衔接"论文研究机构分布图（图 2-5）表明，排名前 20 位的机构中，高校和科研院所占 14 席，是开展相关理念研究的主战场，其中中国农业大学和中国人民大学分列冠、亚军，是本研究领域的翘楚。报纸和网络新媒体占 5 席，对相关政策和理论研究成果进行宣传报道，摇鼓助威。如贵州日报社共发表文章 18 篇，排名第 3 位。说明贵州过去有不少深度贫困地区，脱贫后向乡村振兴的迈进形势更急迫，任务更艰巨，故而在思想引领上也更加重视，而在省级党报上多刊发相关的文章正是高度重视的具体体现。在现实层面来看，报纸和网络新媒体宣传面更为广泛，传播的速度更快，这对于几乎惠及所有人的乡村振兴战略的实施是不可或缺的舆论和理论阵地。还有 1 席署名为"中国财政部"，共发文 8 篇，在众多的学术机构中独树一帜，从一个侧面也反映出财政部对于脱贫攻坚与乡村振兴相衔接工作，在国家部委层面上处于极端重要的地位。溯源也发现，8 篇文章多数为财政部颁布的相关政策，或是对政策的解读，对脱贫攻坚与乡村振兴相衔接的实践起着规范、引领和指导的作用。

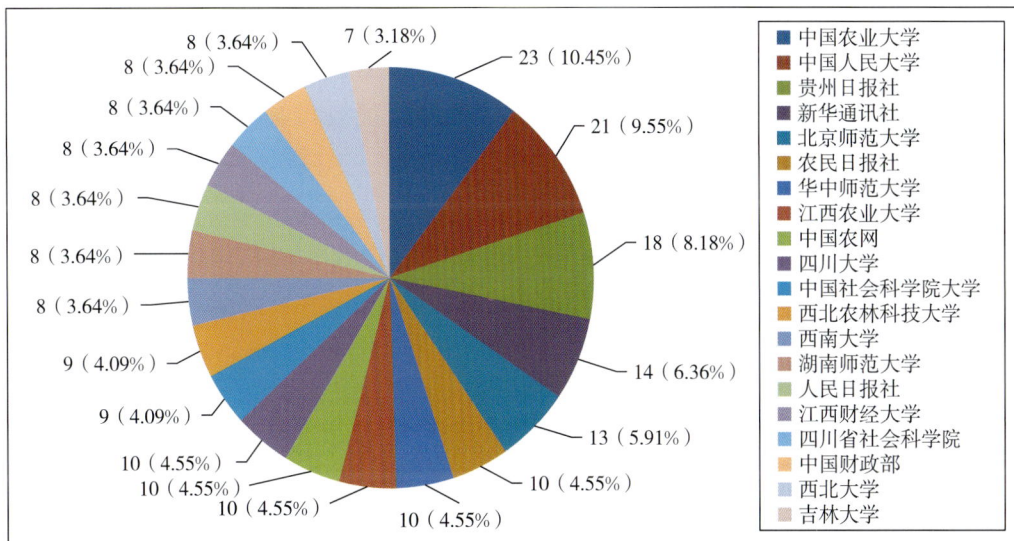

图 2-5　"脱贫攻坚与乡村振兴相衔接"论文研究机构分布

从发文数量来看，中国农业大学一马当先，共发表文章 23 篇；中国人民大学紧随其后，发表文章 21 篇；而吉林大学以 7 篇文章排名第 20 位，溯源发现，吉林大学在知网上检索到的论文均为硕士博士学位论文，并无第一作者单位的学术论文在期刊公开发表。

利用 CiteSpace 软件同样可以绘出"脱贫攻坚与乡村振兴相衔接"研究机构的合作特征图谱（图 2-6），从图中很难看到代表着各研究机构之间开展合作的连线，说明各研究机构之间鲜有联系，合作形成的研究成果更是捉襟见肘（$E=21$，Density$=0.0034$）。各研究机构之间形似一座座孤岛，这种单枪匹马式的研究，势必会造成不同研究团队之间的壁垒与隔膜，难以形成创新性的大成果。

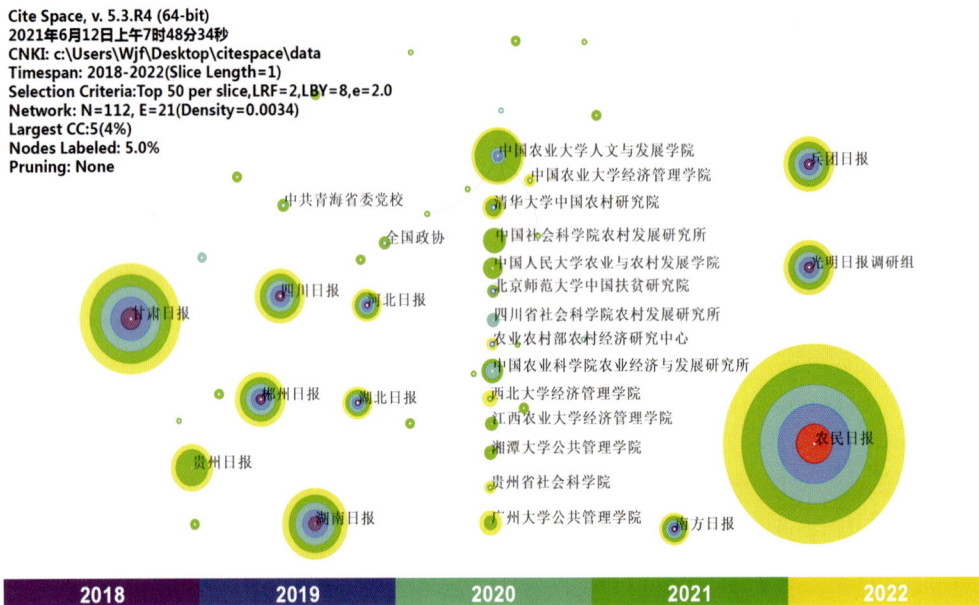

图 2-6 "脱贫攻坚与乡村振兴相衔接"研究机构的合作特征图谱

2.4 发文资源类别分析

2.4.1 不同类别资源论文分布总体情况

根据刊发文章载体类别的不同，可以将 2095 篇文献划归为 8 个不同的资源类别（图 2-7）。其中普通期刊发文 1426 篇，再加上"特色期刊"发文 129 篇，两者之和为 1555 篇，占比为 74.2%。报纸也是发表脱贫攻坚与乡村振兴相衔接主题文献的重要平台，共发文 401 篇，占比达 19.1%。值得关注的是，学位论文也有 111 篇，其中硕士论文 100 篇，博士论文 11 篇。这些学位论文基本上都是高校的研究成果，这些研究行为本身说明了高校在积极参与脱贫攻坚与乡村振兴的衔接工作，而随着研究工作的不断深入，研究成果的进一步推广，高校助力乡村振兴的作用将日益彰显且越来越大。

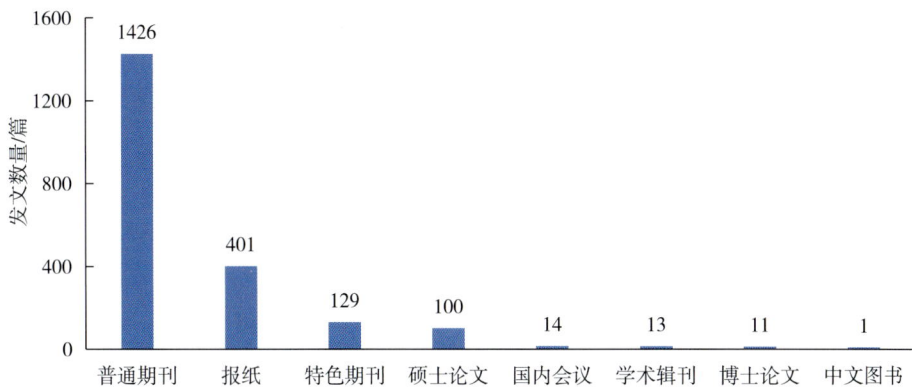

图 2-7　不同类别资源的论文分布

2.4.2　期刊发文数量排名

发表的"脱贫攻坚与乡村振兴相衔接"论文中，农业经济学学科范畴的论文数量最多，占比为 69.34％。这一点也可以从论文刊登的杂志属性上得到佐证。由图 2-8 可以看出，发文数量前 20 名杂志，财经类的期刊占有 7 席。其中发文最多的是《农村经济与科技》杂志，共刊发 41 篇文章，说明该杂志对脱贫攻坚与乡村振兴的衔接工作保持着较高的关注度。《南京农业大学学报（社会科学版）》排名第 13 位，也是前 20 名中唯一一份高校学报，也是 20 种报刊中学术性较强的期刊。另有《农民日报》《贵州日报》两份报纸也分别进入排行榜第 11 位、第 16 位。

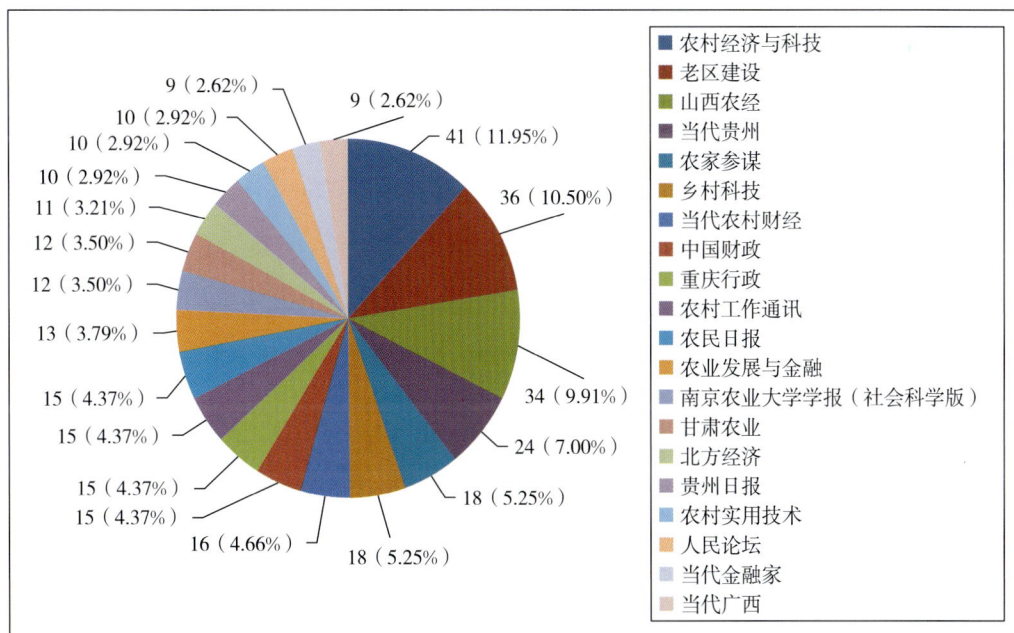

图 2-8　刊登"脱贫攻坚与乡村振兴相衔接"论文期刊分布

2.5 发文成果基金资助情况分析

2.5.1 总体情况

检索发现，共有 38 类基金项目资助了两篇以上文献的发表，其中国家与部委级的基金项目 5 类（表 2-3），其余 33 类均为省市级基金项目。国家社会科学基金资助的论文数量排名第 1，排名第 20 位的是云南省教育厅科学研究基金，资助发表论文 3 篇（图 2-9）。

表 2-3 基金项目资助发文信息一览

论文影响力指标	国家社会科学基金	国家自然科学基金	教育部人文社会科学研究项目	中央高校基本科研业务费专项资金项目	中国博士后科学基金
文献数	163	32	31	8	2
总参考数	2179	554	354	140	17
篇均参考数	13.37	17.31	11.42	17.5	8.5
总被引数	1933	719	311	86	0
篇均被引数	11.86	22.47	10.03	10.75	0
总下载数	275512	69595	51031	10664	798
篇均下载数	1690.26	2174.84	1646.16	1333	399
下载被引比	0.01	0.01	0.01	0.01	0

由表 2-3 可以看出，国家社会科学基金资助项目产出丰硕，共发文 163 篇，总被引数为 1933 次，篇均被引数为 11.86，足见其影响力之强。而位居第 2 的国家自然科学基金资助的项目发文只有 32 篇，这可能与基金的自身性质有关，毕竟"脱贫攻坚与乡村振兴有机衔接"属于社科领域，不在国家自然科学基金资助的主体范畴。但国家自然科学基金资助项目发表的论文篇均被引数达到 22.47，几乎是国家社会科学基金资助项目的两倍。究其原因，可能与国家自然科学基金资助项目的创新性有关，创新性越强，发表的论文短期内被引用的概率就越大。有意思的是，除了中国博士后科学基金资助项目发表论文数量较少外，其余四类基金资助所发文献的"下载被引比"均为 0.01，也就是说，被下载 100 次，才有可能被引用 1 次。

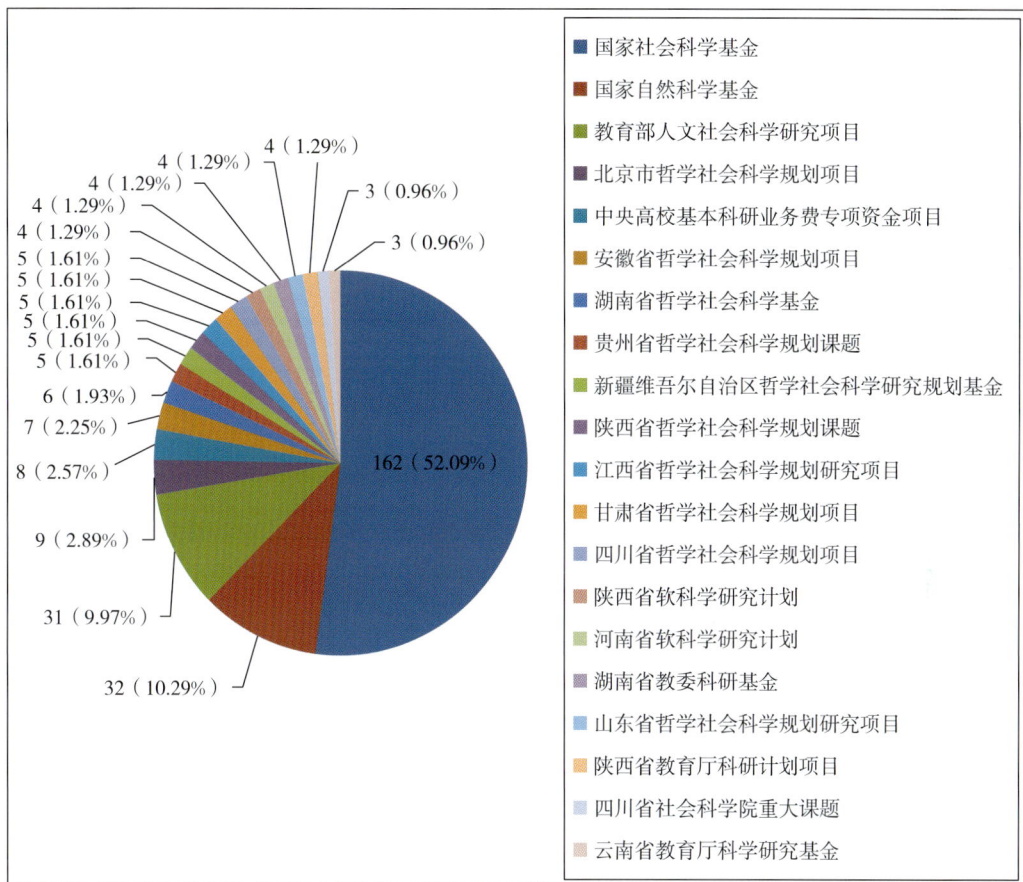

图例：
- 国家社会科学基金
- 国家自然科学基金
- 教育部人文社会科学研究项目
- 北京市哲学社会科学规划项目
- 中央高校基本科研业务费专项资金项目
- 安徽省哲学社会科学规划项目
- 湖南省哲学社会科学基金
- 贵州省哲学社会科学规划课题
- 新疆维吾尔自治区哲学社会科学研究规划基金
- 陕西省哲学社会科学规划课题
- 江西省哲学社会科学规划研究项目
- 甘肃省哲学社会科学规划项目
- 四川省哲学社会科学规划项目
- 陕西省软科学研究计划
- 河南省软科学研究计划
- 湖南省教委科研基金
- 山东省哲学社会科学规划研究项目
- 陕西省教育厅科研计划项目
- 四川省社会科学院重大课题
- 云南省教育厅科学研究基金

饼图数据标注：
162（52.09%）、32（10.29%）、31（9.97%）、9（2.89%）、8（2.57%）、7（2.25%）、6（1.93%）、5（1.61%）、5（1.61%）、5（1.61%）、5（1.61%）、5（1.61%）、4（1.29%）、4（1.29%）、4（1.29%）、4（1.29%）、4（1.29%）、3（0.96%）、3（0.96%）

图 2-9　"脱贫攻坚与乡村振兴相衔接"论文资助基金项目分布

2.5.2　安徽省社科类基金资助论文发表情况

在 33 项省级层面资助的基金项目中，安徽省有 3 类基金项目，资助发表的论文数量依次为：安徽省哲学社会科学规划项目 7 篇、安徽省教育厅人文社会科学研究项目 3 篇、安徽高等学校省级教学质量与教学改革工程项目 2 篇，具体信息见表 2-4 所列。纵观 12 篇文献，大致是从 3 种不同的视角对脱贫攻坚与乡村振兴有机衔接进行研究的。

一是从区域的视角。周岳和张洪立足于整个安徽省的范围，对乡村振兴与脱贫攻坚战略耦合情况进行研究；吴玲等研究的是皖北乡村脱贫攻坚同乡村振兴有效衔接；黄常军等从县域范围，总结了革命老区金寨县在脱贫攻坚中取得的 5 个成效，分析了有效衔接乡村振兴面临的问题及原因，提出了在县域范围内巩固拓展脱贫攻坚成果同乡村振兴有效衔接的总体思路和实现路径；熊凤水和王亚菲则是基于莱城 H 村的实践思考，从村级层面对乡村振兴对接脱贫攻坚的内在逻辑与路径选择进行了研讨。

表2-4 安徽省基金资助项目发文信息一览

序号	作者	题名	期刊名称	发表时间	基金类别	被引	下载
1	熊凤水；朱梦梦	产业扶贫与产业振兴有机衔接：逻辑关系、衔接困境与发展路径	皖西学院学报	2022-02-15	安徽省哲学社会科学规划项目		382
2	吴玲；金燕；罗牧晨	皖北乡村脱贫攻坚同乡村振兴有效衔接研究	宿州学院学报	2022-02-15			101
3	程明；倪良新；徐昕	脱贫攻坚精神融入乡村振兴战略：学理必然、内在机制与现实路径	攀登	2022-02-05			204
4	董玮；秦国伟；于法稳	脱贫攻坚与乡村振兴的有效衔接：转换与调适——基于公共政策的视角	农村经济	2021-09-25		3	970
5	吴寅恺	脱贫攻坚和乡村振兴有效衔接中金融科技的作用及思考	学术界	2020-12-15		14	2115
6	张志胜；李丽敏	脱贫攻坚与乡村振兴的统筹衔接：必然、实然与应然	山西农业大学学报（社会科学版）	2020-11-15		4	816
7	施海波；吕开宇	2020年后反贫困战略：话语切换、顶层谋划与学界探讨	中国农业大学学报（社会科学版）	2020-06-15		8	778
8	黄常军；张仁衮；钟壮壮	巩固拓展脱贫攻坚成果同乡村振兴有效衔接——革命老区金寨县的实践	滁州学院学报	2022-02-15	安徽省教育厅人文社会科学研究项目		125
9	胡秀丽；陈起风	可持续生计下精准扶贫与乡村振兴的有效衔接研究	山东农业工程学院学报	2021-09-15			240
10	周岳；张洪	乡村振兴与脱贫攻坚战略耦合研究——以安徽省为例	绥化学院学报	2021-08-05			301
11	张岩；徐俊	脱贫攻坚与乡村振兴有效衔接的内在逻辑、现实困难与实现路径	河北农业大学学报（社会科学版）	2021-09-28	安徽高等学校省级教学质量与教学改革工程项目		615
12	熊凤水；王亚菲	乡村振兴对接脱贫攻坚：内在逻辑与路径选择——基于莱城H村的实践思考	淮北师范大学学报（哲学社会科学版）	2021-08-25			359

　　二是从实践的视角。这些文章有一个共同点，就是针对某一方面具体工作，回答如何实现脱贫攻坚与乡村振兴有机衔接的问题。吴寅恺研究发现，在脱贫攻坚和乡村振兴衔接过程中，农村金融需求发生新变化，金融科技将在其中发挥重要作用。他在分析农村金融需求的新变化的基础上，提出需要推动农村金融机构改革，建立敏捷性组织；加强农村地区的信息基础设施建设，完善信用体系建设；对接政府数据，促进"三农"领域数据共享；解决"数字鸿沟"问题，提升农村居民科技素养；培育复合型人才，加大农村金融科技人才支持力度；保障数据安全，健全农村金融科技监管制度等策略，通过提升金融科技水平，促进脱贫攻坚与乡村振兴的有机衔接。董玮等在分析脱贫攻坚与乡村振兴的公共目标与公共政策、揭示脱贫攻坚与乡村振兴衔接中的现实困境与问题的基础上，探究了促进二者有效衔接的公共政策转换机制，并从产业政策、生态政策、文化政策、治理政策、"双基"建设政策等维度，提出了脱贫攻坚和乡村振兴有效衔接的公共政策调适路径。

　　三是从理论的视角。张岩和徐俊的研究获得了国家社会科学基金项目和安徽省高等学校省级教学质量与教学改革工程项目双重资助。他们撰文认为，脱贫攻坚与乡村振兴二者具有内在统一的理论逻辑、一脉相承的历史逻辑与交织融合的实践逻辑。当前要实现二者之间的有效衔接，还存在一些问题：①覆盖群体从特定性转向普遍性；②空间范围从区域性转向全域性；③工作目标从局部性转向全局性；④任务时限从阶段性转向长期性；⑤政策支持从特惠性转向普惠性等。本着问题导向，提出了"应坚持以人民为中心的发展理念，持续拓展巩固脱贫攻坚成果，构建现代化乡村产业发展体系，加强农村专业化人才队伍建设，充分发挥基层党组织引领作用，着力提升贫困地区的发展水平，加快推进帮扶政策的优化调整，切实保证体制机制的有序衔接"等 8 个方面的实现路径。张志胜和李丽敏通过对脱贫攻坚与乡村振兴统筹衔接逻辑必然性的分析，提出以"产业扶贫"引领"产业兴旺"，以"教育扶贫"带动"人才振兴"，以"文化扶贫"助推"文化振兴"，以"生态扶贫"促进"生态振兴"，以"党建扶贫"助力"组织振兴"，从而统筹落实"五个一批"举措和"二十字"总要求，可助推脱贫攻坚和乡村振兴实现有机衔接与统筹联动，进而加速"两个一百年"战略目标的实现进程。上述两篇文献都提及农村专业技术人才队伍建设对于衔接工作的重要性，但遗憾的是，并没有进一步的引申与细化，更没有谈及地方高校对于农村专业技术人才队伍建设不可或缺的重要性。

　　综上不难发现，安徽省三类社科性质的基金项目在针对脱贫攻坚与乡村振兴有机衔接方向研究均有布局，并已形成阶段性成果，且多数成果是由地方高校研究人员完成的。有趣的是，在这些基金项目成果中，几乎没有人探索地方高校在助力脱贫攻坚与乡村振兴有机衔接中该如何发挥作用。而对于日益壮大的地方高校，如何来有效地助力衔接工作应当引起资金项目管理者的足够重视，设立专门课题开展研究不仅重要而且必要。

2.6　发文学科分析

由图 2-10 可以看出，当前发表的"脱贫攻坚与乡村振兴相衔接"论文所属学科排名前三的依次为：农业经济学、政党及群众组织学、金融学。其中属于农业经济学学科范畴的论文 1891 篇，占比为 69.34%。乡村振兴的本质是农业产业经济的振兴，从而注定学者们更多地从农业经济学的角度来进行选题、开题与破题，最终形成的论文数量也最多。在排名前 20 的学科中，与教育有关的有教育理论与教育管理、高等教育和职业教育，发文数量（占比）分别是：23 篇（0.84%）、17 篇（0.62%）和 11 篇（0.40%）。

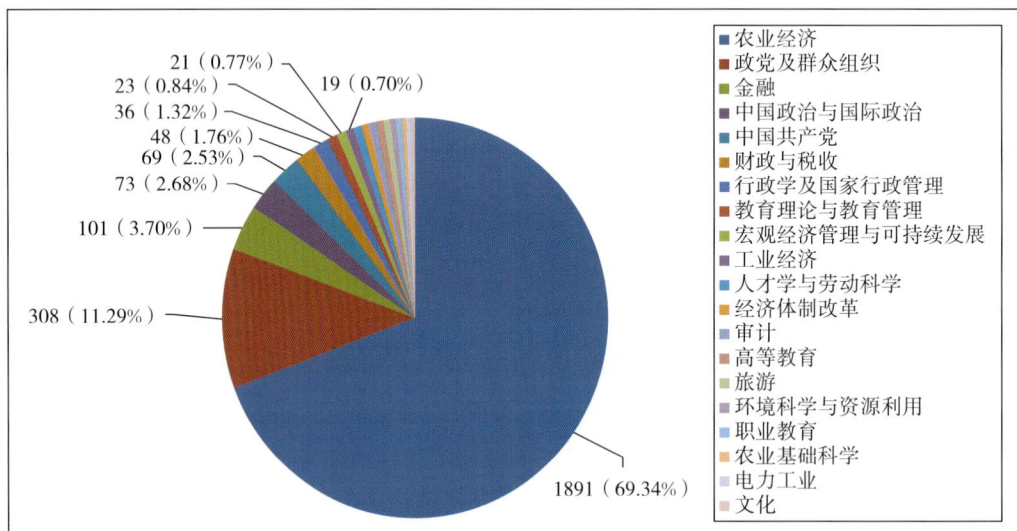

图 2-10　"脱贫攻坚与乡村振兴相衔接"论文所属学科分布

进一步溯源，可以获得高等教育学科领域发表的 17 篇文章的详细信息（表 2-5）。严瑾和黄绍华通过对近年评选的教育部直属高校精准扶贫精准脱贫典型项目的分析，发现高校扶贫实现了扶贫力度从触及到深扎、扶贫模式从单一到融合、扶贫动力从外源到内生、扶贫目标从脱贫到振兴的发展，为推进乡村振兴奠定了坚实基础；乡村振兴新时代，高校应该在巩固和深化脱贫攻坚经验的基础上，积极探索和把握乡村振兴的规律，通过着力构建解决相对贫困长效机制、促进发展内生动力迭代升级、激活乡村全面发展协同效应、推进乡村治理体系和治理能力现代化，来推进脱贫攻坚与乡村振兴有机衔接。

于晨晨和郑峰站在涉农高校的视角，分析了涉农高校科技成果转化与脱贫攻坚、乡村振兴的关系，讨论了涉农高校科技成果促进脱贫攻坚和乡村振兴过程中存在的问题，提出了"推进涉农高校强化科技成果的转化与应用、与地方农业企业共建产学研平台推进农业科技成果转化、打造专业的农业推广队伍提高科技服务产业的效果"3 条促进脱贫攻坚和乡村振兴有效衔接的具体路径。

表 2-5　"高等教育学科"发文信息一览

序号	作者	题名	期刊名称	发表时间	作者单位	被引	下载
1	卫梓琪；王生高	推行产学研一体化基地建设——后扶贫时代高校助力地方致富路径探析	河南农业	2022-03-25	西安培华学院		93
2	沈强；杨震；赵大虎	乡村振兴视域下高校开展科技帮扶工作路径研究	西安电子科技大学学报（社会科学版）	2022-03-25	西安电子科技大学		10
3	张振楠；赵津	大学生参与推动脱贫攻坚与乡村振兴有效衔接现状及发展路径研究	北华航天工业学院学报	2022-02-25	北华航天工业学院		874
4	王韬	贵州高校助力脱贫攻坚接续乡村振兴的有效路径探索——基于"大地论文工程"的实证分析	凯里学院学报	2022-02-25	贵州医科大学		138
5	郭治鹏；郭战伟	农业高校推进脱贫攻坚与乡村振兴有效衔接的途径探析	中国高等教育	2022-02-18	河南农业大学		104
6	李彦垒	脱贫攻坚与乡村振兴事业是学生思想政治教育的宝贵素材	乡村振兴	2022-02-15	华东师范大学		289
7	康涛；刘爽健	高校助力乡村振兴的时代要求、实践探索与未来思考	中共四川省委党校学报	2022-02-15	北京大学		479
8	集宁师范学院	集宁师范学院国家语言文字推广基地被教育部语用司遴选为国家乡村振兴重点帮扶县国家通用语言文字能力提升对口帮扶单位	集宁师范学院学报	2021-11-20	集宁师范学院		94
9	于东超	高等教育助力乡村振兴的时代诠释	中国高等教育	2021-11-18	哈尔滨师范大学		833
10	黎乃宁	论高校扶贫档案的整理与利用	办公室业务	2021-10-25	杨凌职业技术学院		61
11	杨守琼；杜洪文；彭涛；郭璠	高校对口帮扶的机制优化研究	乡村科技	2021-08-30	贵州师范大学		159

（续表）

序号	作者	题名	期刊名称	发表时间	作者单位	被引	下载
12	孙开远	一场绘声绘色的"头脑风暴"	西藏日报（汉）	2021 - 08 - 25	西藏民族大学		33
13	惠志丹；程华东	高校参与精准扶贫与服务乡村振兴有效衔接的路径探索——基于华中农业大学定点扶贫建始县的实践	中国农业教育	2021 - 04 - 20	华中农业大学	1	605
14	宋刘斌；彭怡峰；贺良	高校帮扶乡村振兴的工作模式与实践路径	长沙理工大学学报（社会科学版）	2021 - 03 - 28	长沙理工大学	4	517
15	李娅	发挥贵财优势　助力乡村振兴	当代贵州	2021 - 03 - 22	贵州财经大学		26
16	于晨晨；郑峰	论涉农高校科技成果促进脱贫攻坚和乡村振兴有效衔接的新举措	山西农经	2021 - 03 - 15	新疆农业大学		341
17	严瑾；黄绍华	脱贫攻坚与乡村振兴有机衔接的高校实践理路	湖北民族大学学报（哲学社会科学版）	2020 - 09 - 10	南京农业大学	10	1143

郭治鹏和郭战伟认为，农业高校在推进脱贫攻坚与乡村振兴有效衔接中具有特殊而重要的作用。高等农业院校是我国现代农业教育的重要力量，其所拥有的具有鲜明特色的教育、科技、人才、智力等优势，是实现脱贫攻坚与乡村振兴有效衔接的重要资源和核心推动力。推动脱贫攻坚与乡村振兴有效衔接既是农业高校坚持正确办学方向的必然要求，又是农业高校实现高校基本职能的必然要求；同时也是农业高校实现自身办学特色和价值的必然要求。

显然，当前在高等教育学科领域关于脱贫攻坚与乡村振兴相衔接的研究成果数量较少，难以呈现规模化的研究效应。已发表的 17 篇文章分属于 17 家机构，也就是说，没有一家研究机构能在高等教育这一学科领域对脱贫攻坚与乡村振兴相衔接的问题开展持续研究，客观上形成了研究成果零散或重复的局面，另一方面却又有不少需要亟待破解的问题难以顾及，研究缺少系统性和整体性。

2.7　关键词热点分析

2.7.1　关键词共现知识图谱

关键词是对研究主题和研究内容的高度总结，能够体现研究的基本方向，通过关键词可以了解论文的主要内容，因此对特定领域发表的文献中关键词共现分析可以揭示这个领域核心研究观点。在关键词共现图谱中，可以通过观察关键词节点的大小找出高频次的关键词，即找出该研究领域的热点话题。在 CiteSpace 中选择节点类型为"关键词"，其余参数保持不变，对关键词进行统计分析，得到 148 个关键词共现图谱。在 CiteSpace 分析的数据基础上，利用 VOSviewer 软件对文献进行关键词共现密度图的绘制，可以清晰地看出当前脱贫攻坚与乡村振兴有效衔接研究领域的热点（图2-11）。

图 2-11 中从蓝色冷色调到红色暖色调，代表着关键词共现的频次越来越高，即研究热点的热度越高。可以看出，近 4 年来，脱贫攻坚与乡村振兴有机衔接研究热点集中在乡村振兴、乡村振兴战略、有效衔接、有机衔接、攻坚战、高质量发展、易地扶贫搬迁、内生动力、脱贫攻坚、共同富裕等。

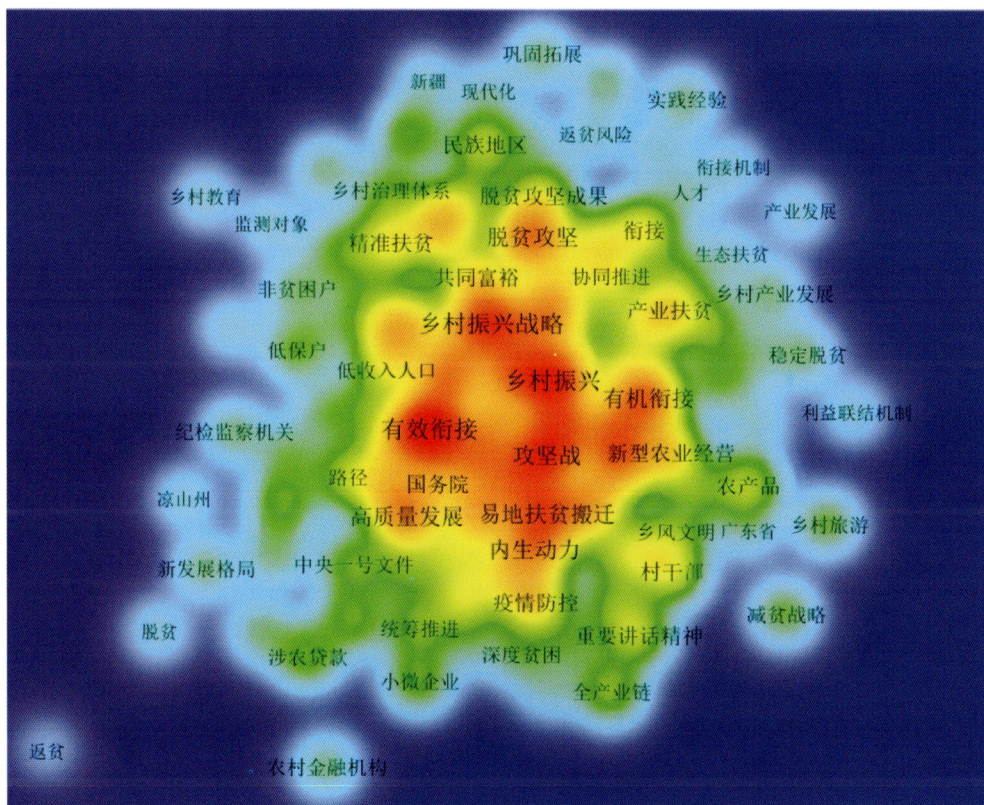

图 2-11　关键词共现密度图

综合图 2-11 和表 2-6 分析，关键词"乡村振兴""有效衔接""脱贫攻坚"在共现密度图中处于中心焦点位置，颜色最红最密集，词频出现数量最多，分别为 1389 次、614 次、594 次。此外，词频出现在 30 次以上的关键词有：乡村振兴战略、有机衔接、衔接、精准扶贫、攻坚战、"三农"工作、长效机制、习近平总书记、相对贫困、全面推进、产业扶贫、产业振兴。这些词频数量相对较高的关键词，在共现密度图中也处于中心区域，显示度较高。据 CiteSpace 分析原理，关键词的中心性数值若大于 0.1，则表示这一关键词对该研究领域有着一定的贡献。从表 2-6 可以看出，这样的关键词共有 5 个，依次为：乡村振兴、有效衔接、脱贫攻坚、乡村振兴战略、有机衔接。

表 2-6　我国脱贫攻坚与乡村振兴研究关键词词频（TOP 30）

关键词	词频	中心性	首现年份	关键词	词频	中心性	首现年份
乡村振兴	1389	0.22	2018	低收入人口	29	0	2021
有效衔接	614	0.35	2019	全面建成小康社会	29	0.02	2020
脱贫攻坚	594	0.18	2018	易地扶贫搬迁	28	0.07	2020
乡村振兴战略	127	0.21	2018	深度贫困地区	25	0.04	2019
有机衔接	97	0.14	2018	产业兴旺	23	0.05	2020
衔接	65	0.02	2019	农村人居环境	23	0.05	2020
精准扶贫	61	0.04	2018	全面脱贫	22	0.01	2020
攻坚战	59	0.09	2019	乡村治理	22	0.03	2020
"三农"工作	46	0.08	2019	绝对贫困	21	0.09	2019
长效机制	44	0.08	2019	共同富裕	21	0.02	2021
习近平总书记	43	0.04	2020	巩固提升	21	0.07	2021
相对贫困	39	0.06	2019	高质量发展	19	0.08	2020
全面推进	35	0.01	2021	衔接路径	19	0.03	2019
产业扶贫	31	0.03	2018	路径	18	0.08	2019
产业振兴	30	0.06	2018	脱贫攻坚成果	17	0.04	2021

2.7.2　关键词聚类分析

自乡村振兴战略提出后，脱贫攻坚与乡村振兴的有机衔接研究热潮也随之兴起。在近几年的发展过程中，该领域的研究已经遍及全国，并呈现出多元化的研究态势。本文借助 CiteSpace 的聚类分析功能，以 LLR 为算法，对我国脱贫攻坚与乡村振兴有机衔接研究领域进行聚类分析，得到 8 个主要聚类簇群，如图 2-12 所示。

图中的 148 个节点与 423 条连线构成了 8 个较大的群组，其中＃0 群组（脱贫攻坚）共有 25 篇文献，最小的＃9 群组（返贫），共包含 3 篇参考文献（表 2-7）。表明在较短的时间内，我国学者关于脱贫攻坚与乡村振兴有机衔接的研究已有一定的集中度，同时也形成了一定数量的分支，每个簇群的名称和该簇群文献中共现的前 20 位关键词列于表 2-7。表 2-7 中"聚类相似度"是 CiteSpace 系统中英文"Silhoutte"的

Cite Space, v. 5.3.R4 (64-bit)
2022年7月17日下午03时18分13秒
CNKI: c:\Users\Wjf\Desktop\citespace\data
Timespan: 2018-2022(Slice Length=1)
Selection Criteria:Top 50 per slice,LRF=2,LBY=8,e=2.0
Network: N=148, E=423(Density=0.0389)
Largest CC:129(87%)
Nodes Labeled: 5.0%
Pruning: None
Modularity Q=0.46
Mean Silhouette=0.3934

#9 返贫

#4 乡村振兴战略

#3 全面振兴

#2 攻坚战

#6 新型农业经营主体

#0 脱贫攻坚

#1 脱贫攻坚成果

#5 有效衔接

2018　2019　2020　2021　2022

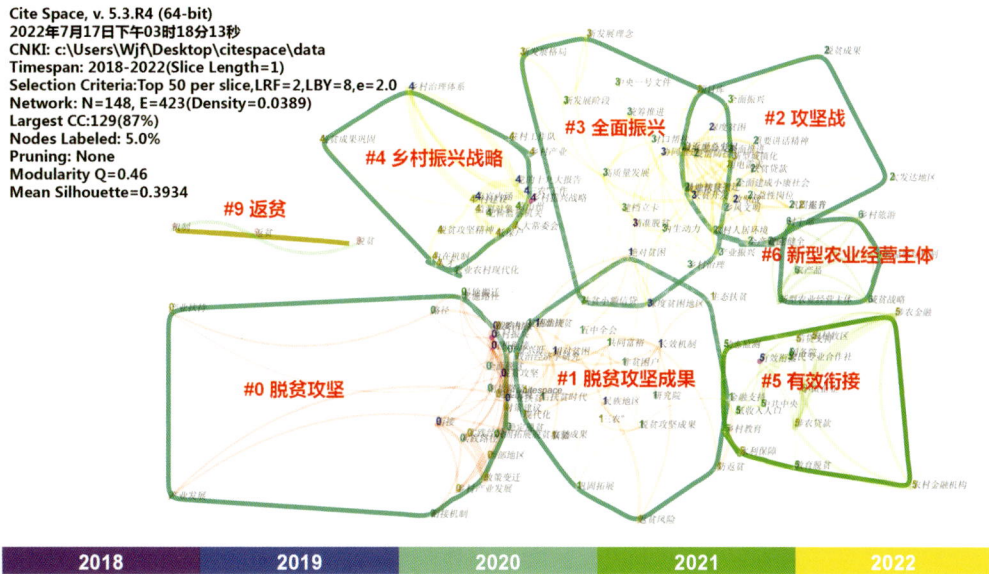

图 2-12　脱贫攻关与乡村振兴相衔接研究的聚类簇群分布

意译，是衡量整个聚类成员同质性的指标，该数值越大，则代表该聚类成员的相似性越高。根据文献和关键词的内容，我们可以对该簇群的研究成果进行归纳总结。

1. 关键词聚类簇群一（♯0）：脱贫攻坚

该簇群的关键词代表为脱贫攻坚、乡村振兴、有机衔接、衔接、有效衔接等，该聚类与聚类簇群二（♯1 脱贫攻坚成果）存在内部关联，一个是过程，一个是结果。在这一簇群中，我国大多数学者结合现阶段在脱贫实践方面面临的现实困境，着力形成脱贫攻坚成果，巩固并拓展脱贫攻坚成果，以此为乡村振兴厚植基础，蓄积动能。

邓婷鹤和聂凤英通过对基于 H 省深度贫困地区调查发现，尽管脱贫攻坚为乡村振兴奠定了良好基础，但同时还存在一些问题，如基本教育和医疗保障水平不高、专业人才缺乏、易地搬迁户生计不可持续以及"边缘群体"易形成新的贫困。面对深度贫困地区存在的问题，未来脱贫攻坚与乡村振兴衔接亟须确保农村基本公共服务均等化；重视"防贫"治理体系的建立；政策帮扶由物质帮扶逐渐向能力提升转变；在此基础上，注重多主体参与的脱贫攻坚和乡村建设模式建设，逐步提高深度贫困地区居民生活质量。

打赢全面脱贫攻坚战与实施乡村振兴战略，是实现"两个一百年"奋斗目标的重要战略支撑。当前，我国正处于两大战略的历史交汇期和政策过渡期，"接续推进全面脱贫与乡村振兴有效衔接，推动减贫战略和工作体系平稳转型，统筹纳入乡村振兴战略，建立长短结合、标本兼治的体制机制"，有利于更好地巩固提升脱贫攻坚成果，促进农业农村优先发展，扎实推进高质量乡村振兴，确保"两个一百年"奋斗目标如期实现。

表2-7 脱贫攻坚与乡村振兴相衔接研究关键词聚类簇群特征

簇群编号	簇群名称	文献数量	聚类相似度	平均年份	共现关键词（TOP 20）
#0	脱贫攻坚	25	0.613	2020	脱贫攻坚；乡村振兴；有机衔接；衔接；有效衔接；全面脱贫；产业发展；产业扶贫；实施路径；衔接机制；产业兴旺；路径；实践路径；精准扶贫；衔接路径；实践经验；政策变迁；巩固拓展脱贫攻坚成果；统筹衔接；稳定脱贫
#1	脱贫攻坚成果	22	0.697	2020	脱贫攻坚成果；相对贫困；巩固拓展；共同富裕；乡村振兴；精准扶贫；长效机制；金融支持；绝对贫困；民族地区；贫困治理；后扶贫时代；脱贫攻坚；生态扶贫；有效衔接；非贫困户；农村；脱贫地区；返贫风险；研究院；新疆；相对贫困治理；几个关系；科技支撑；现代化
#2	攻坚战	20	0.597	2020	攻坚战；习近平总书记；全面推进；全面建成小康社会；易地扶贫搬迁；疫情防控；巩固提升；公益性岗位；重要讲话精神；农村人居环境；就业帮扶；全产业链；扶贫贷款；"三农"工作；欠发达地区；就业扶贫；凝心聚力；村党支部书记；乡村振兴战略；有效衔接
#3	全面振兴	20	0.545	2020	全面振兴；高质量发展；城乡融合发展；统筹推进；扶贫开发；产业振兴；建档立卡；中央一号文件；协同推进；新发展阶段；三峡集团；精准脱贫；对口帮扶；扶贫小额信贷；乡村治理；新型城镇化；内生动力；深度贫困地区；用电需求；新发展理念
#4	乡村振兴战略	18	0.577	2020	乡村振兴战略；"三农"工作；纪检监察机关；丰富内涵；党的十九大报告；乡村治理体系；凉山州；全面推进；有效衔接；内在机制；监测对象；脱贫攻坚精神；乡村建设；习近平同志；低保户；现代农业发展；"三农"发展；习近平总书记；重要论述；人大常委会
#5	有效衔接	15	0.708	2021	有效衔接；低收入人口；乡村振兴；教育脱贫；国务院；中共中央；动态监测；农民专业合作社；人才智力支持；乡村教育；涉农贷款；涉农金融；《中共中央　国务院关于实现巩固拓展脱贫攻坚成果同乡村振兴有效衔接的意见》；小微企业；农村金融机构；低保对象；新型农业经营主体；答记者问；数字普惠金融；产品和服务

（续表）

簇群编号	簇群名称	文献数量	聚类相似度	平均年份	共现关键词（TOP 20）
♯6	新型农业经营主体	6	0.946	2020	新型农业经营主体；农产品；村干部；乡村旅游；减贫战略；土地利用总体规划；扶贫资金；涉农产业；农村房屋；农民财产性收入；"三权分置"；统筹整合；涉农资金；利益联结机制；紧密型；老促会；有效衔接；招投标；流通成本；全面脱贫
♯9	返贫	3	0.972	2022	返贫；脱贫；机制；高质量减贫；风险防控；基层组织；蒲溪村；乡村振兴；路径；脱贫攻坚；乡村振兴战略；攻坚战；有机衔接；"三农"工作；长效机制；习近平总书记；全面建成小康社会；全面脱贫；相对贫困；全面推进

2. 关键词聚类簇群二（♯1）：脱贫攻坚成果

这一簇群居于前 5 的关键词依次是脱贫攻坚成果、相对贫困、巩固拓展、共同富裕、乡村振兴。巩固拓展脱贫攻坚成果同乡村振兴有效衔接，已成为新的发展阶段贯彻落实党中央、国务院优先发展农业农村、全面推进乡村振兴重大决策部署的核心要务。习近平总书记在全国脱贫攻坚总结表彰大会上讲话指出，脱贫摘帽不是终点，而是新生活、新奋斗的起点，要切实做好巩固拓展脱贫攻坚成果同乡村振兴有效衔接各项工作，让脱贫基础更加稳固、成效更可持续。

在理论逻辑上，巩固拓展脱贫攻坚成果同乡村振兴统一于实现共同富裕和社会主义现代化的目标，促进农民增收是二者衔接的基点。在实践逻辑上，巩固拓展脱贫攻坚成果可分成"巩固"和"拓展"两个阶段，应构建巩固拓展脱贫攻坚成果同乡村振兴衔接的"五位一体"机制：在乡村产业发展维度，做好产业扶贫政策同"产业兴旺"目标衔接；在乡村生态文明维度，做好易地搬迁生态修复、生态扶贫政策同"生态宜居"目标衔接；在乡村精神文明维度，做好扶智扶志政策同"乡风文明"目标衔接；在乡村社会治理维度，做好驻村帮扶政策同"治理有效"目标衔接；在乡村民生保障维度，做好"两不愁三保障"政策同"生活富裕"目标衔接。

陈华彬认为，脱贫攻坚与乡村振兴有机衔接的内在逻辑表现为决策部署环环相扣、目标指向接续递进、工作机制相互支撑、政策内容共融通通。作者通过对安徽省宣城市宣州区狸桥镇的实证分析，认为可以从基础层面、规划层面和机制层面 3 个维度推进脱贫攻坚成果与实施乡村振兴战略有机衔接。基础层面主要围绕乡村振兴战略总要求开展衔接，规划层面则是编制衔接方案，机制层面衔接包括帮扶机制、工作机制、考核监督机制、返贫预警机制等 4 个方面。

3. 关键词聚类簇群三（♯2）：攻坚战

这一簇群居于前 5 的关键词依次为攻坚战、习近平总书记、全面推进、全面建成小康社会、易地扶贫搬迁。《中国共产党农村工作条例》强调"农业农村农民问题是关系国计民生的根本性问题"。全面打赢打好脱贫攻坚战、实施乡村振兴战略是党中央作出的重大决策部署，二者是我国"三农"工作在不同阶段的总抓手，对于实现我们党"两个一百年"奋斗目标具有重要意义。

让人民摆脱贫困，过上幸福美好的生活，一直是习近平总书记念兹在兹的大事。2020 年 5 月 23 日，习近平总书记看望参加全国政协十三届三次会议的经济界委员并参加联组会时指出："到 2020 年确保我国现行标准下农村贫困人口实现脱贫、贫困县全部摘帽、解决区域性整体贫困问题，是我们党对人民、对历史的郑重承诺。""我们要努力克服新冠肺炎疫情带来的不利影响，付出更加艰辛的努力，坚决夺取脱贫攻坚战全面胜利。"

2016 年 4 月 24 日，习近平总书记到革命老区安徽省六安市金寨县视察时指示：全面建成小康社会，一个不能少，特别是不能忘了老区。总书记走进金寨县花石乡大湾村贫困户家中，拉家常、送温暖、话扶贫，同当地干部群众共商脱贫攻坚大计。刘芳结合自己在六安辖区从事金融工作的实际，提出要提高政治站位，用活金融政策，充分发挥党建对金融扶贫和乡村振兴发展的引领作用，层层压实责任，力戒形式主义和官僚主义，切实将基层人民银行货币政策传导实施转化为金融支持脱贫攻坚和乡村振兴发展的工作优势；要集中力量攻克难点重点，为打赢脱贫攻坚战和实施乡村振兴战略贡献基层人民银行的智慧与力量。

2020 年 3 月 6 日，习近平总书记在决战决胜脱贫攻坚座谈会上的讲话中提到，脱贫摘帽不是终点，而是新生活、新奋斗的起点。2020 年是全面建成小康社会的关键之年、决胜之年，也是脱贫攻坚的收官之年，脱贫攻坚战之后，我国扶贫工作的重心将从如何解决好绝对贫困问题转移到解决相对贫困问题，从政策制定到体制创新上解决贫困问题，推进解决贫困问题向乡村振兴的平稳过渡、有效衔接。

4. 关键词聚类簇群四（♯3）：全面振兴

簇群四中位居前 5 的关键词分别是全面振兴、高质量发展、城乡融合发展、统筹推进、扶贫开发。2015 年 11 月 27 日至 28 日召开的中央扶贫开发工作会议，标志着新时期脱贫攻坚战全面打响。经过 5 年的集中脱贫攻坚，设定的各项目标任务整体实现、历史性任务基本完成。2020 年，我国 832 个贫困县全部实现脱贫摘帽。党的十九届五中全会提出，优先发展农业农村，全面推进乡村振兴，实现巩固拓展脱贫攻坚成果同乡村振兴有效衔接。

李宁慧和龙花楼调研表明，实现巩固拓展脱贫攻坚成果同乡村振兴有效衔接本质上是通过缩小乡村内部分化水平，在转型统筹与良性互馈机制下，提升乡村居民发展能力与村庄发展禀赋的过程。脱贫攻坚解决乡村振兴的前端问题与底线短板，乡村振兴是对乡村地域整体功能的全方位诊断与优化，为乡村贫困问题的解决提供全方案。实现二者有效衔接需要从发展目标、发展主体、发展机制与实现路径上实现多维立体衔接，实现路径中政策供给是根本，要素供给是重点，动力供给是关键。不同类型地域与村庄需要选取差异化发展模式与路径。需要推进乡村全面振兴以破解贫困问题，促进乡村振兴与新型城镇化战略的整合协同，以城乡融合发展助推城乡地域系统功能的整体优化。

当前我国进入了推动高质量发展、构建"双循环"发展格局的新发展阶段。郭兴平等认为，金融机构是服务乡村振兴战略的重要资金来源，当前金融机构支持乡村振兴战略仍面临着供需不平衡、基础设施落后、信用环境不佳、体制机制不到位等制约因素，需要从创新金融产品、创新服务模式、创新服务机制等方面入手，落实高质量发展要求。

作为我国西部脱贫地区的一名县委书记，王勇志在实践中总结了一套"三四五"推动脱贫攻坚与乡村振兴有效衔接的县域模式，以此筑牢乡村全面振兴的根基。其中"三"是指建立"三大工作机制"，即建立常态化帮扶机制、建立常态化监测机制、建立常态化帮转机制；"四"是指推动"四个轮子一起转"，即①做强工业经济，着力解决脱贫攻坚成果巩固拓展和乡村振兴有效衔接的动力问题；②提升农业效益，着力解决脱贫攻坚成果巩固拓展和乡村振兴有效衔接的基础支撑问题；③推动城乡融合互动发展，着力解决脱贫攻坚成果巩固拓展和乡村振兴有效衔接的动能问题；④推动旅游业提质增效，着力解决脱贫攻坚成果巩固拓展和乡村振兴有效衔接的有效供给问题；"五"是指补齐"五大乡村短板"，即加快补齐乡村基础设施和公共服务短板、加快补齐乡村生态短板、加快补齐乡村人才"短板"、加快补齐乡村文化"短板"和加快补齐乡村组织"短板"。

鲁可荣和徐建丽为了探索分析脱贫攻坚与乡村振兴有机衔接的可能路径，对安徽农业大县——泗县农村贫困治理实践开展了实地调查，系统梳理分析泗县农村贫困特点和致贫原因。在此基础上，探索地提出通过乡村价值再造以及内生动力培育，促进农业大县脱贫攻坚与乡村振兴有机衔接的基本路径。主要有 3 个方面的内容，一是构建以满足农村居民对美好生活新需求为目标的脱贫攻坚与乡村振兴有机衔接的共融共享共建机制；二是挖掘利用农业大县农村特色丰富资源和乡村多种功能与价值，促进脱贫攻坚的产业扶贫与乡村产业振兴的有机衔接；三是基于农业大县后发展优势，强化上下联动扶贫扶志，激发多元主体的文化自信和内生动力，促进脱贫攻坚文化扶贫与乡村文化振兴的有机衔接。

5. 关键词聚类簇群五（#4）：乡村振兴战略

实施乡村振兴战略，是党的十九大作出的重大决策部署，是全面建设社会主义现代化国家的重大历史任务，是新时代"三农"工作的总抓手。2018 年中共中央、国务院出台《中共中央　国务院关于实施乡村振兴战略的意见》，2021 年相继出台《中共中

央 国务院关于全面推进乡村振兴加快农业农村现代化的意见》《中共中央 国务院关于实现巩固拓展脱贫攻坚成果同乡村振兴有效衔接的意见》，彰显了中央实施乡村振兴战略的决心与毅力，进一步指明了全面推进乡村振兴的方向。

脱贫攻坚战的全面胜利，标志着我们党在团结带领人民创造美好生活、实现共同富裕的道路上迈出了坚实的一大步，意味着"三农"工作重心历史性转移到全面推进乡村振兴上来。实现巩固拓展脱贫攻坚成果同乡村振兴有效衔接，是当前和今后一个时期"三农"工作最重要的任务之一。

巩固拓展脱贫攻坚成果是高质量实施乡村振兴战略的重要举措。落实《中共中央关于制定国民经济和社会发展第十四个五年规划和二〇三五年远景目标的建议》所确定的实现巩固拓展脱贫攻坚成果同乡村振兴有效衔接的重大战略任务，必须坚持民生是最大的政治，持续激发脱贫户的内生发展动力，扎实推动乡村建设，促进县乡村经济社会高质量发展。重点是要巩固拓展脱贫攻坚成果同乡村振兴有效衔接的短板弱项，持续增强县乡村的内生发展动力和创新活力，促进生产力大发展，接续推进脱贫地区经济社会高质量发展。同时应有效衔接精准配置政策措施，激活生产要素，提升巩固拓展脱贫攻坚和乡村振兴的能力。

6. 关键词聚类簇群六（#5）：有效衔接

"有效衔接"簇群中排名前5的关键词依次是：有效衔接、低收入人口、乡村振兴、教育脱贫、国务院。习近平总书记在决战决胜脱贫攻坚座谈会上的讲话中要求接续推进全面脱贫与乡村振兴有效衔接。脱贫攻坚战与乡村振兴战略是我国农业农村发展的重大决策部署，虽然脱贫攻坚的侧重点是解决"脱贫"问题，乡村振兴的侧重点是解决"振兴"问题，但两者的共通点都是旨在消除贫困，缩小城乡差距、实现共同富裕。杨俊伍认为，实现乡村振兴与脱贫攻坚的有效衔接对于2020年后巩固脱贫攻坚成效和实施乡村振兴良好开局意义重大。应做好脱贫攻坚后续发展与乡村振兴战略的"起承转合"，全力抓好政策、产业、民生、人才、生态、文化、组织、社会"八个协同"，推动乡村振兴与脱贫攻坚的共生式发展。

目前我国正处于脱贫攻坚与乡村振兴两大战略的历史交汇期和政策衔接的过渡期，在过渡期内的重要任务就是加快实现巩固拓展脱贫攻坚成果同乡村振兴的有效衔接。孙久文等在总结脱贫攻坚成果及经验并指出其后续要求的基础上，通过研究乡村振兴与共同富裕的关系，提出"十四五"期间的主要任务是加快相对落后地区的发展，提升低收入人口的收入水平。在分析了我国当前相对落后地区和低收入人口的基本特征之后，探索了通过乡村振兴促进相对落后地区发展的3条路径：一是分类实施乡村振兴的政策举措；二是制定低收入人口增加收入的制度设计；三是促进相对落后地区的经济社会同步发展。

农村低收入人群是乡村振兴的难点，也是重点。安徽省宣城市宣州区坚持把巩固拓展脱贫攻坚成果放在首要位置，科学编制实施"十四五"时期巩固拓展脱贫攻坚成果同乡村振兴有效衔接规划，实现巩固拓展脱贫攻坚成果同乡村振兴有机结合，做到一体研究、一体部署、一体推进。具体操作层面，从集中资源支持脱贫攻坚转向巩固拓展脱贫攻坚成果和全面推进乡村振兴；大力推广"三业一岗"就业帮扶模式，用好用工信息平台，加大脱贫低收入人口有组织劳务输出力度。同时，注重发挥教育工作在促进脱贫攻坚与乡村振兴有效衔接中的作用。继续实施职业教育补助"雨露计划"和农村创业致富带头人培育工程。优化教育资源配置，促进义务教育均衡发展，健全控辍保学工作机制，确保除身体原因不具备学习条件外，家庭困难义务教育阶段适龄儿童少年不失学辍学。

7. 关键词聚类簇群七（#6）：新型农业经营主体

本簇群位居前 5 的关键词有：新型农业经营主体、农产品、村干部、乡村旅游、减贫战略。随着现代农业的不断发展，我国传统的农业经营模式正在发生巨大的变化。2012 中央农村工作会议明确提出了新型农业经营主体一词。根据张照新和赵海的观点，新型农业经营主体应当具有一定的规模性、先进的工具设备以及生产管理经验，具有较高的资源利用率、劳动生产效率以及农地的生产率，是一种以商品化生产为主要目标的农业经营组织。新型农业经营主体主要有四种类型，即：农业专业化合作社、家庭农场、专业种养大户和农业龙头企业。新型农业经营主体是相对于传统小规模家庭经营农户的概念，是当前推进农业经营体制机制创新领域的重要组成部分，被赋予了解决农业领域诸多矛盾问题的厚望。同样，在接续脱贫攻坚与乡村振兴衔接的征途中，既是先锋队，又是主力军。

从 2013 年中央一号文件提出要尊重和保障农户生产经营的主体地位，培育和壮大新型农业生产经营组织，充分激发农村生产要素潜能后，连续 8 年的中央一号文件都涉及新型农业经营主体的培育，可见中央对乡村产业和新型农业经营主体的高度重视（表 2-8）。新型农业经营主体是农业先进生产力的代表，是推进农业转型升级、增加粮食产量、提高农业效益、增加农民收入的主要力量，是农民脱贫致富的载体，是实现乡村振兴的有力抓手。培育和发展新型农业经营主体对激活农村产业发展活力，促进乡村产业兴旺，助推乡村产业振兴，实现农业农村现代化具有重大意义。尤其在经济欠发达地区，乡村产业基础薄弱，不平衡、不充分的发展矛盾突出，积极培育和引导新型农业经营主体的发展显得更为重要。

表 2-8　2013 年以来中央一号文件关于"新型农业经营主体"的描述

年份	中央一号文件名称	描述摘录
2013	中共中央　国务院关于加快发展现代农业进一步增强农村发展活力的若干意见	① 继续增加农业补贴资金规模，新增补贴向主产区和优势产区集中，向专业大户、家庭农场、农民合作社等新型生产经营主体倾斜。 ② 创新金融产品和服务，优先满足农户信贷需求，加大新型生产经营主体信贷支持力度。

（续表）

年份	中央一号文件名称	描述摘录
2014	中共中央　国务院关于全面深化农村改革加快推进农业现代化的若干意见	① 继续实行种粮农民直接补贴、良种补贴、农资综合补贴等政策，新增补贴向粮食等重要农产品、新型农业经营主体、主产区倾斜。 ② 加大农业面源污染防治力度，支持高效肥和低残留农药使用、规模养殖场畜禽粪便资源化利用、新型农业经营主体使用有机肥、推广高标准农膜和残膜回收等试点。 ③ 扶持发展新型农业经营主体。（在国家年度建设用地指标中单列一定比例专门用于新型农业经营主体建设配套辅助设施。鼓励地方政府和民间出资设立融资性担保公司，为新型农业经营主体提供贷款担保服务。加大对新型职业农民和新型农业经营主体领办人的教育培训力度。落实和完善相关税收优惠政策，支持农民合作社发展农产品加工流通。） ④ 完善农村基层气象防灾减灾组织体系，开展面向新型农业经营主体的直通式气象服务。
2015	中共中央　国务院关于加大改革创新力度加快农业现代化建设的若干意见	① 完善农机具购置补贴政策，向主产区和新型农业经营主体倾斜，扩大节水灌溉设备购置补贴范围。 ② 完善对新型农业经营主体的金融服务。
2016	中共中央　国务院关于落实发展新理念加快农业现代化 实现全面小康目标的若干意见	① 坚持以农户家庭经营为基础，支持新型农业经营主体和新型农业服务主体成为建设现代农业的骨干力量，充分发挥多种形式适度规模经营在农业机械和科技成果应用、绿色发展、市场开拓等方面的引领功能。 ② 完善财税、信贷保险、用地用电、项目支持等政策，加快形成培育新型农业经营主体的政策体系，进一步发挥财政资金引导作用，撬动规模化经营主体增加生产性投入。 ③ 适应新型农业经营主体和服务主体发展需要，允许将集中连片整治后新增加的部分耕地，按规定用于完善农田配套设施。积极培育家庭农场、专业大户、农民合作社、农业产业化龙头企业等新型农业经营主体。 ④ 开展新型农业经营主体带头人培育行动，通过5年努力使他们基本得到培训。 ⑤ 完善"三农"贷款统计，突出农户贷款、新型农业经营主体贷款、扶贫贴息贷款等。 ⑥ 把农业保险作为支持农业的重要手段，扩大农业保险覆盖面、增加保险品种、提高风险保障水平。积极开发适应新型农业经营主体需求的保险品种。

（续表）

年份	中央一号文件名称	描述摘录
2017	中共中央 国务院关于深入推进农业供给侧结构性改革 加快培育农业农村发展新动能的若干意见	① 支持新型农业经营主体申请"三品一标"认证，推进农产品商标注册便利化，强化品牌保护。 ② 大力培育新型农业经营主体和服务主体，通过经营权流转、股份合作、代耕代种、土地托管等多种方式，加快发展土地流转型、服务带动型等多种形式规模经营。 ③ 吸引龙头企业和科研机构建设运营产业园，发展设施农业、精准农业、精深加工、现代营销，带动新型农业经营主体和农户专业化、标准化、集约化生产，推动农业全环节升级、全链条增值。 ④ 促进新型农业经营主体、加工流通企业与电商企业全面对接融合，推动线上线下互动发展。 ⑤ 优化农业从业者结构，深入推进现代青年农场主、林场主培养计划和新型农业经营主体带头人轮训计划，探索培育农业职业经理人，培养适应现代农业发展需要的新农民。 ⑥ 支持金融机构开展适合新型农业经营主体的订单融资和应收账款融资业务。 ⑦ 持续推进农业保险扩面、增品、提标，开发满足新型农业经营主体需求的保险产品，采取以奖代补方式支持地方开展特色农产品保险。
2018	中共中央 国务院关于实施乡村振兴战略的意见	① 统筹兼顾培育新型农业经营主体和扶持小农户，采取有针对性的措施，把小农生产引入现代农业发展轨道。 ② 注重发挥新型农业经营主体带动作用，打造区域公用品牌，开展农超对接、农社对接，帮助小农户对接市场。 ③ 实施新型农业经营主体培育工程，培育发展家庭农场、合作社、龙头企业、社会化服务组织和农业产业化联合体，发展多种形式适度规模经营。 ④ 切实发挥全国农业信贷担保体系作用，通过财政担保费率补助和以奖代补等，加大对新型农业经营主体支持力度。
2019	关于坚持农业农村优先发展做好"三农"工作的若干意见	突出抓好家庭农场和农民合作社两类新型农业经营主体，启动家庭农场培育计划，开展农民合作社规范提升行动，深入推进示范合作社建设，建立健全支持家庭农场、农民合作社发展的政策体系和管理制度。
2020	中共中央 国务院关于抓好"三农"领域重点工作确保如期实现全面小康的意见	① 重点培育家庭农场、农民合作社等新型农业经营主体，培育农业产业化联合体，通过订单农业、入股分红、托管服务等方式，将小农户融入农业产业链。 ② 落实农户小额贷款税收优惠政策。符合条件的家庭农场等新型农业经营主体可按规定享受现行小微企业相关贷款税收减免政策。 ③ 发挥全国农业信贷担保体系作用，做大面向新型农业经营主体的担保业务。

年份	中央一号文件名称	描述摘录
2021	中共中央　国务院关于全面推进乡村振兴加快农业农村现代化的意见	① 加快健全现代农业全产业链标准体系，推动新型农业经营主体按标生产，培育农业龙头企业标准"领跑者"。 ② 支持市县构建域内共享的涉农信用信息数据库，用 3 年时间基本建成比较完善的新型农业经营主体信用体系。 ③ 鼓励开发专属金融产品支持新型农业经营主体和农村新产业新业态，增加首贷、信用贷。

发展新型农业经营主体是激活农村经济活力的重要抓手，对于提高农民收入和促进乡村振兴具有重要意义。杨卉芷针对亳州市新型农业经营主体在发展过程中存在的问题，在分析新型农业经营主体发展特点的基础上，进一步提出了强化宣传引导、构建社会化服务体系、加大政策扶持力度、完善相关体制机制建设、加强人才培养力度等对策建议。2018 年元月，徐沈等赴安徽东至县开展了以乡村振兴为主题的调研活动，重点考察了当地的新型农业经营主体发展状况和美丽乡村建设现状。调研表明，东至县在发展壮大新型农业经营主体方面进行了创新，逐渐形成美丽乡村建设的东至标准，为深入实施乡村振兴战略奠定了坚实的基础。与此同时，东至县在战略实施的过程中面临着一些同安徽其他县城类似的问题，包括农村资金投入结构不合理、农村市场主体的培育不够、乡村建设管理的体制不顺畅、城乡融合发展的程度不够。针对这些问题，调研组认为，推动实现安徽乡村振兴需要重点从五个方面寻求突破，包括：一是确保涉农资金安全，提高涉农资金的使用效率；二是采取农村金融担保等多项措施，支持农村市场经营主体的产业发展；三是重新理顺乡村治理的协调机制、奖惩机制和长效机制，健全自治、法治、德治相结合的乡村治理体系；四是打破城乡分割的传统体制机制障碍，建立健全城乡融合发展的政策措施；五是充分依靠本土资源优势，拓展和培育农村的新功能和新业态。

8.关键词聚类簇群八（#9）：返贫

贫困是一个具有复杂多样的产生原因及表现形式的世界性难题，是众多中外学者关注的热点问题。党的十八大以来，以习近平同志为核心的党中央高度重视脱贫攻坚工作，建立了以"中央统筹、省负总责、市县抓落实"为管理体制的中国特色脱贫攻坚体系，创造了人类反贫困斗争的"中国奇迹"。2020 年 11 月 23 日，贵州省最后九个贫困县的脱贫摘帽标志着 2014 年划定的 832 个贫困县全部退出贫困序列，标志着我国延续几千年的绝对贫困现象已经整体消除。

防止脱贫摘帽人口返贫是做好脱贫攻坚和乡村振兴有效衔接工作、大力开展乡村振兴建设的题中应有之义。脱贫县的"摘帽"源于"两不愁三保障"问题的基本解决以及贫困人口收入水平的提高，然而，基础设施不够完善、产业短板长期存在等问题尚未得到根本性解决，相当一部分已脱贫人口仍然存在"造血"能力不足的问题，防止返贫的工程任重道远。为了实现贫困县、贫困村、贫困户以及贫困人口的稳定脱贫，避免贫困现象卷土重来，就要根据不同地域、不同人群的具体情况，在保持脱贫攻坚制度政策的基础上，将精准扶贫的相关政策转化为精准"防返贫"对策，保障人才队伍，特别关注内生动力不足以及相对收入较低人群，做好调研与动态监测工作，确保将政策落到实处。要深刻认识到，发展是落实"防返贫"方略的根本途径，要用发展的方式强化"防返贫"对策与实践，不断改善发展条件，提升发展动能，强化易返贫人群的"造血"能力，让发展成为防止返贫、巩固脱贫攻坚成果、实现乡村振兴的最有效途径。

韩广富和辛远认为，2020 年后我国实现高质量减贫具备持续减贫的制度优势、帮扶优势以及减贫基础优势等发展优势，但脆弱性脱贫返贫的风险挑战依然存在，长短结合标本兼治的扶贫举措有待优化，中西部农村的减贫发展环境仍需升级，贫困边缘人口的脱贫致富能力尚需提升等因素制约着 2020 年后的高质量减贫。为破解 2020 年后实现高质量减贫的制约因素，需构建以防止致贫返贫为底线的长效防贫机制，注重以标本兼治为原则的持续减贫举措建设，重视以公共服务均等化为基础的减贫环境建设，增强以志智双扶提能力为核心的脱贫能力建设。

截至 2020 年底我国完成了消除绝对贫困的艰巨任务，区域性整体贫困得到解决。但是，解决了现行标准下农村的绝对贫困问题并不代表农村的贫困问题已经彻底消除，相对贫困问题、防止返贫现象发生成为巩固脱贫成果与实现乡村振兴的重要前提。基于这样的原因，安帅以安徽省萧县、霍邱县、阜南县、石台县的 24 个原深度贫困村作为样本村，1242 个贫困户作为样本户，采用问卷调查法，从贫困户的"两不愁、三保障"情况、政府帮扶情况、贫困户收入组成情况等方面对受访者进行了调研。在深入分析原深度贫困村脱贫成效以及存在的问题的基础上，提出"建立健全贫情监测预警体系、加强基础设施建设和产业配套投入、根据实际情况进行政策调整、完善帮扶机制以激发群众内生动力"等对策建议，以期对安徽省乃至全国原深度贫困村的治理与发展和我国整体实现农业农村现代化有所助力。

2.7.3　研究的演进路径分析

利用 CiteSpace 可视化分析技术，通过对"脱贫攻坚与乡村振兴有机衔接"领域内研究内容进行纵向分析，可以较为清晰地看到这一研究领域在近几年的研究历程。脱贫攻坚与乡村振兴有机衔接研究演进路径如图 2-13 所示。可以看出，虽然我国脱贫攻坚与乡村振兴有机衔接研究的发展时间较短，但发展较为迅速，经历了一个由粗及细、由浅入深的发展过程。

1. 早期探索阶段（2018 年）

热点关键词主要表现为"脱贫攻坚""乡村振兴""有机衔接""产业扶贫"和"精准脱贫"等。2018 年在学术期刊上发表的相关论文只有 7 篇。在该阶段，由于相关政

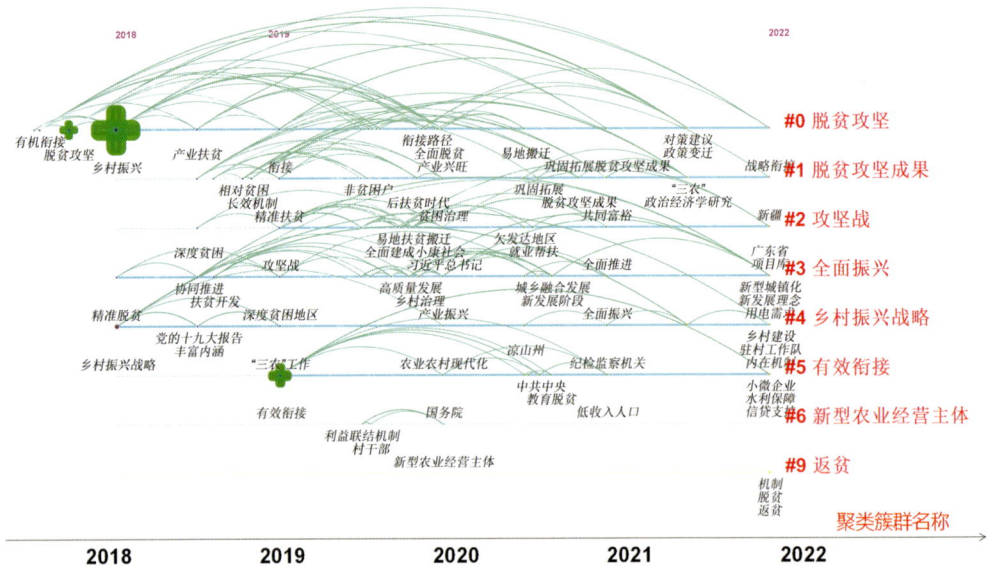

图 2-13　脱贫攻坚与乡村振兴有机衔接研究演进路径

策刚刚提出，因此相关研究成果较少，且多以通讯报道的形式呈现，缺少理论性、探索性的学术论文。徐方伟于 2018 年 3 月 29 日，在《太原日报》两会特别报道中撰文指出，把脱贫攻坚过程变成乡村振兴的过程，通过乡村振兴来检验脱贫的成效，着力打好脱贫攻坚和乡村振兴相互支撑、相互配合、有机衔接的"组合拳"，打造独具太原特色的脱贫攻坚、乡村振兴道路。这一描述可以看成是关于脱贫攻坚与乡村振兴有机衔接提法的萌芽。尔后，这一研究呈现出蓬勃发展的态势。以全国公开发行的报纸为例，截至 2022 年 6 月 1 日，以"脱贫攻坚与乡村振兴有机衔接"为主题，共发表各类文章 2431 篇，其中有较强学术性的文献 401 篇。

2. 稳步增长阶段（2019—2020 年）

进入 2019 年，领域内专家学者们已经敏锐地意识到"脱贫攻坚与乡村振兴有机衔接研究"具有十分重要的理论价值和实践意义。同时，党委和政府部门密集出台了一些政策措施，并在研发机构设立专题项目，极大地推动促进了"两大战略"有机衔接的研究。而早期在这一领域开展工作的专家学者、机关干部、媒体人员陆陆续续将一些工作进展、实践探索、理论思考总结成文，并在期刊公开发表。前文述及，这两年发表的文献数量依次为 75 篇和 363 篇，呈现稳步增长态势。这一时期与早期相比，研究方向有所转变，且研究内容不断丰富。热点关键词主要集中于"攻坚战""'三农'工作""衔接路径""全面建成小康社会""产业振兴""有效衔接"。从关键词可以看出，学者们不再局限于对某一领域的单方面研究，而是开始探讨多领域融合衔接的机制及实施路径，从更大程度上促进乡村发展、巩固脱贫成果，为社会经济发展提供了理论支撑。

3. 迅猛发展阶段（2021 年）

2020 年是对脱贫攻坚与乡村振兴实施成果检验的关键之年，从广大农村的发展情况可以看出其成效显著。按理说，这一年相关的研究成果也最为丰富。但研究成果以论文的形式公开发表相比于研究进程有一定的滞后性，是故 2021 年学术界发表的关于"脱贫攻坚与乡村振兴有机衔接"研究文献呈现出爆发式增长，共计 1253 篇。这一阶段的研究与前两个时期相比更为成熟，热点关键词逐渐过渡到了"巩固拓展脱贫攻坚成果""全面推进""全面振兴""低收入人口""共同富裕"等。由此可见，在这一阶段，我国脱贫攻坚与乡村振兴的相关研究已取得了较大的进展，如研究体系逐渐成熟、研究内容逐渐向发展路径和解决策略等方面偏移，研究重心也逐渐落在了社会经济发展方面。

4. 总结提高阶段（2022 年）

2021 年 3 月，中共中央、国务院发布《中共中央　国务院关于实现巩固拓展脱贫攻坚成果同乡村振兴有效衔接的意见》，对两大战略有效衔接问题作出系统而全面的部署。这一文件的出台，一方面标志着从国家层面上对两大战略有效衔接的顶层设计已经基本完成，另一方面也反映出经过近 3 年的研究与实践，专家学者们围绕两大战略有效衔接的理论渊源、科学内涵、困难挑战、推进策略等进行的广泛研究取得了丰硕的成果。这些成果从宏观层面对两大战略的内在逻辑以及二者衔接的必要性、重要性论证比较充分，且在实践中形成的推进策略亦具有较高的参考价值。但是，从中观和微观层面来看，两大战略有效衔接的地方实践仍有待深入推进，相关研究也有待深化。同时，为更好地部署过渡期内"三农"领域重点任务，有效防止规模性返贫，有必要及时总结巩固拓展脱贫攻坚成果、衔接推进乡村振兴的可行经验。

针对当前经济社会双循环新发展格局，陈玉和原伟鹏收集了 2000—2019 年我国西部地区面板数据，构建出脱贫攻坚和乡村振兴发展的综合评价体系，以两者的耦合协调度表征有效协同衔接共轭变化，并采用多种回归模型探寻二者之间有效衔接机制、调节与中介的动力传导路径。结果发现，西部地区脱贫攻坚与乡村振兴发展的整体水平、有效衔接度均稳中有升，区域空间逐渐分化出西南地区优于西北地区的发展格局。后脱贫时代，人均 GDP 依然是调节巩固脱贫攻坚成果并衔接过渡到乡村全面振兴发展的关键因素，产业结构发展、数字经济发展、社会消费升级是有效衔接传导的中介动力机制，进而提出发展地方优势特色产业、基础公共服务设施、新兴产业、新型业态等政策建议。

对两大战略有效衔接的成效评价在过渡期显得尤为重要。杨甫昌和范国华认为，只有对巩固拓展脱贫攻坚成果同乡村振兴有效衔接工作的成效作出系统、科学、合理的评价，才能有助于我们准确地认识和把握当前巩固拓展脱贫攻坚成果同乡村振兴有效衔接工作的推进情况，才能及时发现问题，排除风险隐患，补上短板弱项，不断提升贫困地区的自我发展能力和贫困治理水平。为此，两位学者结合现阶段我国的贫困治理现状及党中央的战略规划和决策部署，从产业发展、生态建设、文化建设、乡村治理和民生改善五个维度选取了 114 个指标，构建了"十四五"时期巩固拓展脱贫攻坚成果同乡村振兴有效衔接的评价指标体系，评价内容包括"十四五"时期脱贫攻坚成果巩固、脱贫攻坚成果拓展以及脱贫攻坚同乡村振兴有效衔接三个方面，具有较强的科学性、前瞻性和适用性。

2.7.4　关键词突现图谱

在前文关键词共现知识图谱和关键词聚类分析的基础上，使用 CiteSpace 的突现词探测功能，以揭示脱贫攻坚与乡村振兴有机衔接研究的学术前沿。这里的突现词，指的是短时间内出现频次突然增加的或者使用频次明显增加的关键词，通过分析突现词，可以得出在某个时间段内相对贫困研究热点的重大转向。运用 CiteSpace 中的突现检测算法，可获得突现词、突现强度和突现时间，检测结果如图 2-14 所示。

Top 7 Keywords with the Strongest Citation Bursts

Keywords	Year	Strength	Begin	End	2018—2022
有机衔接	2018	12.3307	2018	2020	
精准脱贫	2018	5.3284	2018	2019	
乡村振兴战略	2018	3.7878	2018	2019	
攻坚战	2018	7.0774	2019	2020	
深度贫困地区	2018	3.6775	2019	2020	
扶贫开发	2018	2.4296	2019	2020	
深度贫困	2018	2.1195	2019	2020	

图 2-14　脱贫攻关与乡村振兴有机衔接研究关键词突现图谱

图 2-14 表明，"有机衔接"在 2018 年突现为研究热点关键词，并持续了 3 年时间。"精准脱贫""乡村振兴战略"也在 2018 年突现为研究热点关键词，但只持续到 2019 年。"攻坚战""深度贫困地区""扶贫开发""深度贫困"等 4 个关键词于 2019 年突现，并均持续两年。说明这一阶段，我国很多学者研究脱贫攻坚和乡村振兴的有机衔接，重点还是在脱贫攻坚，大多数学者都难以跳出思维定式，主要是站在脱贫攻坚的立场，研究与乡村振兴有机衔接的内容和实施路径。这样的研究，不可避免会存在一定的局限性。

2.8　有机衔接向有效衔接的演进

本篇综述是以"（主题）脱贫攻坚与乡村振兴有机衔接"或"（主题）脱贫攻坚与乡村振兴有效衔接"为检索式，在 CNKI（知网）总库中检索获得的文献作为研究基础的。事实上，国家文件中早期的提法是"脱贫攻坚与乡村振兴有机衔接"，后来，随着形势的发展，又演进为"脱贫攻坚与乡村振兴有效衔接"。跟随这一演进变化，作者们撰写文章时，主题词也从早期的"有机衔接"转换为"有效衔接"。

从宏观研究背景看，"有机衔接"和"有效衔接"语义相通，没有本质上的区别，通常情况下可以相互替代使用。需要特别说明的是，正是基于这样的原因，前文在使用这两个主题词时，只是根据语境的需要或是引文的内容择用一个主题词语，而非逐一严谨地考虑到词语的内涵外延再确定选用的主题词语。由此也造成了论述过程中词条使用颠来倒去的"混乱"现象，会给阅读理解带来一些困惑。

但从微观视角看，"有机衔接"强调的是一种衔接的方式，这种方式是无机的还是有机的？而"有效衔接"强调的是一种成效、一种效果。用"有效衔接"替代"有机衔接"潜台词就是"有机衔接"不一定能达到"有效衔接"所期待的效果。就这个层面来说，"有效衔接"的表述，更加科学、更加合理，更具有时效性。

2.8.1　有机衔接的提出

2015 年，党的十八届五中全会从实现全面建成小康社会奋斗目标出发，明确到 2020 年我国现行标准下农村贫困人口实现脱贫，并且把过去使用的词语"扶贫攻坚"，改成了"脱贫攻坚"。虽然只有一字之差，用意却大相径庭，"脱贫攻坚"充分体现了中国共产党带领中国人民脱贫谋幸福的决心、责任和庄严承诺。2017 年 10 月，党的十九大报告中明确提出坚决打赢脱贫攻坚战，并首次提出乡村振兴战略，要求"构建现代农业产业体系、生产体系、经营体系，完善农业支持保护制度，发展多种形式适度规模经营，培育新型农业经营主体，健全农业社会化服务体系，实现小农户和现代农业发展有机衔接。"但这里的"有机衔接"并没有将"脱贫攻坚"与"乡村振兴"两大战略直接关联。

2018 年 1 月 2 日，中共中央、国务院印发《中共中央　国务院关于实施乡村振兴战略的意见》。在这个意见中，"有机衔接"一词出现了两次，第 1 次是承接十九大报告的内容——"促进小农户和现代农业发展有机衔接"；第 2 次则是"做好实施乡村振兴战略与打好精准脱贫攻坚战的有机衔接"。显然，《中共中央　国务院关于实施乡村振兴战略的意见》正是两大战略"有机衔接"提法的国家级源头文件。同年 3 月 5 日，习近平总书记参加内蒙古代表团审议时指出，"要把脱贫攻坚同实施乡村振兴战略有机结合起来，推动乡村牧区产业兴旺、生态宜居、乡风文明、治理有效、生活富裕，把广大农牧民的生活家园全面建设好。"

前文述及，最早以两大战略"有机衔接"为主题发表论文的作者是姜列友，他说站在金融的角度，提出了金融机构支持脱贫攻坚与服务乡村振兴战略有机衔接的路径与举措。而被引次数最多的则是豆书龙和叶敬忠撰写的论文《乡村振兴与脱贫攻坚的有机衔接及其机制构建》，目前已被引 320 次。尽管作者论证的关键词是"有机衔接"，但是在论证过程中，则多次用"有效"一词来进行诠释和阐述。文中指出，"在实践层面，如果不能实现乡村振兴与脱贫攻坚系统而有效的机制衔接，不仅会导致重复建设和资源的浪费，而且可能会给农业农村工作带来较大的问题。"由此，可以看出学者在研究过程中，力求用更准确的术语表达的意愿。

2.8.2　有效衔接的提出

随着研究的不断深入和社会实践的不断发展，人们意识到，用"有效"来形容定义两大战略的衔接比"有机"更科学、更准确、更贴切、更生动。2019 年 2 月 1 日，区小兰和何玲玲发表的论文中较早出现了两大战略"有效衔接"的语句，具体表述为："需要把实施乡村振兴与脱贫攻坚协同，找到交汇点，系统推进，相互促进、有效衔接。因此，脱贫攻坚与乡村振兴的理论逻辑链条是：脱贫攻坚与乡村振兴之间具有相互促进、有效衔接的协同推进关系。"

2019 年 6 月，国务院印发《国务院关于促进乡村产业振兴的指导意见》，其指导思想为：以习近平新时代中国特色社会主义思想为指导，全面贯彻党的十九大和十九届二中、三中全会精神，牢固树立新发展理念，落实高质量发展要求，坚持农业农村优先发展总方针，以实施乡村振兴战略为总抓手，以农业供给侧结构性改革为主线，围绕农村一二三产业融合发展，与脱贫攻坚有效衔接、与城镇化联动推进，充分挖掘乡村多种功能和价值，聚焦重点产业，聚集资源要素，强化创新引领，突出集群成链，延长产业链、提升价值链，培育发展新动能，加快构建现代农业产业体系、生产体系和经营体系，推动形成城乡融合发展格局，为农业农村现代化奠定坚实基础。这是两大战略"有效衔接"首次被写入国家红头文件。

为了进一步巩固拓展脱贫攻坚成果，接续推动脱贫地区发展和乡村全面振兴，2020 年 12 月，中共中央、国务院制定并颁布了《中共中央　国务院关于实现巩固拓展脱贫攻坚成果同乡村振兴有效衔接的意见》。至此，在国家顶层设计层面，两大战略"有机衔接"已正式演进为"有效衔接"。与之相一致，无论是会议报告，还是制定文件，或者是撰写论文，人们普遍接受并使用"有效衔接"，"有机衔接"一词已较少使用，正逐渐淡出人们的视野。

2.8.3　有机衔接向有效衔接的演进特征

在知网平台以"脱贫攻坚与乡村振兴有效（或有机）衔接"为主题检索，截至2022 年 6 月 1 日发表的文献共 2095 篇。其中以"有效衔接"作为主题的文献 891 篇，而以"有机衔接"作为主题的文献只有 134 篇。根据检索结果，我们可以绘出"有机衔接"与"有效衔接"研究文献年份动态变化（图 2-15），从中可以看出，学者们已越来越少使用"有机衔接"一词。

文献检索结果还表明，以"脱贫攻坚与乡村振兴有机衔接"为题的文献共有 80篇，其中学术期刊论文 64 篇，报纸文章 13 篇。其中最早发表的是《领导决策信息》首席时政观察员撰写的文章，发表的时间是 2018 年 8 月 6 日。以"脱贫攻坚与乡村振

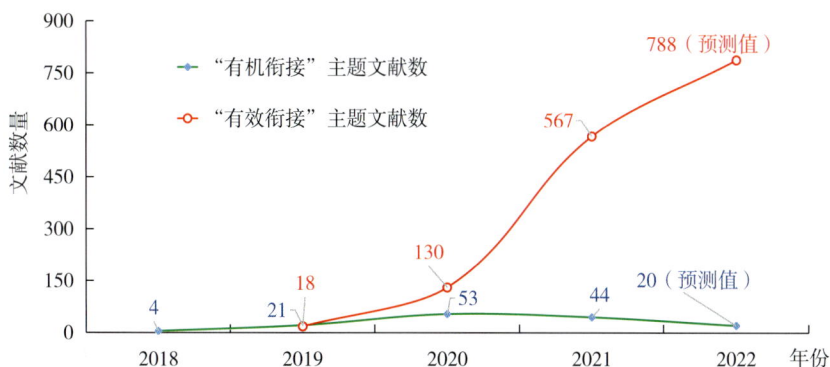

图 2-15 "有机衔接"与"有效衔接"研究文献年份动态变化

兴有效衔接"为题的文献共有 264 篇，其中学术期刊论文 214 篇，报纸文章 36 篇。其中发表最早的期刊论文是山东省财政厅撰写的积极探索脱贫攻坚与乡村振兴战略有效衔接、财政支持脱贫攻坚工作取得的阶段性成果总结，发表的时间是 2019 年 5 月 10 日，这一时间节点位于国务院正式印发《国务院关于促进乡村产业振兴的指导意见》之前。

专家学者们对于两大战略从"有机衔接"向"有效衔接"的演进，也做出了积极响应。我们从表 2-1 中选取 4 位当前脱贫攻坚与乡村振兴有机衔接学术研究领域的权威专家，并将他们 2018 年以来发表的相关论文列于表 2-9。可以看出，4 位专家 2019 年及以前都以"有机衔接"为主题发表过论文，而 2019 年以后，都用"有效衔接"为主题撰写并发表相关学术论文。这当然不是巧合，而是学者们对这一术语的使用达成了共识。

表 2-9 专家学者发表"脱贫攻坚与乡村振兴"主题论文一览

作者姓名	论文名称	期刊名称	发表时间
汪三贵	脱贫攻坚与乡村振兴有机衔接：逻辑关系、内涵与重点内容	南京农业大学学报（社会科学版）	2019-09-25
	脱贫攻坚与乡村振兴有效衔接的逻辑关系	贵州社会科学	2020-01-20
	产业扶贫与产业兴旺的有机衔接：逻辑关系、面临困境及实现路径	西北师大学报（社会科学版）	2020-05-28
	巩固拓展脱贫攻坚成果与乡村振兴有效衔接	中国乡村发现	2021-10-31
叶敬忠	乡村振兴与脱贫攻坚的有机衔接及其机制构建	改革	2019-01-15
	从脱贫攻坚到乡村振兴：脱贫地区内的衔接抑或发展时代间的转型？	社会发展研究	2021-08-16
	脱贫攻坚与乡村振兴有效衔接的机制构建和政策体系研究	经济学家	2021-10-05
	脱贫攻坚与乡村振兴的有效衔接：顶层谋划、基层实践与学理诠释	中国农业大学学报（社会科学版）	2021-10-15

（续表）

作者姓名	论文名称	期刊名称	发表时间
刘奇	当脱贫攻坚遇到乡村振兴	中国发展观察	2019－01－05
	如何实现脱贫攻坚与乡村振兴有机衔接？	中国农村科技	2019－02－10
	把贫困治理平稳导入乡村振兴的主航道	乡村振兴	2020－12－15
	脱贫攻坚与乡村振兴有效衔接，接什么？如何接？	中国发展观察	2021－03－05
高强	促进脱贫攻坚与乡村振兴有机衔接	农村工作通讯	2018－10－19
	脱贫攻坚与乡村振兴有机衔接的逻辑关系及政策安排	南京农业大学学报（社会科学版）	2019－09－25
	脱贫攻坚与乡村振兴有效衔接的再探讨——基于政策转移接续的视角	南京农业大学学报（社会科学版）	2020－07－08
	巩固拓展脱贫攻坚成果同乡村振兴有效衔接：进展、问题与建议	改革	2022－04－08

2.9 小结与研究展望

基于 CNKI 数据库对我国脱贫攻坚与乡村振兴两大战略衔接领域的发文数量、研究热点及发展趋势的分析，在对研究成果进行总结的基础上，展望我国脱贫攻坚与乡村振兴有效衔接领域未来研究趋势与重点，为专家学者、机关干部、媒体评论员今后的研究、行文提供参考。

2.9.1 研究小结

本章采用 CiteSpace 可视化分析软件，以脱贫攻坚与乡村振兴衔接研究领域的 2095 篇文献为样本来源，对其发文作者及发文机构、关键词共线知识图谱、研究演进历程等方面进行分析，得出结论：

一是我国脱贫攻坚与乡村振兴衔接研究兴起于 2018 年，从其发展进程来看，可划分为早期探索阶段（2018 年）、稳步增长阶段（2019—2020 年）、迅猛发展阶段（2021年）、总结提高阶段（2022 年）。

二是自 2018 年始，脱贫攻坚与乡村振兴有机衔接领域的研究成果载体呈现多样化态势，学术期刊、报纸是主流；而硕士学位论文、博士学位论文逐年增加，截至目前共有 11 篇博士论文、100 篇硕士论文在知网平台发布。这部分研究成果更为系统，团队特征明显，研究具有可持续性，且依托单位多数为高等学校，说明相当数量的高校已开展并加强了两大战略有效衔接的研究。

三是在理论层面，专家学者们对脱贫攻坚与乡村振兴两大战略的关系、巩固拓展脱贫攻坚成果同乡村振兴衔接的逻辑与政策等问题开展了较为深入的讨论。两大战略有效衔接具有历史必然性、现实必然性和理论必然性，两者不仅存在目标联动、内容共融、主体一致、体制互促的逻辑关系，而且具有一脉相承的战略目标和前后接续的战略时序。两大战略紧密的内在联系，使得二者必然要通过有效衔接的方式来自然发展为一个不可分割的系统。

四是在实践层面，在党中央部署"实现巩固拓展脱贫攻坚成果同乡村振兴有效衔接"的背景下，各级党委和政府部门设计了能够充分发挥不同主体能动性的制度框架，构建了适应不同地理区域、发展形态和发展模式的差异性政策体系，提高了脱贫攻坚与乡村振兴的政策匹配度和实践融合度；通过稳定完善领导体制、建立健全工作体系、优化调整政策举措、科学制定考核机制等，为二者有效衔接提供了制度保障。

五是针对两大战略衔接的问题研究，学者们根据形势发展，普遍将研究主题从"有机衔接"转换成了"有效衔接"，研究重心也相应地呈现出从扶贫攻坚→脱贫攻坚→巩固脱贫攻坚成果→乡村振兴→共同富裕的转移态势。

2.9.2　研究展望

通过对当前我国脱贫攻坚与乡村振兴有效衔接领域的研究现状分析，特别是对关键词的共现密度、聚类簇群以及演进路径的分析，从整体上把握该领域的研究趋势，可为今后我国脱贫攻坚与乡村振兴有效衔接领域的研究提供启示与建议。

1. 继续加强脱贫攻坚与乡村振兴有效衔接、深度融合研究

脱贫攻坚与乡村振兴作为国家层面的乡村建设战略，均从乡村治理、乡村人居环境、乡村产业发展等方面对乡村建设做出了重要指引。新时代背景下，脱贫攻坚成果与乡村振兴的有效衔接将在推动乡村社会经济可持续、高质量发展方面发挥巨大作用。当前在实施两大战略衔接过程中，不同程度地存在着战略布局统筹不够、产业造血功能不强、内生动力激发不足、体制机制衔接不畅、基础要素保障不力等诸多困境。为此，专家学者们可以从两大战略统筹考虑、协调推进着手，找准两大战略在机制、政策、产业、观念、要素等方面的结合点，实现在顶层设计和政策执行上融合衔接，为推动脱贫攻坚与乡村振兴有效衔接做出应有的理论贡献。同时，积极探索科技手段与乡村产业发展、生活水平、文化教育等方面的结合方式，利用大数据、5G 技术等科技手段助力智慧扶贫和智慧乡村建设，为乡村经济智慧化发展提供技术支持。

2. 及时总结并推广两大战略有效衔接的实践经验

统筹推进脱贫攻坚与乡村振兴战略的有效衔接，既需要理论上的创新，更离不开实践上的探索。当前，这一伟大实践正在中华大地上轰轰烈烈地推进，上至中央，下到村庄，乃至每一个老乡都投身其中。理论工作者肩负着时代使命，要以细致的观察力、敏锐的洞察力及时调研周边区域正在推进的两大战略衔接工作，总结经验，形成

可借鉴、可推广的成果。考虑到我国不同地区的发展差距较大，特别是东南沿海地区与西部地区的发展差距明显。因此，要加强对不同地区推进衔接的方向、力度和节奏研究，精准把握衔接的节奏和方向，因地制宜地提出衔接的具体路径；为党委和政府部门进一步调整优化微观政策，提高政策的针对性和可操作性提供参考。

3. 注重加强防返贫和相对贫困治理的机制与策略研究

2020 年我国彻底解决了现行标准下的绝对贫困问题，但脱贫后如何巩固脱贫成果，防止返贫，实现高质量减贫仍面临挑战。2021 年 2 月 25 日，习近平总书记在全国脱贫攻坚总结表彰大会上的讲话中指出，对易返贫致贫人口要加强监测，做到早发现、早干预、早帮扶。对脱贫地区产业要长期培育和支持，促进内生可持续发展。我们要清醒地看到，相当一部分脱贫群众虽然基本生活有了保障，但目前收入水平仍然不高，脱贫的基础还比较脆弱，防止返贫的任务还很重；此外"三区三州"等深度贫困地区的"三保障"依然存在薄弱环节，产业可持续发展有待进一步优化提升。异地扶贫搬迁后如何能够巩固好、有提升等系列问题，都需要我们加强理论研究，丰富现有的两大战略有效衔接的研究成果，对扎实有序推进乡村发展、乡村建设、乡村治理等重点工作予以精准指导。

值得注意的是，当前阶段，我国的扶贫方式是城乡二元化的扶贫系统。城市相对贫困群体的扶贫工作主要由政府社会保障部门来实施，没有特定的实施机构。而且城市与农村两种扶贫体制在政策实施对象、判断标准、解决目的、具体实行的措施、后续保障等方面都存在着一定差异，伴随着城市相对贫困人口数量的增长、部分低收入群体在城市与农村之间不定期来回居住，城乡之间扶贫标准不统一容易使部分相对贫困人口排除在扶贫的范围之外，因此，需要加强对建立城乡一体化扶贫体制和机制的研究。

4. 加强对两大战略有效衔接成效的评估和评价指标体系研究

2021 年 12 月 22 日，2021 年度巩固拓展脱贫攻坚成果同乡村振兴有效衔接考核评估工作动员部署会在北京召开。会议指出，开展巩固拓展脱贫攻坚成果同乡村振兴有效衔接考核评估是党中央交办的一项重要政治任务，要提高站位、扛起责任，高质量完成好考核评估任务，向党中央交出一份满意的答卷。会议强调，要准确把握 2021 年度考核评估的重要内容，紧盯责任落实、政策衔接、工作落实、协作帮扶、成果巩固五个方面，突出重点、聚焦发力，切实考实评准，发挥好考核指挥棒作用。丰富第三方评估内涵，组建农业专业院校、三农智库协同作战的工作团队，培养锻炼一批熟悉"三农"、热爱"三农"的人才力量。做好综合分析评价，确保考核结果真实、令人信服。这也充分说明了"十四五"时期开展巩固拓展脱贫攻坚成果同乡村振兴有效衔接评价工作的现实必要性和紧迫性。

张琦认为，正确评估巩固拓展脱贫攻坚成果同乡村振兴有效衔接背景下我国农村贫困治理绩效，不仅有利于巩固和拓展脱贫攻坚成果，而且有利于客观评价农村贫困治理能力和水平，为实施乡村振兴战略提供基础。但是目前这方面的研究，无论是实践探索还是理论成果，都屈指可数。未来随着我国巩固拓展脱贫攻坚成果同乡村振兴有效衔接实践的不断深入，必定需要创建更多适合省情市情县情的评价指标体系，并有待专家学者们在实践中进一步丰富和发展。

5. 深入开展脱贫攻坚和乡村生态振兴有效衔接理论研究与实践

生态扶贫是我国打赢脱贫攻坚战的重要方式之一，实施乡村生态振兴是巩固生态扶贫成效的后续举措，实现二者的有机衔接是新时代"三农"工作的重要任务。生态扶贫和乡村生态振兴作为我国解决不同时期、不同发展阶段"三农"问题的两大战略，二者之间既存在着紧密的内在一致性，也存在着一定的差异性。因此，及时总结中国特色社会主义生态扶贫道路的理论和实践经验，分析生态扶贫与乡村生态振兴的内在逻辑关系，协调二者交汇期的衔接工作，探索"如何建设人与自然和谐共生的美丽乡村"，实现"生态宜居"，是巩固生态扶贫成果和实现乡村生态振兴的题中应有之义，是推进农村生态治理现代化必须跨越的阶段，也是脱贫村和所有农村当前及今后相当长时期内关于生态文明建设的着力点。研究人员要牢固树立保护生态环境就是保护生产力、改善生态环境就是发展生产力理念，把生态保护放在优先位置，在推进扶贫开发与乡村发展过程中充分考虑生态环境因素，通过绿色发展推动农业升级、促进农村进步、实现农民富裕。扎实推进农村人居环境整治，着力改善生态环境质量，稳步发展乡村生态经济，培育和弘扬乡村生态文化，打造看得见山、望得见水、留得住乡愁的美丽乡村。

6. 加强团队建设，开展合作研究

纵观当前发表的文献，可以看出，相当多的作者只是站在形势发展和自身工作需要的角度，蹭一点乡村振兴的热度，发表个人的见解，难免自说自话，上与国家政策脱节，下与基层的实践分离，最终的研究结论也难以自圆其说。这就要求专家学者加强自身研究能力建设，广泛阅读领悟国家政策与理论文章，深入到巩固脱贫攻坚接续乡村振兴的一线实践调研，最终形成高水平的理论成果，从而为团队建设奠定坚实的基础。

前文的研究作者合作网络知识图谱与研究机构的合作特征图谱结果显示，脱贫攻坚与乡村振兴衔接的研究学者及研究机构多为单独发文，缺乏相应的学术交流与合作，影响了该领域研究的深度和广度。由于我国脱贫攻坚与乡村振兴工作在国家政策的影响下起步较晚，成果还不是十分丰富，客观上也造成了这一领域内的相关研究较为分散，不够成熟，也难以形成完整的理论体系。

因此，不同机构、不同学者之间应高度重视交流与合作，要打破现有的地域壁垒，跨越学科障碍，开拓多视角、多领域的创新研究方向，探究多样化、多层次的深度研究内容，不断完善脱贫攻坚与乡村振兴衔接领域的研究体系，为我国乡村振兴、防止返贫等工作的顺利进行提供有效建议。

参考文献

[1] 刘金新. 脱贫脆弱户可持续生计研究 [D]. 北京：中共中央党校，2018.

[2] 姜列友. 正确理解和把握支持脱贫攻坚与服务乡村振兴战略的关系 [J]. 农业发展与金融，2018（6）：107－108.

[3] 本刊编辑部. 实现脱贫攻坚有效衔接乡村振兴需要科学家精神 [J]. 中国农村科技，2020（10）：3.

[4] 本刊编辑部. 做好全面脱贫与乡村振兴的有效衔接 [J]. 源流，2020（6）：1.

[5] 本刊编辑部. 从脱贫攻坚到乡村振兴：如何用好 5 年过渡期？[J]. 记者观察，2021（10）：6－11.

[6] 邓婷鹤，聂凤英. 后扶贫时代深度贫困地区脱贫攻坚与乡村振兴衔接的困境及政策调适研究——基于 H 省 4 县 17 村的调查 [J]. 兰州学刊，2020（8）：186－194.

[7] 白光博. 接续推进全面脱贫与乡村振兴有效衔接 [J]. 山东干部函授大学学报（理论学习），2020（5）：21－25

[8] 贺立龙，刘丸源. 巩固拓展脱贫攻坚成果同乡村振兴有效衔接的政治经济学研究 [J]. 政治经济学评论，2022，13（2）：110－146.

[9] 白永秀，苏小庆，王颂吉. 巩固拓展脱贫攻坚成果同乡村振兴衔接的理论与实践逻辑 [J]. 人文杂志，2022（4）：50－57.

[10] 陈华彬. 推进脱贫攻坚与实施乡村振兴战略有机衔接研究：内在逻辑、实证分析与机制构建 [J]. 重庆理工大学学报（社会科学），2021，35（7）：88－97.

[11] 刘芳. 六安中支：用活金融政策，有效衔接脱贫攻坚与乡村振兴 [J]. 当代金融家，2020（10）：58－60

[12] 李宁慧，龙花楼. 实现巩固拓展脱贫攻坚成果同乡村振兴有效衔接的内涵、机理与模式 [J]. 经济地理，2022，42（4）：1－7，18.

[13] 郭兴平，高杨，王凡琪. 新发展阶段金融服务全面推进乡村振兴思考 [J]. 农银学刊，2021（1）：13－16.

[14] 王勇志. "三四五"推动有效衔接　筑牢全面振兴根基 [J]. 农村工作通讯，2021（5）：63－64.

[15] 鲁可荣，徐建丽. 基于乡村价值的农业大县脱贫攻坚与乡村振兴有机衔接的路径研究 [J]. 贵州民族研究，2020，41（6）：135－141.

[16] 顾华详. 巩固拓展脱贫攻坚成果同乡村振兴有效衔接的路径探讨——以新疆南疆民营企业为视角 [J]. 克拉玛依学刊，2020，10（6）：3－10.

[17] 杨俊伍. "八个协同"推动脱贫与振兴有效衔接 [J]. 社会主义论坛，2020（4）：24－25.

[18] 孙久文，李方方，张静 . 巩固拓展脱贫攻坚成果　加快落后地区乡村振兴 [J] . 西北师大学报（社会科学版），2021，58（3）：5 - 15.

[19] 汪恭礼 . 用"一体化"衔接乡村振兴 [J] . 新理财（政府理财），2021 （10）：52 - 54.

[20] 韩秀 . 新型农业经营主体的培育研究 [D] . 沈阳：辽宁大学，2019.

[21] 张照新，赵海 . 新型农业经营主体的困境摆脱及其体制机制创新 [J] . 改革，2013（2）：78 - 87.

[22] 张红宇 . 新型农业经营主体发展趋势研究 [J] . 经济与管理评论，2015，31 （1）：104 - 109.

[23] 杨卉芷 . 新型农业经营主体培育对策研究——以安徽省亳州市为例 [J] . 长江大学学报（自然科学版），2018，15（18）：66 - 68，78.

[24] 徐沈，裴晓鹏，陈定洋 . 安徽县域实施乡村振兴战略的现状、问题及其对策——基于安徽东至县的调研 [J] . 理论建设，2018（4）：16 - 21.

[25]《中国共产党领导脱贫攻坚的经验与启示》编委会 . 中国共产党领导脱贫攻坚的经验与启示 [M] . 北京：当代世界出版社，2020：5 - 7.

[26] 苑智 . 党的十八大以来脱贫攻坚的伟大成就与基本经验研究 [D] . 天津：天津理工大学，2021：46 - 50.

[27] 韩广富，辛远 .2020 年后高质量减贫何以实现——兼论与乡村振兴的有效衔接 [J] . 贵州师范大学学报（社会科学版），2022（3）：84 - 96.

[28] 安帅 . 原深度贫困村巩固脱贫成果与实现乡村振兴路径研究——基于安徽省 24 个深度贫困村的调查研究 [J] . 行政与法，2022（2）：64 - 73.

[29] 徐方伟 . 农业强起来　农村美起来　农民富起来 [N] . 太原日报，2018 - 03 - 29（3）.

[30] 施翔 . 接续推进巩固拓展脱贫攻坚成果同乡村振兴有效衔接 [N] . 西宁晚报，2022 - 05 - 25（A5）.

[31] 张泉，白冬梅，彭筱雪 . 我国脱贫攻坚与乡村振兴研究进展与展望——基于 2017—2020 年数据分析 [J] . 林业经济，2021，43（7）：21 - 33.

[32] 高强，曾恒源 . 巩固拓展脱贫攻坚成果同乡村振兴有效衔接：进展、问题与建议 [J] . 改革，2022（4）：99 - 109.

[33] 陈玉，原伟鹏 . 双循环新发展格局下脱贫攻坚与乡村振兴有效衔接与动力机制 [J] . 江苏农业科学，2022，50（4）：216 - 226.

[34] 杨肃昌，范国华 ."十四五"时期巩固拓展脱贫攻坚成果同乡村振兴有效衔接评价指标体系构建 [J] . 宁夏社会科学，2022（2）：112 - 123.

[35] 豆书龙，叶敬忠 . 乡村振兴与脱贫攻坚的有机衔接及其机制构建 [J] . 改革，2019（1）：19 - 29.

[36] 区小兰, 何玲玲. 深度贫困地区脱贫攻坚与乡村振兴协同推进路径研究——以广西壮族自治区 A 县为例 [J]. 中国西部, 2019 (1): 45-54.

[37] 本刊首席时政观察员. 乡村振兴引领脱贫攻坚 脱贫攻坚助推乡村振兴 让脱贫攻坚与乡村振兴有机衔接 [J]. 领导决策信息, 2018 (30): 4-5.

[38] 山东: 推进脱贫攻坚与乡村振兴有效衔接 做好东西部扶贫协作工作 [J]. 中国财政, 2019 (9): 16-17.

[39] 黄承伟. 脱贫攻坚有效衔接乡村振兴的三重逻辑及演进展望 [J]. 兰州大学学报 (社会科学版), 2021, 49 (6): 1-9.

[40] 颜德如, 张玉强. 脱贫攻坚与乡村振兴的逻辑关系及其衔接 [J]. 社会科学战线, 2021 (8): 167-175.

[41] 朱启铭. 脱贫攻坚与乡村振兴: 连续性、继起性的县域实践 [J]. 江西财经大学学报, 2019 (3): 95-104.

[42] 陈洋林, 王广志, 宋美美. 巩固拓展脱贫攻坚成果同乡村振兴有效衔接的皖北路径 [J]. 决策, 2022 (6): 25-27.

[43] 成长群. 巩固拓展脱贫攻坚成果与乡村振兴衔接内生路径研究——以 S 省 PY 县为例 [J]. 山东行政学院学报, 2021 (6): 98-105.

[44] 赵世庆. 高质量做好巩固拓展脱贫攻坚成果同乡村振兴有效衔接文章——以重庆市长寿区为样本 [J]. 重庆行政, 2021, 22 (1): 25-27.

[45] 韩广富, 辛远. 2020 年后高质量减贫何以实现——兼论与乡村振兴的有效衔接 [J]. 贵州师范大学学报 (社会科学版), 2022 (3): 84-96.

[46] 张琦. 巩固拓展脱贫攻坚成果同乡村振兴有效衔接: 基于贫困治理绩效评估的视角 [J]. 贵州社会科学, 2021 (1): 144-151.

第 3 章　政策法规综述

当前我国正处于"两个一百年"奋斗目标的历史交汇期，统筹推进脱贫攻坚和乡村振兴两大战略的衔接，对全面推进乡村振兴、加快农业农村现代化具有战略意义。脱贫攻坚与乡村振兴两者在目标、主体、内容和措施方面既有相似之处，又存在差异。脱贫攻坚和乡村振兴目标相通，但任务优先级不同；主体一致，但范围不同；内容共融，但方向和针对性不同；措施相近可相互衔接，但需要新增和删减某些措施。因此，脱贫攻坚与乡村振兴有效衔接的政策体系安排需要充分回应衔接政策体系设计、政策执行保障和政策调适创新的问题，只有建立基础性和差异性相统一的衔接政策体系，构筑内部风险防范和外部资源供给协同化的政策保障，依托政策分类调适平抑衔接政策波动才能真正实现二者有效衔接。

2020 年 12 月，习近平总书记在中央农村工作会议上强调："现在，我们的使命就是全面推进乡村振兴，这是'三农'工作重心的历史性转移。下一步，脱贫地区防止返贫的任务还很重，要做好巩固拓展脱贫攻坚成果同乡村振兴有效衔接，工作不留空档，政策不留空白。"当前，国家宏观层面的政策规划"四梁八柱"已经铸就，各级党委和政府部门、各行各业也密集出台了两大战略有效衔接的政策措施，巩固脱贫成果接续乡村振兴的伟大实践正在中华大地上稳步推进。

3.1　重大事件回顾

3.1.1　中国共产党第十九次全国代表大会召开

2017 年 10 月 18 日上午 9：00，中国共产党第十九次全国代表大会在人民大会堂开幕。习近平代表第十八届中央委员会向大会作了题为《决胜全面建成小康社会　夺取新时代中国特色社会主义伟大胜利》的报告。报告中首次提出乡村振兴战略，将其作为坚定实施的七大战略之一，强调要坚持农业农村优先发展，按照"产业兴旺、生态宜居、乡风文明、治理有效、生活富裕"的总要求，建立健全城乡融合发展体制机制和政策体系，加快推进农业农村现代化。对于贫困地区，则要求脱贫攻坚工作要参照乡村振兴战略的目标要求，从生产、生活、生态、社会、政治五个方面着手，整体推进，实现贫困人口的持续增收，促进人的全面发展。党中央吹响了脱贫攻坚之后率领全国人民迈向乡村振兴的号角，也吹响了新时代向农业农村现代化进军的崭新乐章。

3.1.2　2018年中央一号文件发布

每年年底，中共中央政治局在召开中央经济工作会议后，都要召开中央农村工作会议，会议的成果最终体现在中共中央国务院发布的关于"三农"工作的文件中。2018年中央一号文件的题目是《中共中央　国务院关于实施乡村振兴战略的意见》，这正是着眼于乡村振兴战略的整体部署和实践指南，这也是中共中央纪念改革开放四十周年送给全国人民最厚重的一份大礼包。一号文件从时间表、路线图再到任务书的一一谋定，正式向全党全国发出了实施乡村振兴战略的总动员令。

表3-1　两大战略有效衔接国家顶层设计纲领性文件一览

序号	发文机关（主体）	文件名称	发布（施行）时间	文件网址
1	中共中央国务院	《中共中央　国务院关于实施乡村振兴战略的意见》	2018-01-02	http://www.gov.cn/zhengce/2018-02/04/content_5263807.htm
2	中共中央国务院	《乡村振兴战略规划（2018—2022年）》	2018-09-26	http://www.gov.cn/zhengce/2018-09/26/content_5325534.htm
3	中共中央	《中国共产党农村工作条例》	2019-08-19	http://www.gov.cn/zhengce/2019-09/01/content_5426319.htm
4	全国人民代表大会常务委员会	《中华人民共和国乡村振兴促进法》	2021-06-01	http://www.gov.cn/xinwen/2021-04/30/content_5604050.htm
5	中共中央国务院	《中共中央　国务院关于实现巩固拓展脱贫攻坚成果同乡村振兴有效衔接的意见》	2020-12-16	http://www.gov.cn/zhengce/2021-03/22/content_5594969.htm
6	中共中央	《中国共产党农村基层组织工作条例》	2018-12-28	http://www.gov.cn/zhengce/2019-01/10/content_5356764.htm

（续表）

序号	发文机关 （主体）	文件名称	发布（施行） 时间	文件网址
7	中共中央 国务院	《中共中央　国务院关于打赢脱贫攻坚战三年行动的指导意见》	2018－06－15	http：//www.gov.cn/zhengce/2018－08/19/content＿5314959.htm
8	中共中央 国务院	《中共中央　国务院关于建立健全城乡融合发展体制机制和政策体系的意见》	2019－04－15	http：//www.gov.cn/zhengce/2019－05/05/content＿5388880.htm
9	中共中央 国务院	《中共中央　国务院关于保持土地承包关系稳定并长久不变的意见》	2019－11－26	http：//www.gov.cn/zhengce/2019－11/26/content＿5455882.htm
10	中央农村 工作领导小组	《中央农村工作领导小组关于健全防止返贫动态监测和帮扶机制的指导意见》	2021－05－14	http：//nrra.gov.cn/art/2021/8/4/art＿46＿191281.html
11	国务院	《国务院关于加快推进农业机械化和农机装备产业转型升级的指导意见》	2018－12－21	http：//www.gov.cn/zhengce/content/2018－12/29/content＿5353308.htm
12	国务院	《国务院关于促进乡村产业振兴的指导意见》	2019－06－17	http：//www.gov.cn/zhengce/content/2019－06/28/content＿5404170.htm
13	国务院	《国务院关于全国高标准农田建设规划（2021—2030年）的批复》	2021－08－27	http：//www.gov.cn/zhengce/content/2021－09/16/content＿5637565.htm
14	国务院	《"十四五"推进农业农村现代化规划》	2021－11－22	http：//www.gov.cn/zhengce/content/2022－02/11/content＿5673082.htm

　　2018 年中央一号文件最大亮点就是通过谋划一系列的重要工作抓手，搭建起了实施乡村振兴战略的"四梁八柱"。"四梁"可以理解为一号文件自身，再加上随后陆续出台的 3 个纲领性文件：一是制定乡村振兴战略规划（2018—2022 年），以规划指导各地各部门有序分类来推进乡村振兴；二是制定中国共产党农村工作条例，完善党的农村工作领导体制和机制；三是抓紧研究制定乡村振兴促进法的有关工作，把行之有效的乡村振兴的政策法定化。"八柱"可以理解为"八个有"，即有国家战略规划引领、有党内法规保障、有日益健全的法治保障、有领导责任制保障、有一系列重要战略重大行动重大工程作支撑、有对农民关心的关键小事的部署安排、有全方位的制度性供

给、也有对解决"钱从哪里来"问题的全面谋划。

在"四梁八柱"的政策体系中，包括了一系列强化乡村振兴制度性供给的重大改革举措，比如，提出探索宅基地的所有权、资格权、使用权"三权分置"改革；包括建设高标准农田等新增耕地指标和城乡建设用地增减挂钩节余指标跨省域调节机制等。在"四梁八柱"政策体系中，包括把党管农村工作落到实处的硬要求。

2018年中央一号文件明确指出，做好实施乡村振兴战略与打赢精准脱贫攻坚战的有机衔接。在"四梁八柱"的政策体系当中，包含了一系列重要战略、重大行动和重大工程，加起来大约有50多项，其目标指向都是实现脱贫攻坚与乡村振兴战略的有效衔接。并在随后3年，由中共中央、国务院、中央农村工作领导小组、中共中央办公厅、国务院办公厅陆续制定出台。据不完全统计，截至目前共发布文件30项，其中纲领性文件14项（表3-1），骨干性文件16项（表3-2），基本上实现了脱贫攻坚与乡村振兴战略有效衔接的国家政策体系顶层设计的全覆盖。

3.1.3 全国脱贫攻坚总结表彰大会在北京隆重举行

2021年2月25日，全国脱贫攻坚总结表彰大会在北京人民大会堂隆重举行。中共中央总书记、国家主席、中央军委主席习近平在大会上发表重要讲话。"脱贫摘帽不是终点，而是新生活、新奋斗的起点。"习近平总书记强调"我们没有任何理由骄傲自满、松劲歇脚，必须乘势而上、再接再厉、接续奋斗"，激励广大干部群众为全面建设社会主义现代化国家、实现第二个百年奋斗目标而披坚执锐、勇立新功。

脱贫攻坚取得胜利后，要全面推进乡村振兴，这是"三农"工作重心的历史性转移。在向第二个百年奋斗目标迈进的历史关口，巩固和拓展脱贫攻坚成果，全面推进乡村振兴，加快农业农村现代化，是一个关系大局的重大问题。一方面，我们要切实做好巩固拓展脱贫攻坚成果同乡村振兴有效衔接各项工作，让脱贫基础更加稳固、成效更可持续。另一方面，要做好乡村振兴这篇大文章，推动乡村产业、人才、文化、生态、组织等全面振兴。必须深刻认识到，乡村振兴是实现中华民族伟大复兴的一项重大任务，全面实施乡村振兴战略的深度、广度、难度都不亚于脱贫攻坚，要完善政策体系、工作体系、制度体系，以更有力的举措、汇聚更强大的力量，加快农业农村现代化步伐，促进农业高质高效、乡村宜居宜业、农民富裕富足。

表3-2 两大战略有效衔接国家顶层设计骨干性文件一览

序号	发文机关（主体）	文件名称	文号	发布（施行）时间	文件网址
1	中共中央办公厅 国务院办公厅	《农村人居环境整治三年行动方案》		2018-02-05	http://www.gov.cn/zhengce/2018-02/05/content_5264056.htm

（续表）

序号	发文机关（主体）	文件名称	文号	发布（施行）时间	文件网址
2	中共中央办公厅 国务院办公厅	《关于促进小农户和现代农业发展有机衔接的意见》		2019 - 02 - 21	http：//www. gov. cn/ zhengce/2019 - 02/21/ content _ 5367487. htm
3	中共中央办公厅 国务院办公厅	《数字乡村发展战略纲要》		2019 - 05 - 16	http：//www. gov. cn/ zhengce/2019 - 05/16/ content _ 5392269. htm
4	中共中央办公厅 国务院办公厅	《关于加强和改进乡村治理的指导意见》		2019 - 06 - 23	http：//www. gov. cn/ zhengce/2019 - 06/23/ content _ 5402625. htm
5	中共中央办公厅 国务院办公厅	《关于改革完善社会救助制度的意见》		2020 - 08 - 25	http：//www. gov. cn/ zhengce/2020 - 08/25/ content _ 5537371. htm
6	中共中央办公厅 国务院办公厅	《关于调整完善土地出让收入使用范围优先支持乡村振兴的意见》		2020 - 09 - 23	http：//www. gov. cn/ zhengce/2020 - 09/23/ content _ 5546496. htm
7	中共中央办公厅 国务院办公厅	《乡村建设行动实施方案》		2022 - 05 - 23	http：//www. gov. cn/ zhengce/2022 - 05/23/ content _ 5691881. htm
8	中共中央办公厅	《关于向重点乡村持续选派驻村第一书记和工作队的意见》		2021 - 05 - 11	http：//www. gov. cn/ zhengce/2021 - 05/11/ content _ 5605841. htm
9	国务院办公厅	《国务院办公厅关于深入开展消费扶贫助力打赢脱贫攻坚战的指导意见》	国办发〔2018〕129 号	2018 - 12 - 30	http：//www. gov. cn/ zhengce/content/2019 - 01/14/content _ 5357723. htm
10	国务院办公厅	《国务院办公厅关于稳定生猪生产促进转型升级的意见》	国办发〔2019〕44 号	2019 - 09 - 06	http：//www. gov. cn/ zhengce/content/2019 - 09/10/content _ 5428819. htm

（续表）

序号	发文机关（主体）	文件名称	文号	发布（施行）时间	文件网址
11	国务院办公厅	《国务院办公厅关于深化农村公路管理养护体制改革的意见》	国办发〔2019〕45号	2019-09-05	http：//www.gov.cn/zhengce/content/2019-09/23/content_5432365.htm
12	国务院办公厅	《国务院办公厅关于成立国家脱贫攻坚普查领导小组的通知》	国办函〔2019〕103号	2019-10-07	http：//www.gov.cn/zhengce/content/2019-10/24/content_5444435.htm
13	国务院办公厅	《国务院办公厅关于切实加强高标准农田建设　提升国家粮食安全保障能力的意见》	国办发〔2019〕50号	2019-11-13	http：//www.gov.cn/zhengce/content/2019-11/21/content_5454205.htm
14	国务院办公厅	《关于加强扶贫项目资产后续管理的指导意见》	国办函〔2021〕51号	2021-05-22	http：//www.gov.cn/zhengce/content/2021-06/04/content_5615474.htm
15	国务院办公厅	《"十四五"全民医疗保障规划》	国办发〔2021〕36号	2021-09-23	http：//www.gov.cn/zhengce/content/2021-09/29/content_5639967.htm
16	国务院办公厅	《"十四五"城乡社区服务体系建设规划》	国办发〔2021〕56号	2021-12-27	http：//www.gov.cn/zhengce/content/2022-01/21/content_5669663.htm

　　脱贫攻坚战的全面胜利，标志着我们党在团结带领人民创造美好生活、实现共同富裕的道路上迈出了坚实的一大步。但也要清醒地看到，解决发展不平衡不充分问题、缩小城乡区域发展差距、实现人的全面发展和全体人民共同富裕仍然任重道远。正如习近平总书记强调的，"在全面建设社会主义现代化国家新征程中，我们必须把促进全体人民共同富裕摆在更加重要的位置，脚踏实地、久久为功，向着这个目标更加积极有为地进行努力，促进人的全面发展和社会全面进步，让广大人民群众获得感、幸福感、安全感更加充实、更有保障、更可持续。"只有坚持一切为了人民、一切依靠人民，始终把人民放在心中最高位置、把人民对美好生活的向往作为奋斗目标，让改革

发展成果更多更公平惠及全体人民，才能推动共同富裕取得更为明显的实质性进展。

3.1.4　国家乡村振兴局正式挂牌

2021 年 2 月 25 日 16 时，国家乡村振兴局牌子在北京市朝阳区太阳宫北街 1 号正式挂出。此前，"国务院扶贫开发领导小组办公室"牌子已经摘下。作为国务院议事协调机构，国务院扶贫开发领导小组成立于 1986 年 5 月 16 日，当时称国务院贫困地区经济开发领导小组，1993 年 12 月 28 日改名。国务院扶贫开发领导小组办公室负责承担领导小组的日常工作。国家乡村振兴局正式挂牌，既是我国脱贫攻坚战取得全面胜利的一个标志，也是全面实施乡村振兴，奔向新生活、新奋斗的起点。

国家乡村振兴局成立以来，围绕巩固脱贫攻坚成果接续乡村振兴开展了大量卓有成效的工作。据新华网报道，2021 年以来，我国聚焦重点群体，健全防止返贫动态监测帮扶机制；聚焦持续增收，支持脱贫地区发展产业和脱贫人口稳定就业。脱贫人口和脱贫地区农村居民收入持续增长，增速均高于全国农村居民人均可支配收入；聚焦重点区域，加大对乡村振兴重点帮扶县和易地扶贫搬迁集中安置区支持力度。"两不愁三保障"和饮水安全保障质量持续提升，脱贫地区基础设施和公共服务持续改善。巩固拓展脱贫攻坚成果同乡村振兴有效衔接考核评估第三方评估数据显示，脱贫地区群众对巩固拓展脱贫攻坚成果的认可度达 94.9%。这些成果的取得，在很大程度上得益于国家乡村振兴局加强了相关制度建设，发挥了强大的推动作用和保障功能。

表 3-3　两大战略有效衔接中央部委（国家部门）制定发布的支撑性文件一览

序号	发文机关	文件名称	文件编号	发布（施行）时间	文件网址
1	财政部、农业农村部、国家乡村振兴局等 6 个部门	《关于加强中央财政衔接推进乡村振兴补助资金使用管理的指导意见》	财农〔2022〕14 号	2022-02-24	http://cq.mof.gov.cn/tztg2019/tongzhitonggao/202203/t20220316_3795521.htm
2	水利部	《"十四五"巩固拓展水利扶贫成果同乡村振兴水利保障有效衔接规划》	*水振兴〔2021〕415 号	2021-12-31	http://www.mwr.gov.cn/zwgk/gknr/202201/t20220124_1560284.html
3	自然资源部、财政部、国家乡村振兴局	《巩固拓展脱贫攻坚成果同乡村振兴有效衔接过渡期内城乡建设用地增减挂钩节余指标跨省域调剂管理办法》	自然资发〔2021〕178 号	2021-12-21	http://gi.mnr.gov.cn/202112/t20211227_2715837.html

（续表）

序号	发文机关	文件名称	文件编号	发布（施行）时间	文件网址
4	财政部 国家乡村振兴局 国家发展改革委 等6个部门	《衔接推进乡村振兴补助资金绩效评价及考核办法》	财农〔2021〕122号	2021 - 11 - 24	http：//www. gov. cn/zhengce/zhengceku/2021 - 12/20/content _ 5662916. htm
5	国家发展改革委、农业农村部、国家乡村振兴局 等15个部门	《"十四五"支持革命老区巩固拓展脱贫攻坚成果衔接推进乡村振兴实施方案》	发改振兴〔2021〕1619号	2021 - 11 - 22	http：//www. gov. cn/zhengce/zhengceku/2021 - 12/01/content _ 5655189. htm
6	人力资源社会保障部、民政部、财政部等 6个部门	《关于巩固拓展社会保险扶贫成果助力全面实施乡村振兴战略的通知》	人社部发〔2021〕64号	2021 - 08 - 13	http：//www. gov. cn/zhengce/zhengceku/2021 - 08/20/content _ 5632453. htm
7	中国人民银行、银保监会、证监会 等6个部门	《关于金融支持巩固拓展脱贫攻坚成果全面推进乡村振兴的意见》	银发〔2021〕171号	2021 - 06 - 29	http：//www. gov. cn/xinwen/2021 - 07/01/content _ 5621872. htm
8	交通运输部	《交通运输部关于巩固拓展交通运输脱贫攻坚成果全面推进乡村振兴的实施意见》	＊交规划发〔2021〕51号	2021 - 05 - 28	http：//www. gov. cn/zhengce/zhengceku/2021 - 06/04/content _ 5615513. htm
9	民政部、财政部、国家乡村振兴局	《关于巩固拓展脱贫攻坚兜底保障成果进一步做好困难群众基本生活保障工作的指导意见》	民发〔2021〕49号	2021 - 05 - 10	http：//xxgk. mca. gov. cn：8445/gdnps/pc/content - jsp? mtype＝1&id＝15036
10	国家发展改革委、中央农办、国家乡村振兴局 等30个部门	《关于继续大力实施消费帮扶巩固拓展脱贫攻坚成果的指导意见》	发改振兴〔2021〕640号	2021 - 05 - 07	https：//czt. henan. gov. cn/2021/10 - 27/2335265. html
11	人力资源社会保障部、国家发展改革委、财政部等 5个部门	《关于切实加强就业帮扶巩固拓展脱贫攻坚成果助力乡村振兴的指导意见》	人社部发〔2021〕26号	2021 - 05 - 04	http：//www. gov. cn/zhengce/zhengceku/2021 - 05/07/content _ 5605149. htm

（续表）

序号	发文机关	文件名称	文件编号	发布（施行）时间	文件网址
12	教育部、国家发展改革委、财政部等4个部门	《关于实现巩固拓展教育脱贫攻坚成果同乡村振兴有效衔接的意见》	教发〔2021〕4号	2021 - 04 - 30	http：//nrra. gov. cn/ art/2021/7/16/art _ 1461 _ 190871. html
13	财政部、农业农村部、国家乡村振兴局等4个部门	《关于深入开展政府采购脱贫地区农副产品工作推进乡村产业振兴的实施意见》	财库〔2021〕20号	2021 - 04 - 24	http：//www. gov. cn/ zhengce/zhengceku/ 2021 - 05/08/content _ 5605394. htm
14	国家发展改革委、国家乡村振兴局、教育部等20个部门	《关于切实做好易地扶贫搬迁后续扶持工作巩固拓展脱贫攻坚成果的指导意见》	发改振兴〔2021〕524号	2021 - 04 - 15	https：//www. sandu. gov. cn/zfbm/xstymj _ 5712990/zcwj _ 5712950/202204/t202 20401 _ 73226231. html
15	农业农村部、国家发展和改革委员会、财政部等10个部门	《关于推动脱贫地区特色产业可持续发展的指导意见》	农规发〔2021〕3号	2021 - 04 - 07	http：//www. moa. gov. cn/govpublic/ FZJHS/202104/ t20210409 _ 6365545. htm
16	财政部、国家发展改革委、国家民委等11个部门	《关于继续支持脱贫县统筹整合使用财政涉农资金工作的通知》	财农〔2021〕22号	2021 - 04 - 02	http：//www. gov. cn/ zhengce/zhengceku/ 2021 - 04/13/content _ 5599291. htm
17	中国银保监会办公厅	《中国银保监会办公厅关于2021年银行业保险业高质量服务乡村振兴的通知》	＊银保监办发〔2021〕44号	2021 - 04 - 02	http：//www. gov. cn/ zhengce/zhengceku/ 2021 - 04/11/content _ 5598901. htm
18	财政部、国家乡村振兴局、国家发展改革委等6个部门	《中央财政衔接推进乡村振兴补助资金管理办法》	财农〔2021〕19号	2021 - 03 - 26	http：//www. gov. cn/ zhengce/zhengceku/ 2021 - 03/31/content _ 5596927. htm
19	中国银保监会、财政部、中国人民银行等4个部门	《关于深入扎实做好过渡期脱贫人口小额信贷工作的通知》	银保监发〔2021〕6号	2021 - 03 - 04	http：//www. gov. cn/ zhengce/zhengceku/ 2021 - 03/15/content _ 5593117. htm

（续表）

序号	发文机关	文件名称	文件编号	发布（施行）时间	文件网址
20	卫生健康委、发展改革委、工业和信息化部等 13 个部门	《关于巩固拓展健康扶贫成果同乡村振兴有效衔接的实施意见》	国卫扶贫发〔2021〕6 号	2021－02－01	http：//www.gov.cn/zhengce/zhengceku/2021－06/13/content_5617463.htm
21	国家医疗保障局、民政部、财政部等 7 个部门	《关于巩固拓展医疗保障脱贫攻坚成果有效衔接乡村振兴战略的实施意见》		2021－01－29	http：//www.nhsa.gov.cn/art/2021/4/23/art_37_4926.html
22	生态环境部办公厅、农业农村部办公厅、国务院扶贫办综合司	《关于以生态振兴巩固脱贫攻坚成果进一步推进乡村振兴的指导意见（2020－2022 年）》	环办科财〔2020〕13 号	2020－06－09	https：//www.mee.gov.cn/xxgk2018/xxgk/xxgk05/202006/t20200624_785875.html

注："文件编号"一栏 3 项带有"＊"，表示国家乡村振兴局没有参与该文件制定印发。

3.2 重要文件解读

3.2.1 《中国共产党农村工作条例》

2018 年中央一号文件明确要求，研究制定中国共产党农村工作条例，把党领导农村工作的传统、要求、政策等以党内法规形式确定下来。2019 年 8 月，中共中央印发了《中国共产党农村工作条例》（以下简称《条例》），首次专门制定关于农村工作的党内法规，充分体现了以习近平同志为核心的党中央对农村工作的高度重视。《条例》全文共七章三十六条，明确提出对党管农村工作的总体要求，并具体从组织领导、主要任务、队伍建设、保障措施、考核监督五个方面对坚持和加强党对农村工作的全面领导作出了系统规定。

《条例》围绕实施乡村振兴战略强化农业农村优先发展的政策导向，明确五级书记抓乡村振兴的领导责任，提出加强党对农村经济建设、社会主义民主政治建设、社会主义精神文明建设、社会建设、生态文明建设的领导和农村党的建设的主要任务，《条例》的颁布实施，将有助于更好地把中国共产党集中统一领导的政治优势转化为推动乡村振兴的行动优势。

习近平总书记多次强调，党管农村工作是我们的传统。《条例》以习近平新时代中国特色社会主义思想为指导，对党管农村工作提出了总体要求。一是深入贯彻习近平总书记关于"三农"工作的重要论述。习近平总书记关于"三农"工作的重要论述是我们党"三农"理论创新的重要成果，是做好新时代党的农村工作的行动指南和基本遵循。《条例》深入贯彻习近平总书记关于"三农"工作的重要论述，把习近平总书记关于"三农"工作的新理念新思想新战略充分体现到了党的农村工作的总体要求当中。二是强化问题导向和目标导向。党的农村工作的落脚点是让广大农民群众过上更加美好的生活，围绕这个目标，《条例》强调要以实施乡村振兴战略为总抓手，加快推进乡村治理体系和治理能力现代化，加快推进农业农村现代化。针对当前城乡发展不平衡、乡村发展不充分的问题，《条例》强调坚持把解决好"三农"问题作为全党工作重中之重，把解决好吃饭问题作为治国安邦的头等大事，坚持农业农村优先发展，坚持多予少取放活，推动城乡融合发展，集中精力做好脱贫攻坚防贫减贫工作，走共同富裕道路。三是坚持继承和创新相结合。党的十八大以来，党的农村工作有许多重大的理论创新、制度创新、实践创新，《条例》既体现了党领导农村改革发展的宝贵经验，也充分吸收了党的农村工作最新成果，特别是紧密结合实施乡村振兴战略，打赢脱贫攻坚战等重大决策部署，更好地贴近当前农村实际，体现了与时俱进的时代性。

3.2.2　《乡村振兴战略规划（2018—2022 年）》

2018 年 9 月，中共中央、国务院印发《乡村振兴战略规划（2018—2022 年）》（以下简称《规划》）。《规划》围绕农业农村现代化的总目标，坚持农业农村优先发展的总方针，按照分三个阶段实施乡村振兴战略的部署，设定了阶段性目标，明确了今后五年的重点任务，提出了 22 项具体指标，其中约束性指标 3 项、预期性指标 19 项，首次建立了乡村振兴指标体系。

《规划》坚持乡村全面振兴，按照产业兴旺、生态宜居、乡风文明、治理有效、生活富裕的总要求，围绕推动乡村产业、人才、文化、生态和组织振兴，抓重点、补短板、强弱项，对加快农业现代化步伐、发展壮大乡村产业、建设生态宜居的美丽乡村、繁荣发展乡村文化、健全现代乡村治理体系、保障和改善农村民生等做了明确安排，部署了 82 项重大工程、重大计划、重大行动。

《规划》明确了乡村振兴到 2022 年的发展目标。到 2020 年，乡村振兴的制度框架和政策体系基本形成，各地区各部门乡村振兴的思路举措得以确立，全面建成小康社会的目标如期实现。此阶段第一步的目标已经实现。到 2022 年，乡村振兴的制度框架和政策体系初步健全。国家粮食安全保障水平进一步提高，现代农业体系初步构建，农业绿色发展全面推进；农村一二三产业融合发展格局初步形成，乡村产业加快发展，农民收入水平进一步提高，脱贫攻坚成果得到进一步巩固；农村基础设施条件持续改善，城乡统一的社会保障制度体系基本建立；农村人居环境显著改善，生态宜居的美丽乡村建设扎实推进；城乡融合发展体制机制初步建立，农村基本公共服务水平进一步提升；乡村优秀传统文化得以传承和发展，农民精神文化生活需求基本得到满足；以党组织为核心的农村基层组织建设明显加强，乡村治理能力进一步提升，现代乡村治理体系初步构建。探索形成一批各具特色的乡村振兴模式和经验，乡村振兴取得阶段性成果。此阶段第二步目标也全部实现。

《规划》还对乡村振兴的远景目标做了谋划。即到 2035 年，乡村振兴取得决定性进展，农业农村现代化基本实现。农业结构得到根本性改善，农民就业质量显著提高，相对贫困进一步缓解，共同富裕迈出坚实步伐；城乡基本公共服务均等化基本实现，城乡融合发展体制机制更加完善；乡风文明达到新高度，乡村治理体系更加完善；农村生态环境根本好转，生态宜居的美丽乡村基本实现。到 2050 年，乡村全面振兴，农业强、农村美、农民富全面实现。

《规划》还将脱贫攻坚与乡村振兴两大战略有效衔接的理念作为主线贯穿其中。文件正文中"衔接"一词共出现 7 次。《规划》强调，落实农村土地承包关系稳定并长久不变政策，衔接落实好第二轮土地承包到期后再延长 30 年的政策，让农民吃上长效"定心丸"。土地承包政策的衔接是两大战略有效衔接的基础，如果这个基础失去了，其他所有的"衔接"只能是空中楼阁，终为泡影。《规划》还要求，各部门要各司其职、密切配合，抓紧制定专项规划或指导意见，细化落实并指导地方完成国家规划提出的主要目标任务。建立健全规划实施和工作推进机制，加强政策衔接和工作协调。

3.2.3 《中华人民共和国乡村振兴促进法》

2021 年 4 月 29 日，十三届全国人大常委会第 28 次会议审议通过《中华人民共和国乡村振兴促进法》（以下简称《乡村振兴促进法》），自 2021 年 6 月 1 日起施行。脱贫攻坚取得胜利后，要全面推进乡村振兴，这是"三农"工作重心的历史性转移，对法治建设的需求也比以往更加迫切，更加需要有效发挥法治对于农业农村高质量发展的支撑作用、对农村改革的引领作用、对乡村治理的保障作用、对政府职能转变的促进作用，为新阶段农业农村改革发展提供坚实法治保障。《乡村振兴促进法》是"三农"领域的一部固根本、稳预期、利长远的基础性、综合性法律，对于促进乡村产业振兴、人才振兴、文化振兴、生态振兴、组织振兴和推进城乡融合发展，具有重要的里程碑意义。

《乡村振兴促进法》强调实施乡村振兴战略应当坚持中国共产党的领导，规定国家建立健全中央统筹、省负总责、市县乡抓落实的乡村振兴工作机制，实行乡村振兴战略实施目标责任制和考核评价制度，要求各级人民政府应当将乡村振兴促进工作纳入国民经济和社会发展规划，并建立乡村振兴考核评价制度、工作年度报告制度和监督检查制度。《乡村振兴促进法》还赋予了各级农业农村部门对乡村振兴促进工作的统筹协调、指导和监督检查等重要职责，要求各级人民政府其他有关部门在各自职责范围内负责有关的乡村振兴促进工作。

制定《乡村振兴促进法》是贯彻落实党中央决策部署，保障乡村振兴战略全面实施的重要举措；是立足新发展阶段，推动实现第二个百年奋斗目标的重要支撑；同时，也是充分总结"三农"法治实践，完善和发展中国特色"三农"法律体系的重要成果。制定出台《乡村振兴促进法》，为全面实施乡村振兴战略提供了有力法治保障，对促进农业全面升级、农村全面进步、农民全面发展，全面建设社会主义现代化国家，实现中华民族伟大复兴的中国梦具有重要意义。

与一般法律通过对相关主体的赋权与限权，明确必须为和不可为的行为规范，并以激励和惩戒为主要模式的法律调控机制不同，《乡村振兴促进法》更多是规定政府及其相关部门在促进乡村振兴战略实施中的职责，为保障法律规定的职责能够得到全面落实，本法并没有设定专门的法律责任章节，而是利用人民代表大会与同级人民政府的权力机关与执行机关的关系、上下级人民政府的垂直领导关系、专门监督机关与政府相关部门之间的监督和被监督关系，通过考核评价制度、报告制度和监督检查制度，保障法律的落实。法律第六十八条规定实行乡村振兴战略实施目标责任制和考核评价制度，第七十和七一条规定了各级政府向本级人民代表大会或者常委会，以及向上级政府报告乡村振兴促进工作情况的报告制度，第七十一和七十二条则规定了上级政府对下级政府的乡村振兴促进工作情况，以及专门机关对乡村振兴专门事项的监督检查制度。通过创新法律调控机制，《乡村振兴促进法》在最大程度上保障了法律规定的措施有效实施。

《乡村振兴促进法》在促进两大战略有效衔接的规定中与党的十九大报告、2018 年中央一号文件精神一脉相承。第十二条规定"各级人民政府应当坚持以农民为主体，以乡村优势特色资源为依托，支持、促进农村一二三产业融合发展，推动建立现代农业产业体系、生产体系和经营体系，推进数字乡村建设，培育新产业、新业态、新模式和新型农业经营主体，促进小农户和现代农业发展有机衔接。"第五十三条规定"国家健全乡村便民服务体系，提升乡村公共服务数字化智能化水平，支持完善村级综合服务设施和综合信息平台，培育服务机构和服务类社会组织，完善服务运行机制，促进公共服务与自我服务有效衔接，增强生产生活服务功能。"第五十九条规定"各级人民政府应当采取措施增强脱贫地区内生发展能力，建立农村低收入人口、欠发达地区帮扶长效机制，持续推进脱贫地区发展；建立健全易返贫致贫人口动态监测预警和帮扶机制，实现巩固拓展脱贫攻坚成果同乡村振兴有效衔接。"

制定《乡村振兴促进法》，就是要以法律的形式，将党中央有关乡村振兴的系列重大决策部署制度化，把行之有效的政策措施法定化，通过发挥法治的引领和保障作用，进一步做好乡村振兴的顶层设计，进一步规范和健全推进乡村振兴战略全面实施的制度体系、体制机制和具体举措，将其转化为国家意志和全社会的行为准则，确保意志、准则在全国范围内得到有效的贯彻和落实。

3.2.4 《中共中央 国务院关于实现巩固拓展脱贫攻坚成果同乡村振兴有效衔接的意见》

2020年12月16日，党中央、国务院出台了《中共中央 国务院关于实现巩固拓展脱贫攻坚成果同乡村振兴有效衔接的意见》（以下简称《意见》）。我国脱贫攻坚战取得全面胜利后，区域性整体贫困得到解决，完成了消除绝对贫困的艰巨任务。但脱贫摘帽不是终点，而是新生活、新奋斗的起点。打赢脱贫攻坚战、全面建成小康社会后，要进一步巩固拓展脱贫攻坚成果，做好乡村振兴这篇大文章。《意见》的出台，有助于进一步统一思想认识，有助于明确和落实巩固拓展脱贫攻坚成果责任，有助于形成脱贫地区乡村振兴合力，可谓是正当其时、十分必要、意义重大。

结合当前的形势和任务，《意见》提出实现有效衔接必须遵循的四条主要原则：一是坚持党的全面领导。强调坚持中央统筹、省负总责、市县乡抓落实的工作机制，充分发挥各级党委总揽全局、协调各方的领导作用，省市县乡村五级书记抓巩固拓展脱贫攻坚成果和乡村振兴。二是坚持有序调整、平稳过渡。强调对脱贫县、脱贫村、脱贫人口扶上马送一程，在主要帮扶政策保持总体稳定的基础上，分类优化调整，增强脱贫稳定性。三是坚持群众主体、激发内生动力。强调坚持扶志扶智相结合，发挥奋进致富典型示范引领作用，激励有劳动能力的低收入人口勤劳致富。四是坚持政府推动引导、社会市场协同发力。强调坚持行政推动与市场机制有机结合，发挥集中力量办大事的优势，广泛动员社会力量参与。

党中央决定，脱贫攻坚目标任务完成后，对摆脱贫困的县，从脱贫之日起设立5年过渡期。过渡期内要保持主要帮扶政策总体稳定。为了巩固拓展脱贫攻坚成果，建立健全巩固拓展脱贫攻坚成果长效机制，《意见》从五个方面作出部署：一是保持主要帮扶政策总体稳定，投入力度不减、帮扶队伍不撤，各级财政投入要与巩固拓展脱贫攻坚成果、做好衔接要求相匹配。二是健全防止返贫动态监测帮扶机制，对脱贫县、脱贫村、脱贫人口开展监测，对脱贫不稳定户和边缘易致贫户及时发现、及时帮扶。三是巩固"两不愁三保障"成果，落实教育、医疗卫生、社会保障、交通运输、农田水利等行业主管部门工作责任。四是做好易地扶贫搬迁后续扶持工作，强化产业支持、就业帮扶，确保稳得住、有就业、逐步能致富。五是加强扶贫项目资产管理和监督，分类摸清各类扶贫项目形成的资产底数。公益性资产要落实管护主体，明确管护责任，确保继续发挥作用。

在脱贫攻坚实践中，中央和地方出台一系列政策法规，组合运用和动态调整多种政策工具，建立起包括责任体系、工作体系、政策体系、投入体系、帮扶体系、社会动员体系、监督体系、考核评估体系在内的脱贫攻坚制度体系，使脱贫攻坚工作目标更明确、举措更精准，保持连续性和一贯性。消除绝对贫困后，促进脱贫攻坚与乡村振兴有效衔接，要做好过渡期内领导体制、工作体系、发展规划、政策举措、考核机制等有效衔接，完善政策供给。一方面，保持主要帮扶政策总体稳定，摘帽不摘政策，落实好教育、医疗、住房、饮水等民生保障普惠性政策，并根据脱贫人口实际困难给予适度倾斜，确保扶贫政策持续发挥效力。另一方面，根据不同地区和群众的特点，增强政策举措的针对性、实效性，推动中央和地方各级各类、各领域各方面政策举措有机衔接、相互配套、形成合力，更好地使脱贫攻坚的特惠性、阶段性、攻坚性政策体系与乡村振兴的普惠性、长期性、常规性政策体系相衔接。为此，《意见》第七章明确了从四个方面对加强脱贫攻坚与乡村振兴政策的有效衔接，不断完善政策供给（图3-1）。

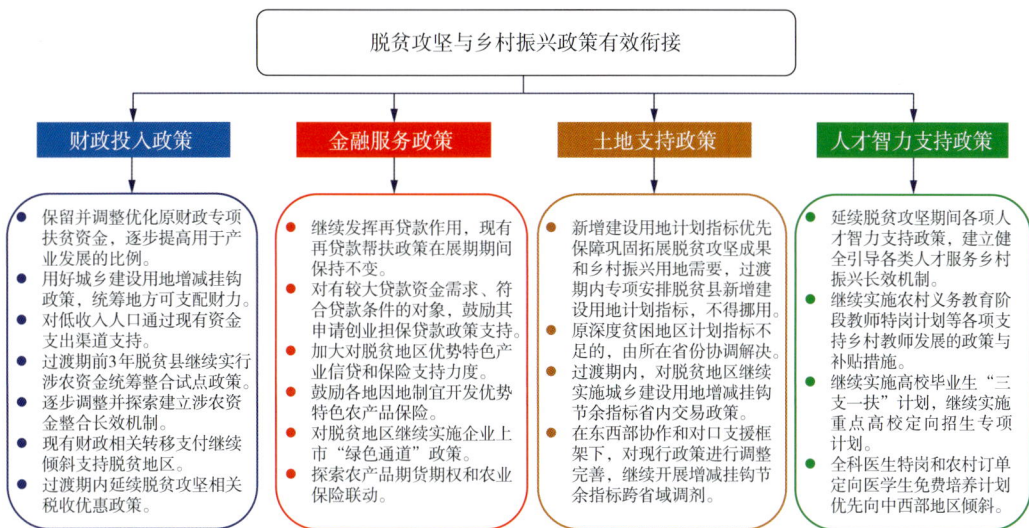

图3-1 脱贫攻坚与乡村振兴政策有效衔接的主要内容

《意见》的出台，极大地推动了中央部委、国务院部门制定和颁布本单位职能范围内促进两大战略有效衔接的政策与举措。目前收集到22条相应的政策文件（表3-3），覆盖了财政投入、金融服务、土地支持、人才智力支持四大领域。进一步统计表明，共有46家中央部委和国务院部门参与了两大战略有效衔接政策的调研、制定与督查工作（表3-4），其中国家乡村振兴局勇立潮头，共参与制定了19项文件；其他参与超过10项的机关还有财政部、农业农村部、国家发展改革委；中央农村工作领导小组办公室等19家单位只参与了1项文件的制定与发布。

表3-4 中央部委和国务院部门参与制定两大战略衔接文件数量一览

机关名称	文件数（项）	机关名称	文件数（项）	机关名称	文件数（项）
国家乡村振兴局	19	自然资源部	3	中国残疾人联合会	1
财政部	17	水利部	3	中共中央宣传部	1
农业农村部	13	交通运输部	3	中共中央网络安全和信息化委员会办公室	1

（续表）

机关名称	文件数（项）	机关名称	文件数（项）	机关名称	文件数（项）
国家发展改革委	11	工业和信息化部	3	科技部	1
中国银保监会	6	生态环境部	3	国务院国有资产监督管理委员会	1
中国人民银行	6	中华全国供销合作总社	3	国务院扶贫办综合司	1
民政部	6	中华全国总工会	2	国家中医药管理局	1
国家林草局	6	中华全国妇女联合会	2	国家邮政局	1
住房和城乡建设部	5	中国共产主义青年团中央委员会	2	国家医保局	1
文化和旅游部	5	国家税务总局	2	国家市场监督管理总局	1
国家卫生健康委	5	国家粮食和物资储备局	2	国家能源局	1
商务部	4	中央农村工作领导小组办公室	1	国家广播电视总局	1
人力资源社会保障部	4	中央军委政治工作部	1	公安部	1
教育部	4	中央军委后勤保障部	1	证监会	1
商务部	4	中华全国工商业联合会	1		
国家民委	4	中国共产党中央委员会中央和国家机关工作委员会	1		

各省也纷纷行动起来，制定出台了省级层面实现巩固拓展脱贫攻坚成果同乡村振兴有效衔接的实施意见，或是实施方案（表3-5）。重庆市、湖南省、贵州省等省市还制定了"十四五"巩固拓展脱贫攻坚成果同乡村振兴有效衔接规划。上海市根据社会经济发展的现状，出台了《中共上海市委 上海市人民政府关于助力对口帮扶地区实现巩固拓展脱贫攻坚成果同乡村振兴有效衔接的实施意见》；天津市在制定《天津市助力结对地区实现巩固拓展脱贫攻坚成果同乡村振兴有效衔接的实施方案》的基础上，细化出台了《天津市高质量推进东西部协作和支持合作助力巩固拓展脱贫攻坚成果同乡村振兴有效衔接2021年实施方案》。粗略估算，近两年从中央到地方，从国务院到省政府、市政府再到县级政府机关，制定发布的与两大战略衔接相关的文件总数超过了惊人的3000项。纵横交错的政策体系，为巩固脱贫攻坚成果衔接乡村振兴战略铸就了坚实的保障。

表 3－5　互联网可溯源的省级两大战略有效衔接文件一览

序号	发文机关	文件名称	文件网址
1	内蒙古自治区党委 自治区人民政府	《内蒙古自治区党委 自治区人民政府 关于实现巩固拓展脱贫攻坚成果同乡村振兴有效衔接的实施意见》	http：//www.ordoszk.gov.cn/zcyj/zcyj_gj_149295/zcyj_gj_zc/202211/t20221110_3302303.html
2	中共宁夏回族自治区委员会	《自治区党委 人民政府关于实现巩固拓展脱贫攻坚成果同乡村振兴有效衔接的实施意见》	http：//xczxj.nx.gov.cn/xxgk/fdzdgknr/fgwj/bmwj/bjwj/202103/t20210330_2849075.html
3	中共安徽省委 安徽省人民政府	《中共安徽省委 安徽省人民政府 关于加快实现巩固拓展脱贫攻坚成果同乡村振兴有效衔接的实施意见》	https：//www.ahys.gov.cn/xxgk/detail/615d0c5988668859658b4567.html
4	中共福建省委 福建省人民政府	《关于实现巩固拓展脱贫攻坚成果同乡村振兴有效衔接的实施意见》	http：//www.fujian.gov.cn/zwgk/ztzl/gjcjgxgg/zc/202110/t20211004_5700187.htm
5	中共甘肃省委 甘肃省人民政府	《中共甘肃省委 甘肃省人民政府 关于实现巩固拓展脱贫攻坚成果同乡村振兴有效衔接的实施意见》	http：//www.gansu.gov.cn/gsszf/gsyw/202206/2057121.shtml
6	中共广东省委 广东省人民政府	《中共广东省委 广东省人民政府 关于实现巩固拓展脱贫攻坚成果同乡村振兴有效衔接的实施意见》	http：//www.gd.gov.cn/gdywdt/gdyw/content/post_3339710.html
7	中共广西壮族自治区委员会　广西壮族自治区人民政府	《中共广西壮族自治区委员会 广西壮族自治区人民政府关于实现巩固拓展脱贫攻坚成果同乡村振兴有效衔接的实施意见》	http：//xczx.gxzf.gov.cn/ztzl/ywzt/yljh/zcyj/t10613683.shtml
8	中共贵州省委 贵州省人民政府	《中共贵州省委 贵州省人民政府 关于实现巩固拓展脱贫攻坚成果同乡村振兴有效衔接的实施意见》	http：//www.gzxr.gov.cn/xzjdbsc/szwsb/zfxxgk_5688089/fdzdgknr_5688092/zcls/202106/t20210611_68492707.html
9	中共海南省委 海南省人民政府	《海南省巩固拓展脱贫攻坚成果同乡村振兴有效衔接的实施方案》	http：//fpb.hainan.gov.cn/fpb/hygq/202205/424939ad7bb641b08f687967348047ea.shtml
10	中共河北省委 河北省人民政府	《关于实现巩固拓展脱贫攻坚成果同乡村振兴有效衔接的实施意见》	http：//www.hebcdi.gov.cn/2021-03/28/content_8437168.htm
11	中共河南省委 河南省人民政府	《中共河南省委 河南省人民政府关于实现巩固拓展脱贫攻坚成果同乡村振兴有效衔接的实施意见》	https：//news.dahe.cn/2022/01-25/956931.html

（续表）

序号	发文机关	文件名称	文件网址
12	中共黑龙江省委 黑龙江省人民政府	《中共黑龙江省委 黑龙江省人民政府关于实现巩固拓展脱贫攻坚成果同乡村振兴有效衔接的实施意见》	https：//zwgk.hlj.gov.cn/zwgk/publicInfo/detail？id＝450388
13	中共湖北省委 湖北省人民政府	《中共湖北省委 湖北省人民政府关于实现巩固拓展脱贫攻坚成果同乡村振兴有效衔接的实施意见》	http：//www.hubei.gov.cn/zfwj/ezbf/202110/t20211020_3817948.shtml
14	中共湖南省委 湖南省人民政府	《中共湖南省委 湖南省人民政府关于实现巩固拓展脱贫攻坚成果同乡村振兴有效衔接的实施意见》	http：//www.hunan.gov.cn/hnszf/hnyw/sy/hnyw1/202106/t20210603_19418481.html
15	中共吉林省委 吉林省人民政府	《中共吉林省委 吉林省政府关于实现巩固拓展脱贫攻坚成果同乡村振兴有效衔接的实施意见》	http：//www.jl.gov.cn/szfzt/zcfg/swygwj/202104/t20210408_8019703.html
16	中共江西省委 江西省人民政府	《中共江西省委、江西省人民政府关于实现巩固拓展脱贫攻坚成果同乡村振兴有效衔接的实施意见》	http：//fpb.jiangxi.gov.cn/art/2021/8/16/art_57739_3644268.html
17	中共辽宁省委 辽宁省人民政府	《辽宁省实现巩固拓展脱贫攻坚成果同乡村振兴有效衔接实施方案》	http：//news.sina.com.cn/o/2021-04-15/doc-ikmxzfmk7037068.shtml
18	中共青海省委 青海省人民政府	《关于实现巩固拓展脱贫攻坚成果同乡村振兴有效衔接的实施意见》	http：//xczxj.qinghai.gov.cn/sjcm/278
19	中共山东省委 山东省人民政府	《贯彻落实〈中共中央、国务院关于实现巩固拓展脱贫攻坚成果同乡村振兴有效衔接的意见〉的若干措施》	http：//www.luozhuang.gov.cn/info/6351/48942.htm
20	中共山西省委 山西省人民政府	《关于巩固拓展脱贫攻坚成果有效衔接乡村振兴的实施方案》	https：//www.shanxi.gov.cn/zfxxgk/zfxxgkzl/fdzdgknr/lzyj/swygwj/swygwj2/202104/t20210414_5988509.shtml
21	中共陕西省委 陕西省人民政府	《中共陕西省委 陕西省人民政府关于实现巩固拓展脱贫攻坚成果同乡村振兴有效衔接的实施意见》	http：//www.ylq.gov.cn/gk/fpkf/96412.htm
22	中共上海市委 上海市人民政府	《中共上海市委 上海市人民政府关于助力对口帮扶地区实现巩固拓展脱贫攻坚成果同乡村振兴有效衔接的实施意见》	http：//sh.people.com.cn/n2/2021/1102/c134768-34986068.html

（续表）

序号	发文机关	文件名称	文件网址
23	中共四川省委 四川省人民政府	《中共四川省委 四川省人民政府关于实现巩固拓展脱贫攻坚成果同乡村振兴有效衔接的实施意见》	https：//www.sc.gov.cn/10462/c107051/2021/8/9/3e9f5a905e9b42cc8c3d38399e3b110b.shtml
24	中共天津市委 天津市人民政府	《天津市助力结对地区实现巩固拓展脱贫攻坚成果同乡村振兴有效衔接的实施方案》	http：//tj.news.163.com/21/0424/13/G8BPLTR9042098PG.html
25	重庆市人民政府办公厅	《重庆市巩固拓展脱贫攻坚成果同乡村振兴有效衔接"十四五"规划（2021—2025年）》	http：//www.cq.gov.cn/zwgk/zfxxgkml/szfwj/qtgw/202201/t20220106_10278281.html

3.2.5 《中共中央 国务院关于建立健全城乡融合发展体制机制和政策体系的意见》

2019年4月15日，中共中央国务院印发了《中共中央 国务院关于建立健全城乡融合发展体制机制和政策体系的意见》（以下简称"《城乡融合发展意见》"），意旨重塑新型城乡关系，走城乡融合发展之路，促进乡村振兴和农业农村现代化。

早在2012年，习近平总书记在广东考察工作时就指出："实现城乡区域协调发展，不仅是国土空间均衡布局发展的需要，而且是走共同富裕道路的要求。没有农村的全面小康和欠发达地区的全面小康，就没有全国的全面小康。要加大统筹城乡发展、统筹区域发展力度，加大对欠发达地区和农村的扶持力度，促进工业化、信息化、城镇化、农业现代化同步发展，推动城乡发展一体化，逐步缩小城乡区域发展差距，促进城乡区域共同繁荣。"2018年9月，在十九届中央政治局第八次集体学习时，习近平总书记再次强调："要把乡村振兴战略这篇大文章做好，必须走城乡融合发展之路。我们一开始就没有提城市化，而是提城镇化，目的就是促进城乡融合。要向改革要动力，加快建立健全城乡融合发展体制机制和政策体系。要健全多元投入保障机制，增加对农业农村基础设施建设投入，加快城乡基础设施互联互通，推动人才、土地、资本等要素在城乡间双向流动。要建立健全城乡基本公共服务均等化的体制机制，推动公共服务向农村延伸、社会事业向农村覆盖。要深化户籍制度改革，强化常住人口基本公共服务，维护进城落户农民的土地承包权、宅基地使用权、集体收益分配权，加快农业转移人口市民化。"建立健全城乡融合发展体制机制和政策体系，是党的十九大作出的重大决策部署，《城乡融合发展意见》的出台是建立健全城乡融合发展体制机制和政策体系的顶层设计，是破解新时代社会主要矛盾的关键抓手，还是现代化的重要标志，更是拓展发展空间的强大动力。建立健全城乡融合发展的体制机制和政策体系，是乡村振兴和农业农村现代化的制度保障，能够缩小城乡发展差距和居民生活水平差距。

《城乡融合发展意见》提出了城乡融合发展体制机制改革的整体框架，明确了改革的方向、目标和路径。针对城乡要素流动不顺畅、城乡二元壁垒的突出问题，《城乡融合发展意见》提出了9项改革举措，主要是健全农业转移人口市民化机制、建立城市人才入乡激励机制、改革完善农村承包地制度、稳慎改革农村宅基地制度、建立集体经营性建设用地入市制度、健全财政投入保障机制、完善乡村金融服务体系、建立工商资本入乡促进机制、建立科技成果入乡转化机制。针对城乡公共服务不均等问题，提出了6项改革举措，主要是建立城乡教育资源均衡配置机制、健全乡村医疗卫生服务体系、健全城乡公共文化服务体系、完善城乡统一的社会保险制度、统筹城乡社会救助体系、建立健全乡村治理机制。针对城乡基础设施差距大、影响城乡融合发展的问题，提出了3项改革举措，主要是建立城乡基础设施一体化规划机制，推动城乡路网的一体规划设计，统筹规划重要市政公用设施和城乡污染物的收运处置体系；健全城乡基础设施一体化建设机制，区分公益性和经营性设施，对建设投入主体予以明确；建立城乡基础设施一体化管护机制，明确乡村基础设施的产权归属，由产权所有者建立管护制度。针对城乡产业发展水平差异很大、发展不平衡问题，提出了6项改革举措，主要是完善农业支持保护制度、建立新产业新业态培育机制、探索生态产品价值实现机制、建立乡村文化保护利用机制、搭建城乡产业协同发展平台、健全城乡统筹规划制度。针对城乡居民收入比虽然逐步回落、但仍然处于高位且一直是社会关注焦点的问题，提出了5项改革举措，主要是完善促进农民工资性收入增长环境、健全农民经营性收入增长机制、建立农民财产性收入增长机制、强化农民转移性收入保障机制、强化打赢脱贫攻坚战体制机制。

3.2.6 《中共中央 国务院关于保持土地承包关系稳定并长久不变的意见》

2019年11月26日，《中共中央 国务院关于保持土地承包关系稳定并长久不变的意见》（以下简称《土地承包长久不变意见》）发布。土地是农民的命根子，也是农民最大的财富。我国的改革开放从农村起步，农村改革又从土地承包开始。40多年来，我国进行了两次重大的土地制度创新。第一次是改革开放之初，实行家庭联产承包责任制，实际上是土地集体所有权和家庭承包经营权"两权分离"；第二次是党的十八大之后，实行土地集体所有权、农户承包权、土地经营权"三权分置"。这两次创新始终坚持土地集体所有和家庭承包经营，是一脉相承的。进入新时代，党中央提出保持土地承包关系稳定并长久不变，是对党的农村土地政策的继承和发展。

《土地承包长久不变意见》明确了长久不变的政策内涵，归纳起来就是"两不变、一稳定"，即保持土地集体所有、家庭承包经营的基本制度长久不变，确保农民集体有效行使土地所有权、集体成员平等享有土地承包权，这是第一个"长久不变"；保持农户依法承包集体土地的基本权利长久不变，家庭经营在农业生产经营中居于基础性地位，农村集体经济组织成员有权依法承包集体土地，任何组织和个人都不能剥夺和非法限制，这是第二个"长久不变"。保持农户承包地稳定，农民家庭是土地承包经营的法定主体，发包方及其他经济组织或个人不得违法调整其承包地。第二轮土地承包到期后应坚持延包原则，不得将承包地打乱重分，确保绝大多数农户原有承包地继续保持稳定。十九大提出，第二轮承包到期后再延长三十年，这次《土地承包长久不变意见》又进一步做了明确。第二轮土地承包到期后再延长三十年，农村土地承包关系从第一轮承包开始保持稳定长达七十五年，这是实行"长久不变"的重大举措，也是具体体现。

《土地承包长久不变意见》也充分体现了战略过渡期做好衔接工作的重要性。强调发挥新型农业经营主体引领作用，有利于实现小农户和现代农业发展有机衔接，有利于发展多种形式适度规模经营，推进中国特色农业现代化；要以农村社会稳定为前提，稳慎有序实施，尊重历史、照顾现实、前后衔接、平稳过渡，不搞强迫命令；要做好与不动产统一登记工作的衔接，赋予农民更有保障的土地承包权益，为实行"长久不变"奠定坚实基础；在第二轮土地承包到期前，中央农办、农业农村部等部门应研究出台配套政策，指导各地明确第二轮土地承包到期后延包的具体办法，确保政策衔接、平稳过渡。

3.2.7　《国务院关于促进乡村产业振兴的指导意见》

2019 年 6 月 17 日，国务院印发了《国务院关于促进乡村产业振兴的指导意见》，对促进乡村产业振兴作出全面部署。产业兴旺是解决农村一切问题的前提，有利于夯实国家粮食安全的基础，推动农村各项事业振兴，打通城乡经济循环堵点，增进广大农民福祉，巩固拓展脱贫攻坚成果。促进乡村产业振兴的指导意见指出，要以习近平新时代中国特色社会主义思想为指导，全面贯彻党的十九大和十九届二中、三中全会精神，牢固树立新发展理念，落实高质量发展要求，坚持农业农村优先发展总方针，以实施乡村振兴战略为总抓手，以农业供给侧结构性改革为主线，围绕农村一二三产业融合发展，与脱贫攻坚有效衔接、与城镇化联动推进，聚焦重点产业，聚集资源要素，强化创新引领，突出集群成链，培育发展新动能，加快构建现代农业产业体系、生产体系和经营体系，推动形成城乡融合发展格局，为农业农村现代化奠定坚实基础。

《国务院关于促进乡村产业振兴的指导意见》提出六个方面任务举措。一是突出优势特色，培育壮大乡村产业。做强现代种养业，做精乡土特色产业，提升农产品加工流通业，优化乡村休闲旅游业，培育乡村新型服务业，发展乡村信息产业。二是科学合理布局，优化乡村产业空间结构。强化县域统筹，推进镇域产业聚集，促进镇村联动发展，支持贫困地区产业发展。三是促进产业融合发展，增强乡村产业聚合力。培育多元融合主体，发展多类型融合业态，打造产业融合载体，构建利益联结机制。四是推进质量兴农绿色兴农，增强乡村产业持续增长力。健全绿色质量标准体系，大力推进标准化生产，培育提升农业品牌，强化资源保护利用。五是推动创新创业升级，增强乡村产业发展新动能。强化科技创新引领，促进农村创新创业。六是完善政策措施，优化乡村产业发展环境。健全财政投入机制，创新乡村金融服务，有序引导工商资本下乡，完善用地保障政策，健全人才保障机制。

3.2.8 《乡村建设行动实施方案》

近年来，党中央、国务院出台了一系列政策措施，加快推进农村基础设施建设和公共服务改善，取得了显著成效，乡村面貌发生了巨大变化。同时也要看到，农村公共基础设施往村覆盖、往户延伸还存在明显薄弱环节，教育、医疗卫生、养老等公共服务质量还有待提高，与农民群众日益增长的美好生活需要还有差距。为扎实推进乡村建设行动，进一步提升乡村宜居宜业水平，2022 年 5 月 23 日，中共中央办公厅、国务院办公厅印发了《乡村建设行动实施方案》。

《乡村建设行动实施方案》既聚焦"硬件"又突出"软件"，提出加强道路、供水、能源、物流、信息化、综合服务、农房、人居环境等农村重点领域基础设施建设，改善农村公共服务和乡村治理。

《乡村建设行动实施方案》强调要发挥农民主体作用。目前一些地区并没能激发农民参与乡村振兴的积极性，这与乡村振兴战略的初衷是偏离的。引导农民积极参与，发挥农民在乡村建设中的主体作用，需要为农民创造产业发展参与、乡村治理参与、环境建设参与的条件与途径。为此，实施方案创新完善了保障农民参与乡村建设的机制，将有力推动农民在乡村建设中的积极参与。

《乡村建设行动实施方案》明确提出实施数字乡村建设发展工程。数字商务比电子商务涵盖的范围更宽广，实践模式更为新颖。当前，数字商务在乡村建设中的应用场景偏重管理功能和公益效能，缺乏现代信息技术与农业全产业链的联结与融合，数商兴农的商业模式缺少典型示范。数商兴农可以有效降低农业生产要素运行的交易成本，大幅度提高农业生产效率。以大数据、人工智能技术为支撑的短视频与直播电商，解决了生产者和消费者之间的信息不对称，化解了农业小生产与消费大市场的矛盾，扩大了乡村各类产品的销售半径并提高了产品效益。在《乡村建设行动实施方案》的推动下，今后，乡村大地上，短视频与直播等新型电商作为"新时代文本"必将缩小城乡之间的数字鸿沟，成为农民追求美好生活的新标签。

3.2.9 《关于实现巩固拓展教育脱贫攻坚成果同乡村振兴有效衔接的意见》

习近平总书记深刻指出：教育是阻断贫困代际传递的治本之策。教育系统坚持以习近平新时代中国特色社会主义思想为指导，深入贯彻落实习近平总书记关于扶贫工作的重要论述，把坚决打赢教育脱贫攻坚战作为首要政治任务，推动教育脱贫攻坚工作取得了全方位、突破性和深层次的重要进展。最显著的成就是贫困家庭学生辍学问题得到历史性解决，实现动态清零，贫困学生实现应助尽助，贫困地区各级各类学校发生了格局性变化，为阻断贫困代际传递奠定了坚实基础。最直接的表现是帮助数千万贫困家庭学生通过接受职业教育培训和高等教育、扶持就业创业、推广普通话等实现脱贫。最鲜明的特色是教育系统广大师生干部接受了一场深刻的国情教育，所有直属高校和部省合建高校尽锐出战，教育系统全员参战，培养锻炼了一大批深入基层、贴近群众的干部师生，把一篇篇论文写在大地上，一份份成果应用到扶贫中，使脱贫攻坚的主战场成为立德树人的大课堂。最重要的成果是建立了一整套上下联动、统筹协调的教育脱贫攻坚领导决策体系、责任落实体系、政策制度体系、对口联系机制等，为打赢教育脱贫攻坚战提供了坚强支撑，为全面推进乡村振兴积累了宝贵经验。

2021 年 5 月，教育部牵头联合国家发展改革委、财政部和国家乡村振兴局四部门印发《关于实现巩固拓展教育脱贫攻坚成果同乡村振兴有效衔接的意见》，明确提出 4 项任务（图 3-2）：建立健全巩固拓展义务教育有保障成果长效机制、建立健全农村家庭经济困难学生教育帮扶机制、做好巩固拓展教育脱贫攻坚成果同乡村振兴有效衔接重点工作、延续完善巩固拓展脱贫攻坚成果与乡村振兴有效衔接的对口帮扶工作机制，每一项措施都直接回应了人民群众对新时代乡村教育的呼声。各省级、地市级和县级教育主管部门以此为蓝本，制定出台本区域巩固拓展教育脱贫攻坚成果同乡村振兴有效衔接的意见或实施方案。

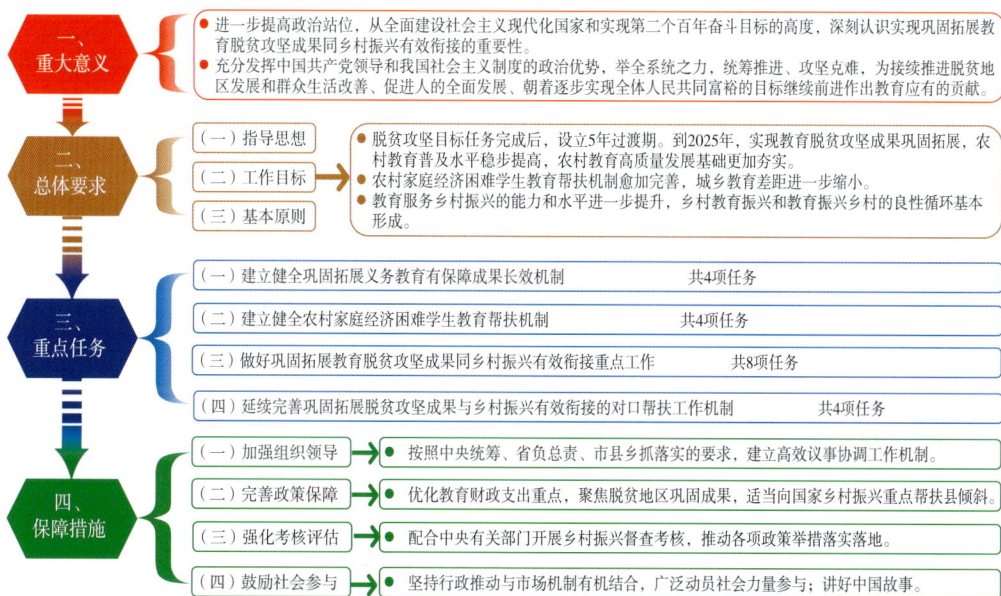

图 3-2　《关于实现巩固拓展教育脱贫攻坚成果同乡村振兴有效衔接的意见》构架结构

表面上看，实现巩固拓展教育脱贫攻坚成果同乡村振兴有效衔接的实施方案主要是关注乡村教育，似乎与高等教育相关性不大。但通读文件，我们会发现，有关高等教育的表述几乎贯穿全篇，摘录如下：

（1）启动实施中西部欠发达地区优秀教师定向培养计划，组织部属师范大学和省属师范院校，定向培养一批优秀师资。加强对脱贫地区校长的培训，着力提升管理水平。加强教师教育体系建设，建设一批国家师范教育基地和教师教育改革实验区，推动师范教育高质量发展与巩固拓展教育脱贫攻坚成果、实施乡村振兴相结合。

（2）进一步完善从学前教育到高等教育全学段的学生资助体系，保障农村家庭经济困难学生按规定享受资助，确保各学段学生资助政策落实到位。

（3）全面掌握农村家庭经济困难高校毕业生情况，实行"一人一策"分类帮扶和"一人一档"动态管理，开展就业能力培训，提供精准化就业指导服务。依托中国国际"互联网＋"大学生创新创业大赛，深入开展"青年红色筑梦之旅"活动，引导大学生以创新驱动创业，以创业带动就业。

（4）加强"双师型"教师队伍建设，结合当地经济社会发展需求，科学设置职业教育专业，提升服务能力和水平。推动职业院校发挥培训职能，与行业企业等开展合作，丰富培训资源和手段，广泛开展面向"三农"、面向乡村振兴的职业技能培训。

（5）继续实施重点高校招收农村和脱贫地区学生专项计划。农村订单定向医学生免费培养计划优先向中西部地区倾斜。

（6）继续实施民族专项招生计划。继续实施高校民族专项招生计划，招生向西部民族地区倾斜，加大师范类、医学类等急需紧缺人才培养力度。加强民族地区高层次人才培养，提高人才培养和人才需求契合度。

（7）打造升级版的"一村一名大学生计划"。以国家开放大学办学体系为依托，以农业、农村产业和乡村干部队伍发展需要的专业为支撑，实施"开放教育——乡村振兴支持计划"，为农民和村镇基层干部提供不离岗、不离乡、实用适用的学历和非学历继续教育。

（8）鼓励高校、职业院校、中小学积极探索乡村振兴育人模式，形成一批可复制、可推广的工作成果。鼓励开发乡土教材（不含中小学），对巩固拓展脱贫攻坚成果、乡村振兴等资源进行挖掘、整理和创新。把耕读教育纳入涉农专业人才培养体系。

（9）继续推进高校定点帮扶工作。坚持直属高校定点帮扶机制，拓展深化帮扶形式和内容，保持工作力度不减，定期对帮扶成效进行考核评价。继续选派挂职干部和驻村第一书记，选好用好帮扶干部，做好工作、生活、安全等方面条件保障。

（10）依托高校优势资源，充分发挥高校帮扶联盟、教育脱贫攻坚与乡村振兴专家委员会、高校乡村振兴研究院等作用，开展高校定点帮扶典型项目推选活动，推动帮扶工作从"独立团"向"集团军"转变。

（11）加大涉农高校、涉农专业建设力度，深入实施卓越农林人才教育培养计划2.0，加快培养拔尖创新型、复合应用型、实用技能型农林人才。引导高校科技创新主动服务、深度参与乡村振兴。

（12）持续推进高校对口支援工作。继续实施对口支援西部地区高等学校计划，创新对口支援方式，支持受援高校明确发展定位，强化服务面向，打造学科专业特色。精准实施对口支援，为受援高校提供指导支持。

（13）继续做好部省合建高校对口合作工作，构建联动发展新格局。继续推进对口支援滇西应用技术大学等工作。扩大实施高校银龄教师支援西部计划。

（14）继续实施系列教师支教计划。实施"三区"人才支持计划教师专项计划，进一步引导人才向艰苦一线流动，选派城镇优秀教师到艰苦一线支教，缓解乡村振兴重点帮扶县优秀教师不足的问题。

从上述 14 项任务可以看出，高等学校在实现巩固拓展教育脱贫攻坚成果同乡村振兴有效衔接中发挥着主力军的作用，有效衔接能否成功实现，关键在高等教育。事实上，高等学校在助力脱贫攻坚向乡村振兴进军的征途中，已经发挥出举世瞩目、不可替代的重要贡献。以教育部 75 所直属高校为例，近 10 年来，从脱贫攻坚到乡村振兴，全情投入、积极作为，提交了一份份高质量"答卷"。2022 年 7 月 26 日，教育部召开"教育这十年""1＋1"系列第 9 场新闻发布会，总结了党的十八大以来教育部直属高校定点帮扶接续助力乡村振兴的工作成效。

一是变"单打独斗"为"多方联动"。以帮扶云南为例，教育部牵头抓总、高位推动，构建与 26 个部委共同帮扶滇西的部际联席帮扶机制和 25 所部属高校定点帮扶、11 所部属高校专项帮扶的高校帮扶机制，同时建立教育部 10 个司局帮扶滇西 10 个州市、9 个直属单位承担专门帮扶任务的部门帮扶机制，组织东部地区 10 个职业教育集团帮扶滇西 10 所中职学校，累计派出 8 批次 480 余名部机关和部属高校干部到云南基层挂职。这些帮扶机制组织动员教育系统力量，形成了上下联动、合力攻坚的工作格局，汇聚起帮扶云南的强大合力。

二是应帮扶县所需、尽高校所能。中国农业大学在定点帮扶云南省镇康县工作期间，围绕茶叶、干果、甘蔗、肉牛等当地支柱产业，开展农业技术推广示范，培养了一大批"懂农业、爱农村、爱农民"的基层干部和农技人员，有力推动当地农业高品质发展。中国农业大学在定点帮扶镇康县过程中，各项举措均紧密围绕当地实际，"精准帮扶"特点鲜明。据统计，10 年来，直属高校持续发挥辐射带动优势，调动校友和社会资源，形成了教育帮扶、智力帮扶、健康帮扶、科技帮扶、产业帮扶、消费帮扶、文化帮扶等高校帮扶路径，涌现了 62 项高校特色帮扶工作范例和教育脱贫攻坚案例库、培育了 102 个乡村振兴创新模式和典型范例。多样化各具特色的精准帮扶路径，推动了帮扶地区全面均衡发展。

三是激发内生动力，拓宽富裕之路。10 年间，华南理工大学累计派出超过 1600 人次科技特派员深入农村基层、农业一线，对帮扶地区各级党政干部、技术人员、农村致富带头人等共计 9005 人次开展各类培训。在定点帮扶过程中，华南理工大学探索形成了"重教扶智、兴业扶产、振乡扶民"的"三扶一体"全方位帮扶体系。在增加农民收入方面，吉林大学的 3 种抗盐碱水稻推广面积 800 余万亩，增产 4 亿公斤，为农民创收 12 亿元；华中农业大学在湖北推广优质油菜累计 1.5 亿亩，在西北、东北地区推广麦后复种饲料油菜 150 万亩，仅饲料一项就为农民增收 4.5 亿元。"坚持激发内生动力"是高校定点帮扶成效显著的重要经验，"扶贫与扶志、扶智相结合，充分发挥高校的教育、人才和智力资源优势，赋能农村和农民自我发展，为乡村振兴和共同富裕积蓄了强大动力"。

脱贫攻坚战虽已完成，但是农村发展没有结束，进入新时代以后，乡村振兴工作还要突破和创新。教育部正在组织高校总结落实乡村振兴科技创新行动计划的工作成效，进一步开展"十四五"高校科技助力乡村振兴示范工程项目，形成可示范推广的典型经验，全面提升高校科技助力乡村振兴水平。

众所周知，包括75所教育部直属高校在内中央部委所属院校全国仅有118所。据统计，截至2022年5月31日，全国高等学校共计3013所，其中高职（专科）院校1489所，地方高校的数量是中央部委所属院校数量的24倍之多。毫无疑问，为数众多的地方高校在人才培养、科学研究、社会服务方面汇聚了磅礴力量，加上与生俱来的"接地气"属性，必将在助力脱贫攻坚与乡村振兴有效衔接的主战场，纵横驰骋，披荆斩棘，冲锋陷阵，创建出不可或缺、不可替代的不朽功勋。

3.3　安徽省政策文件解析

2020年12月29日至30日，全国扶贫开发工作会议在北京召开，会议的主要任务是总结脱贫攻坚工作，分析当前形势，安排部署巩固拓展脱贫攻坚成果同乡村振兴有效衔接工作。安徽省委、省政府高度重视，第一时间传达学习、研究贯彻，部署安排全省巩固拓展脱贫攻坚成果同乡村振兴有效衔接工作，谋实谋细巩固拓展脱贫攻坚成果同乡村振兴有效衔接的具体工作举措。具体工作举措如图3-3所示。

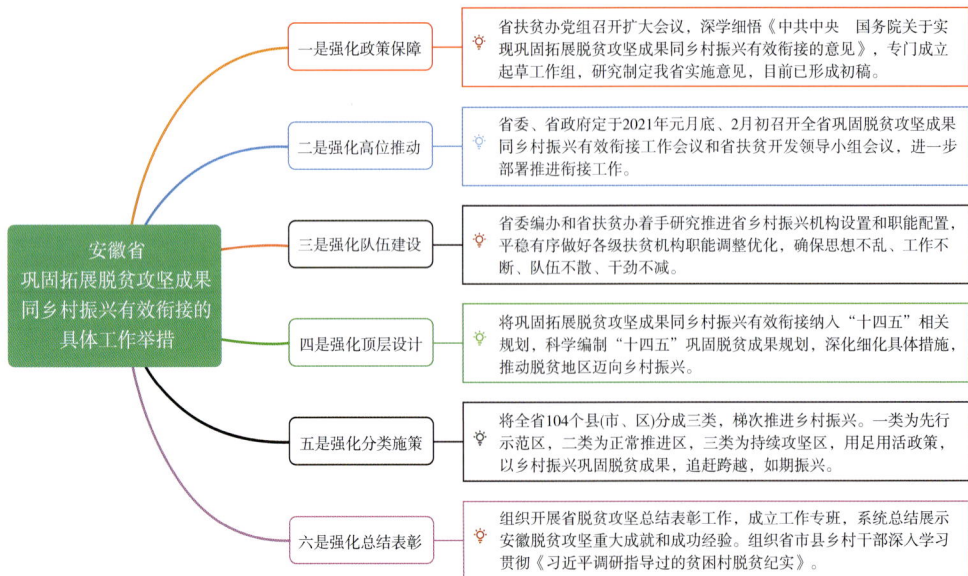

图3-3　安徽省巩固拓展脱贫攻坚成果同乡村振兴有效衔接的具体工作举措

从图3-3可以看出，安徽省对两大战略的有效衔接工作做到了落实落细落小，更为重要的是，6大方面举措中，第一条就是要"强化政策保障"，要求在深学细悟《中共中央　国务院关于实现巩固拓展脱贫攻坚成果同乡村振兴有效衔接的意见》的基础上，制定出本省有效衔接的实施意见。第四条是"强化顶层设计"关注的是与之相关的规划类政策文件的起草与制定；第五条是"强化分类施策"，要求针对不同的发展区域，制定不同的政策并加以落实。这些举措的基础，都是要有政策，而且要制定好政策，特别是要制定好衔接过渡期的政策。

在安徽省委、省政府印发《中共安徽省委　安徽省人民政府关于加快实现巩固拓展脱贫攻坚成果同乡村振兴有效衔接的实施意见》后，安徽省又陆续制定出台了十多项省级层面的促进脱贫攻坚成果与乡村振兴战略有效衔接的政策文件（表3-6），现对其中部分文件解读如下。

表3-6　安徽省发布脱贫攻坚与乡村振兴有效衔接政策文件一览

序号	发文机关	文件名称	文件编号	发布时间	文件网址
1	中共安徽省委、安徽省人民政府	《中共安徽省委　安徽省人民政府关于加快实现巩固拓展脱贫攻坚成果同乡村振兴有效衔接的实施意见》	皖发〔2021〕2号	2021-02-02	https://xczxj.ah.gov.cn/public/6595771/8476432.html
2	中共安徽省委办公厅、安徽省人民政府办公厅	《关于坚持做好省直单位定点帮扶工作的实施意见》	厅〔2021〕10号	2021-05-12	https://xczxj.ah.gov.cn/public/6595771/8477187.html
3	中共安徽省委办公厅、安徽省人民政府办公厅	《关于深化县域结对帮扶巩固拓展脱贫攻坚成果推进乡村振兴的实施意见》	厅〔2021〕10号	2021-05-12	https://xczxj.ah.gov.cn/public/6595771/8477186.html
4	中共安徽省委农村工作领导小组	《中共安徽省委农村工作领导小组关于健全防止返贫动态监测和帮扶机制的实施意见》	皖农工组〔2021〕3号	2021-06-24	https://xczxj.ah.gov.cn/public/6595771/8476437.html
5	安徽省人力资源和社会保障厅、安徽省发展和改革委员会、安徽省财政厅等5个部门	《关于切实加强就业帮扶巩固拓展脱贫攻坚成果助力乡村振兴的实施意见》	皖人社发〔2021〕10号	2021-07-06	https://hrss.ah.gov.cn/public/6595721/8479804.html

（续表）

序号	发文机关	文件名称	文件编号	发布时间	文件网址
6	安徽省人民政府办公厅	《安徽省人民政府办公厅关于新时代支持大别山革命老区振兴发展的实施意见》	皖政办秘〔2021〕78号	2021-08-10	https：//www.ah.gov.cn/public/1681/554044431.html
7	安徽省医疗保障局、安徽省民政厅、安徽省财政厅等7个部门	关于印发《安徽省巩固拓展医疗保障脱贫攻坚成果有效衔接乡村振兴战略实施方案》的通知	皖医保发〔2021〕8号	2021-08-30	https：//xczxj.ah.gov.cn/public/6595771/8732679.html
8	安徽省教育厅、安徽省发展和改革委员会、安徽省财政厅等4个部门	关于印发《安徽省实现巩固拓展教育脱贫攻坚成果同乡村振兴有效衔接的实施方案》的通知	皖教财〔2021〕4号	2021-09-22	http：//jyt.ah.gov.cn/public/7071/40505182.html
9	安徽省科学技术厅、安徽省乡村振兴局	关于印发《科技创新驱动乡村振兴发展实施方案》的通知	皖科农秘〔2021〕388号	2021-10-19	http：//kjt.ah.gov.cn/public/21671/120656991.html
10	中共安徽省委、安徽省人民政府	《中共安徽省委　安徽省人民政府关于做好二〇二二年全面推进乡村振兴重点工作的实施意见》	皖发〔2022〕1号	2022-01-29	https：//xczxj.ah.gov.cn/public/6595771/8730873.html
11	中共安徽省委农村工作领导小组办公室	《关于进一步健全防止返贫动态监测和帮扶机制的通知》	皖农发〔2022〕20号）	2022-04-01	https：//xczxj.ah.gov.cn/public/6595771/8730880.html

3.3.1　《中共安徽省委　安徽省人民政府关于加快实现巩固拓展脱贫攻坚成果同乡村振兴有效衔接的实施意见》

《中共中央　国务院关于实现巩固拓展脱贫攻坚成果同乡村振兴有效衔接的意见》出台后，安徽省为了深入抓好意见贯彻落实，加快推动全省巩固拓展脱贫攻坚成果同乡村振兴有效衔接工作走在全国前列，几经修改审议，于2021年2月2日印发。

《中共安徽省委　安徽省人民政府关于加快实现巩固拓展脱贫攻坚成果同乡村振兴

有效衔接的实施意见》（以下简称《实施意见》）明确提出，在脱贫攻坚目标任务完成后，对摆脱贫困的县（市、区），从脱贫之日起设立 5 年过渡期。根据县（市、区）巩固拓展脱贫攻坚任务、农业农村发展基础和经济发展水平，将全省所有县（市、区）分成先行示范区、正常推进区、持续攻坚区。先行示范区对标长三角先进地区，立足自身，不等不靠，率先突破；正常推进区自力更生，充分用好现有政策，持续发力，有序推进；持续攻坚区用足用活政策，以乡村振兴巩固脱贫成果，持续提升，努力追赶，实现如期振兴。

安徽省《实施意见》有三个特点：一是保持内容的一致性，全面贯彻了中央《意见》的有关精神。安徽省《实施意见》与中央《意见》框架总体保持一致，中央《意见》共分为八个部分，安徽省《实施意见》总共分为六个部分，鉴于中央《意见》中第六部分"着力提升脱贫地区整体发展水平"内容主要涉及西部地区和东西部协作，故在安徽省《实施意见》中进行了优化调整，把"提升脱贫地区整体发展水平"，作为建立健全巩固拓展脱贫攻坚成果长效机制的一项重点内容纳入我省《实施意见》。内容上，将中央《意见》第五部分的"健全农村低收入人口常态化帮扶机制"整体调整至《实施意见》第三部分，并分别在第四、第六部分新增了生态保护和作风建设有关内容，其余内容修改主要是结合安徽省实际，对文稿内容进一步细化、量化和具体化。二是注重工作的连续性，全面体现了与五大振兴的有效衔接。我省《实施意见》坚持将巩固拓展脱贫攻坚成果放在突出位置，把加快推进脱贫地区乡村产业、人才、文化、生态、组织全面振兴统筹纳入《实施意见》当中。三是突出衔接的有效性，全面融合了乡村振兴战略"20 字"总要求。严格按照中央要求，落实过渡期"四个不摘"要求，保持现有主要帮扶政策总体稳定，着力推动从解决建档立卡贫困人口"两不愁三保障"为重点转向实现乡村产业兴旺、生态宜居、乡风文明、治理有效、生活富裕。

为了彰显政策衔接的重要性，并与中央《意见》第七部分内容保持一致，安徽省《实施意见》第五部分明确提出，加强脱贫攻坚与乡村振兴政策有效衔接，重点做好财政投入、金融服务、土地支持、人才支持、社会帮扶各方面政策衔接，促进各类要素更多向乡村流动，为推动乡村振兴提供坚强支撑。

3.3.2　《关于深化县域结对帮扶巩固拓展脱贫攻坚成果推进乡村振兴的实施意见》

2021 年 5 月 12 日，中共安徽省委办公厅、安徽省人民政府办公厅印发《〈关于深化县域结对帮扶巩固拓展脱贫攻坚成果推进乡村振兴的实施意见〉、〈关于坚持做好省直单位定点帮扶工作的实施意见〉的通知》（厅〔2021〕10 号）。可以说，这两个实施意见是姐妹文件，鲜明地体现了省委省政府重视巩固脱贫攻坚的成果、接续在乡村振兴中发挥作用的意志。过去，在脱贫攻坚期，安徽省出台的相应的文件有：中共安徽省委办公厅、安徽省人民政府办公厅印发的《关于县域结对帮扶推进脱贫攻坚的实施意见》的通知（2017）、《安徽省扶贫开发领导小组中共安徽省委组织部关于建立"单位包村、干部包户"定点帮扶制度的实施意见》（2014）、《关于进一步加强省直单位定点扶贫工作的实施意见》（皖扶组〔2019〕15 号）。

《关于深化县域结对帮扶巩固拓展脱贫攻坚成果推进乡村振兴的实施意见》（厅〔2021〕10 号）确定了新发展阶段安徽省县域结对帮扶工作的基本原则、结对关系、主要任务和工作要求。首先，明确了结对关系保持不变。原来脱贫攻坚期安徽省内 20 个经济相对发达县（市、区）继续"一对一"帮扶 20 个乡村振兴重点县（市、区）。其次，明确了主要任务，县域结对帮扶工作重心转向全面推进乡村振兴和巩固拓展脱贫攻坚成果。一是巩固脱贫成果，支持被帮扶县做好监测对象帮扶工作，落实好民生保障政策，巩固提升"两不愁三保障"成果，健全农村低收入人口常态化帮扶机制，坚决守住防止规模性返贫风险。二是加大产业就业帮扶，发挥产业的重要作用，支持被帮扶县壮大发展乡村特色产业、传统产业升级，因地制宜发展"一乡一业"，促进一二三产业融合发展。依托乡村产业发展壮大带动乡村劳动力稳定实现就业增收，帮助农民特别是脱贫人口和农村低收入人口稳定就业。三是全面推进乡村振兴，发挥帮扶县改革创新经验，帮助被帮扶县提升基层党建水平、强化乡村治理基础。四是加强资金项目建设，帮扶县以 2020 年财政帮扶资金规模为基础，建立帮扶资金投入增长机制并将投入资金列入年度预算。支持被帮扶县招商引资、招才引智。五是深化干部交流，双方要按规定开展高质量、多层次、多类别的干部双向挂职、人才双向交流。鼓励被帮扶县组织优秀年轻干部到帮扶县企业学习锻炼。六是动员社会力量参与，组织动员双方乡镇（街道）、村（居）结对共建，发展人民团体、社会组织和各界人士等广泛参与结对帮扶，引导激励民营企业等到被帮扶县投资兴业、合作创业，搭建消费帮扶平台。

3.3.3 《关于切实加强就业帮扶巩固拓展脱贫攻坚成果助力乡村振兴的实施意见》

2021 年 5 月 4 日，人力资源社会保障部、国家发展改革委、财政部、农业农村部、国家乡村振兴局联合印发《关于切实加强就业帮扶巩固拓展脱贫攻坚成果助力乡村振兴的指导意见》（人社部发〔2021〕26 号）。为抓好文件贯彻落实，安徽省研究制定并于 7 月 6 日发布《关于切实加强就业帮扶巩固拓展脱贫攻坚成果助力乡村振兴的实施意见》（皖人社发〔2021〕10 号），主要就持续做好脱贫人口、农村低收入人口就业帮扶，巩固拓展脱贫攻坚成果，助力乡村全面振兴等工作作出重要部署。

按照"平稳过渡、扩面提质、拓展延伸、协同联动"的原则，安徽省《关于切实加强就业帮扶巩固拓展脱贫攻坚成果助力乡村振兴的实施意见》从总体要求、工作举措、保障措施 3 个方面，提出系列针对性实施意见。主要体现在第 2 部分的工作举措中，包括强化劳务输出促进稳定就业、强化劳务协作推进转移就业、围绕产业发展拓展就业渠道、壮大就业载体促进就近就业、鼓励返乡创业带动更多就业、扶持灵活就业拓宽务工渠道、用好乡村公益性岗位安置就业、强化技能培训提升就业质量、优化就业服务健全长效机制、加大政策倾斜支持重点地区 10 项具体举措。

3.3.4　《安徽省巩固拓展医疗保障脱贫攻坚成果有效衔接乡村振兴战略实施方案》

为贯彻落实《中共中央　国务院关于实现巩固拓展脱贫攻坚成果同乡村振兴有效衔接的意见》及安徽省《实施意见》，认真落实国家医疗保障局工作部署，经省政府同意，安徽省医疗保障局会同有关部门于 2021 年 8 月 30 日联合印发了《安徽省巩固拓展医疗保障脱贫攻坚成果有效衔接乡村振兴战略实施方案》，在总结运用医保脱贫攻坚实践经验的基础上，细化政策接续衔接要求，优化调整完善相关配套措施，探索建立防范化解因病返贫致贫长效机制，从集中资源支持脱贫攻坚转向巩固拓展脱贫攻坚成果和全面推进乡村振兴，确保医保脱贫成果更加稳固、成效更可持续。

具体内容有 3 个方面。一是调整参保资助政策。调整参保缴费资助政策，对特困人员、低保对象、返贫致贫人口、监测人口参加城乡居民基本医保的个人缴费部分给予分类资助。健全参保登记管理机制，建立特困人员、低保对象、返贫致贫人口、防止返贫致贫监测人口台账，精准落实资助参保、医疗费用救助待遇。二是构建三重保障制度。坚持基本医保待遇政策全民公平普惠，优化城乡居民高血压、糖尿病门诊用药保障机制；提高大病保险保障能力，对特困人员、低保对象和返贫致贫人口实施倾斜支付；夯实医疗救助托底保障，对特困人员、低保对象、返贫致贫人口、监测人口，经基本医保、大病保险等报销后的个人自付部分按规定给予救助。建立防范化解因病致贫返贫长效机制，因患大病导致家庭生活出现严重困难的参保人员，可依申请享受医疗救助。三是统筹"三医"联动发展。构建全省统一的医疗保障经办管理体系和医保信息系统平台，全面实现市域区内基本医保、大病保险、医疗救助"一站式"结算。推动药品集中带量采购工作制度化、常态化，持续推进医保支付方式改革，保持基金监管高压态势，加大对诱导住院、虚假医疗、挂床住院等行为的打击力度。优化城乡医疗服务资源均衡配置，发挥签约家庭医生的健康"守门人"作用，提高优质医疗服务可及性。

3.3.5　《安徽省实现巩固拓展教育脱贫攻坚成果同乡村振兴有效衔接的实施方案》

2021 年，《中共中央　国务院关于实现巩固拓展脱贫攻坚成果同乡村振兴有效衔接的意见》（中发〔2020〕30 号）《关于实现巩固拓展教育脱贫攻坚成果同乡村振兴有效衔接的意见》（教发〔2021〕4 号）等文件先后公布，要求在脱贫攻坚目标任务完成后，设立 5 年过渡期，进一步巩固拓展教育脱贫攻坚成果，有效衔接乡村振兴战略，接续推动脱贫地区发展和乡村全面振兴。安徽省教育厅明确了"过渡期内保持帮扶政策举措、资金政策支持和帮扶力量的稳定性和延续性"这一总原则，结合本省实际，会同省发展和改革委员会、省财政厅和省乡村振兴局联合印发了《安徽省实现巩固拓展教育脱贫攻坚成果同乡村振兴有效衔接的实施方案》（皖教财〔2021〕4号），力求全省教育系统实现政策体系、制度体系、工作体系的平稳过渡，加快推进乡村振兴战略。

安徽省实现巩固拓展教育脱贫攻坚成果同乡村振兴有效衔接的重点任务有四项。

一是建立健全巩固拓展义务教育有保障成果长效机制。巩固拓展义务教育控辍保学成果，确保除身体原因不具备学习条件外脱贫家庭义务教育阶段适龄儿童少年不失学辍学，在每学期开学前后集中开展控辍保学专项行动，严防辍学新增反弹；巩固拓展义务教育办学条件改善成果，继续实施义务教育薄弱环节改善与能力提升工作，提升学校办学能力；巩固拓展教育信息化成果，不断扩大优质教育资源覆盖面；巩固拓展乡村教师队伍建设成果，继续实施农村义务教育阶段学校教师特设岗位计划、中小学幼儿园教师国家级培训计划、乡村教师生活补助政策，优先满足脱贫地区对高素质教师的补充需求，启动实施优秀教师定向培养计划，定向培养一批优秀师资，提高乡村教师队伍整体素质。

二是建立健全农村家庭经济困难学生教育帮扶机制。精准资助农村家庭经济困难学生，落实从学前教育到高等教育全学段的学生资助政策，确保农村家庭经济困难学生按规定享受资助；继续实施农村义务教育学生营养改善计划，进一步提高学校食堂供餐比例和供餐能力，改善农村学生营养健康状况；完善农村儿童教育关爱工作，加强农村留守儿童和困境儿童的关心关爱工作，培养农村儿童健全的人格和良好的心理素质；加强农村家庭经济困难毕业生就业帮扶工作，提供精准化就业指导服务。

三是做好巩固拓展教育脱贫攻坚成果同乡村振兴有效衔接重点工作。加大脱贫地区职业教育支持力度，支持建好办好中等职业学校，推动职业院校发挥培训职能，丰富培训资源和手段，广泛开展面向"三农"、面向乡村振兴的职业技能培训；提高普惠性学前教育质量，提高脱贫地区普惠性幼儿园覆盖率，推动改善办园条件；提高普通高中教育质量，提升脱贫地区普通高中教育教学质量和办学水平；继续实施重点高校招收农村和脱贫地区学生专项计划，落实民族专项招生计划，按照国家统一部署，完善专项计划政策，全科医生特岗和农村订单定向医学生免费培养计划优先向乡村振兴重点帮扶县倾斜；实施国家通用语言文字普及提升工程和推普助力乡村振兴计划；打造升级版的"一村一名大学生计划"；推进乡村振兴育人工作。

四是延续完善巩固拓展脱贫攻坚同乡村振兴有效衔接的对口帮扶工作机制。继续推进高校定点帮扶工作，助力定点帮扶地区全面推进乡村振兴；接续实施高校食堂面向采购，深入推进消费帮扶，引导高校同等条件下优先采购脱贫地区农副产品特别是消费帮扶重点产品；优化实施职业教育帮扶工作，提升院校管理水平和办学质量，继续实施中职招生兜底工作，帮助脱贫地区未升学青少年掌握一技之长，实现高质量就学就业；继续实施系列教师支教计划。实施"三区"人才支持计划教师专项计划，缓解乡村振兴重点帮扶县优秀教师不足的问题。

3.3.6 《关于进一步健全防止返贫动态监测和帮扶机制的通知》

2021 年，安徽省委农村工作领导小组印发《中共安徽省委农村工作领导小组关于健全防止返贫动态监测和帮扶机制的实施意见》（皖农工组〔2021〕3 号），各地在执行落实过程中遇到了一些疑难问题和新情况。为进一步加强政策解读和业务指导，促进各地抓好动态监测和帮扶工作，提升整体水平和成效，坚决防止返贫致贫，根据国家乡村振兴局的工作部署和要求，中共安徽省委农村工作领导小组办公室制定并于 2022 年 4 月 1 日印发了《关于进一步健全防止返贫动态监测和帮扶机制的通知》（皖农发〔2022〕20 号）。

这份"通知"主要包括 5 个部分内容。

第一部分强化网格监测。包括四个方面：一是优化基层网格划分。按照山区、半山区、平原地区分类确定网格户数，对农户较少或较多的基层网格进行适当调整。二是明确基层网格员条件。各地对现有年龄偏大或因身体状况难以履职尽责的网格员要于 4 月底前调整到位。统筹各类基层网格力量，实现"多合一"。三是明确基层网格员职责。即坚持走访排查和定期联系，及时反映问题，宣传帮扶政策，配合落实帮扶措施。四是规范基层网格员管理。建立基层网格员轮训制度，落实基层网格员误工补贴，确定村干部分片管理基层网格，开展实绩评价。

第二部分强化动态管理。包括五个方面：一是健全监测范围年度调整机制。每年一季度，结合物价指数变化、上年度农村居民人均可支配收入增幅和农村低保标准等因素，确定年度监测范围。二是拓展监测方式。即农户自主申报，基层干部走访排查，部门数据比对，媒体、信访、舆情等其他监测方式。三是简化监测程序。即开展一次评议，同步开展数据比对，缩短认定时间。四是坚持应纳尽纳。按照监测范围将符合条件的农户全部纳入监测对象，不得设立规模限制，不得搞应纳未纳和体外循环。五是规范风险消除。对收入持续稳定、年人均纯收入稳定超过当年监测范围、大额刚性支出稳定解决、"三保障"和饮水安全持续巩固、返贫致贫风险稳定消除的监测对象，或返贫致贫风险自然消失的，履行入户核实、民主评议公示、审核确认公告等程序后，在全国防返贫监测信息系统中标注风险消除。监测对象风险消除不设比例要求。

第三部分强化精准帮扶。包括三个方面：一是压实帮扶责任。帮扶联系人和基层网格员对未消除风险的监测对象每月至少开展一次入户走访，长期不在家的要通过电话、网络等每月联系一次；其他帮扶对象每季度至少开展入户走访或通过电话、网络等联系一次。二是因户因人施策。对未消除风险的监测对象实施"一户一方案、一人一措施"；对已消除风险的监测对象原则上只监测不帮扶，但监测对象在风险未消除时已落实且存在一定"时间周期"的帮扶措施需要延续，对已消除风险的脱贫不稳定户继续落实脱贫人口相关帮扶政策。三是推进分类帮扶。根据家庭收支变化、"三保障"和饮水安全状况等，对脱贫户分为三类进行监测帮扶。

第四部分强化风险防范。包括两个方面：一是建立联络员和部门会商制度。各级乡村振兴部门与医保、卫健、教育、住建、水利、民政、应急管理、残联等部门建立联络员制度，一般问题和个体性风险由内设业务机构主要负责人会商，突出问题和突发性风险由部门负责同志会商，重大问题和区域性、规模性风险上报本级党委农村工作领导小组。二是建立突出问题和关键信息实时推送制度。各级乡村振兴部门要会同医保、教育、住建、水利、农业农村、民政、残联、应急管理、公安、信访等部门，实时推送突出问题和关键信息，加强风险预警、研判和处置。

第五部分强化责任落实。主要包括三个方面：一是加强组织领导。二是加强系统监管。三是加强督导调度。

3.4　政策有效衔接的研究成果与进展

当前，我国正处在脱贫攻坚和乡村振兴战略实施的交汇期，打赢脱贫攻坚战是振兴乡村的前提和基础，而脱贫攻坚的决胜在很大程度上是由社会主义制度的优越性所决定的，依赖于从中央到地方一系列宏观、中观、微观层面的农村低保制度与扶贫开发政策。如何做好衔接，继续发挥发展制度的优势、政策的红利，使之在乡村振兴的伟大实践中成为坚不可摧的保障成为各级政府部门重点关注和广大"三农"问题研究人员绕不开的课题。

自党的十九大提出实施乡村振兴战略伊始，中央就同步对脱贫攻坚与乡村振兴的衔接工作进行谋划。2020年3月，习近平总书记在决战决胜脱贫攻坚座谈会上强调，"要多措并举巩固成果""要保持现有帮扶政策总体稳定，扶上马送一程"。综上可知，我国推进两大战略有效衔接的顶层设计已经基本完成，并在理论研究和政策实践方面取得了一些有价值的研究成果。学者普遍认为，要将政策衔接作为推进衔接的重要着力点，及时回应政策体系设计、政策执行保障和政策调适创新等问题，避免两相脱节、敷衍塞责、衔接不畅等困境。但是，推进两大战略有效衔接仍然面临诸多难点：一方面，要解决顶层设计难落实、工作体系难转型、政策体系难调整、考核机制难优化等问题；另一方面，要建立衡量衔接"有效性"的量化指标，做好衔接评估工作，以准确度量和表达有效衔接的程度。

3.4.1　政策衔接的学理基础

为全面建成小康社会，我国打响了脱贫攻坚战；为全面实现农业农村现代化，我国提出了实施乡村振兴战略。这二者既具有很强的统一性，也具有明显的异质性特征。仅认识到统一性而忽视异质性或仅看到异质性而忽视统一性都不利于这二者的有效衔接，必须全面认识这二者的双重属性，才更有利于巩固脱贫成果与实现乡村振兴的有机融合。

1. 脱贫攻坚与乡村振兴的统一性

脱贫攻坚与乡村振兴相辅相成、一脉相承，具有深刻的内在关联。准确认识脱贫攻坚与乡村振兴的内在统一性，有利于从宏观上把握二者衔接的可能性、基础条件以及协同推进的重点方向。概括而言，脱贫攻坚与乡村振兴这两大战略在战略目标、内容举措、功能作用、目标主体、体制机制等方面存在明显的统一性（表 3 - 7）。

表 3 - 7　脱贫攻坚与乡村振兴统一性分析

序号	特征要素	脱贫攻坚	乡村振兴	统一性表征
1	战略目标	从 2015 年开始到 2020 年结束，核心是解决乡村人口的绝对贫困问题。	从 2018 开始到 2050 年分为三个不同的阶段实施，核心是消除城乡二元结构，谋求乡村全面发展，解决相对贫困和多维贫困问题。	相通性
2	内容举措	以解决绝对贫困为重点，实施产业扶贫、文化扶贫、人才扶贫、生态扶贫、易地搬迁扶贫、教育扶贫等。	以脱贫攻坚成果为基础，在全面脱贫的基础上解决农村人口相对贫困和多维贫困问题，实现包括产业振兴、人才振兴、文化振兴、生态振兴、组织振兴等。	共融性
3	功能作用	由产业脱贫系统、文化脱贫系统、生态脱贫系统、人才脱贫系统、党建脱贫系统等多个要素系统组成，要素系统之间耦合作用，推动贫困地区脱贫摘帽，为乡村振兴奠定扎实基础。	由产业融合系统、文化传承系统、生态文明建设系统、乡村善治系统、人力资源开发系统等多个要素系统构成，这些要素系统之间相互作用并叠加产生耦合效应，协同推动乡村全面振兴。	耦合性
4	目标主体	目标对象主要是贫困户，在扶"志"和扶"智"相结合的过程中，提高贫困户自身的发展能力。	目标群体范围进一步扩大到包括脱贫户在内的全体农民。	一致性
5	体制机制	在脱贫攻坚实施过程中，已建立起较为成熟的决策议事机制、项目推进机制、组织保障机制、人才培引机制、党建促脱贫机制、考核评价机制等。	脱贫攻坚期间逐步建立和完善的体制机制可为乡村振兴战略的实施提供成功经验和借鉴。	贯通性

脱贫攻坚与乡村振兴的统一性必然要求两大战略在政策支持体系上具有融合性，即政策之间能够协调和兼容，密不可分、互为一体。这也是两大战略政策有效衔接的学理基础。

2. 脱贫攻坚与乡村振兴的异质性

脱贫攻坚作为一场战役具有短期性、紧迫性、突击性、局部性、特惠性，乡村振兴作为一项战略具有长期性、渐进性、持久性、整体性、普惠性，正是这些异质性比较明显的特征（图3-4），可能导致二者之间在衔接过程中出现许多矛盾，在有效衔接方面产生极大的困难，综合起来，主要体现在以下几个方面的矛盾：一是产业扶贫的短视化、行政性与产业振兴注重长期性、市场性之间的矛盾；二是对政府和外部帮扶力量的依赖性与乡村振兴主体内生性要求之间的矛盾；三是扶贫靠外部队伍帮扶与乡村振兴靠本土化人力资本支撑的矛盾；四是脱贫攻坚特惠性政策向乡村振兴普惠性政策接续和转化的困难；五是脱贫攻坚与乡村振兴在点和面上衔接的困难。

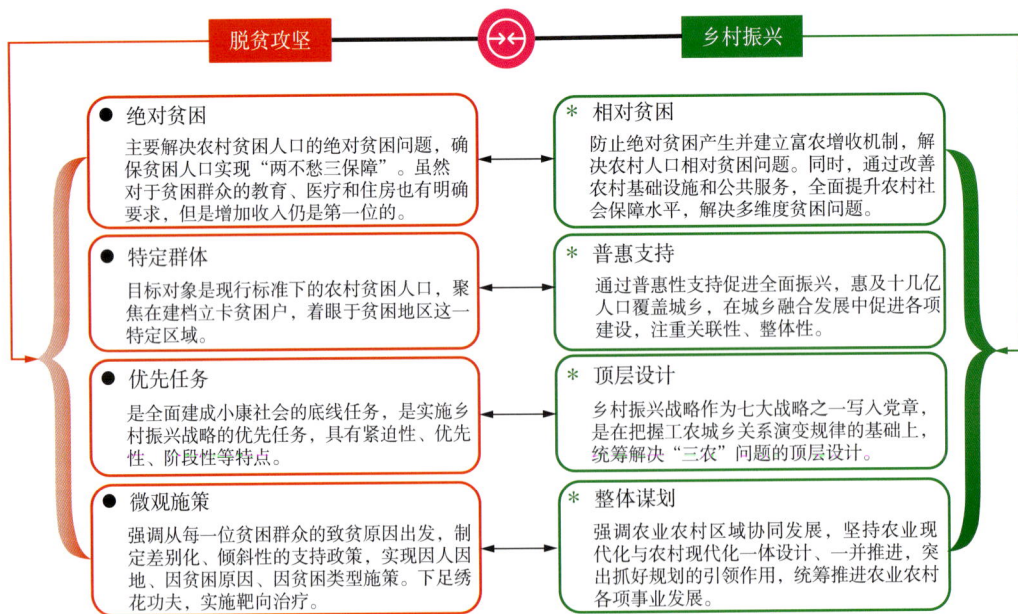

图3-4 脱贫攻坚与乡村振兴的异质性分析

脱贫攻坚与乡村振兴表现出的异质性特征，反映了二者实现有效衔接可能面临的困难和障碍。各级政府部门只有在客观深入地分析二者有效衔接的难点的基础上，才有可能更好地寻求有效衔接的突破口和对策措施。

政策过程理论表明，当解决某一政策问题具备足够动力并迎来政策窗口期时，才会启动政策议程进而生成相关政策。当前，脱贫攻坚与乡村振兴有机衔接问题迎来了政策窗口期，并经政策议程而最终成为中央政府政策文件的重要内容，说明它具备足够强劲的政策动力。实现脱贫攻坚与乡村振兴的有效衔接，具备强烈的理论诉求与现实需要，并由此激发出强烈的公共政策需求。由上面分析可知，脱贫攻坚与乡村振兴这两大战略在战略目标、内容举措、功能作用、目标主体、体制机制等方面存在明显的统一性，决定了两者之间具备天然的密切逻辑关系，进而形成了实现两者有效衔接的政策诉求。而两者在目标主体的贫困性质和范围、在战略目标的期限、在政策实施中的精准性与综合性方面存在着异质性，因此，公共政策对于不同地区农村和农民的差异化需求要作出有效回应，并为农村和农民不断产生的新需求预留政策增量空间。

3.4.2　政策衔接的内容

政策系统理论认为，政策活动是由主体、客体、目标、工具、规则等诸要素构成的复杂系统，并受到外部环境的影响。无论是脱贫攻坚还是乡村振兴，无论是政策体系还是工作体系，都是作为复杂系统而存在的。两大系统间在宏观层面的整体性有机衔接，是以它们各自相应的要素之间衔接为基础的。据此，从方法论意义上来说，要找准作为脱贫攻坚与乡村振兴有机衔接的关键内容，就要在对系统进行细致分析的基础上，寻找关键系统要素之间的关联并实现匹配。

基于上述理论，我们在明晰乡村振兴与脱贫攻坚各自特征的基础上，通过梳理《中共中央　国务院关于打赢脱贫攻坚战的决定》《中共中央　国务院关于实施乡村振兴战略的意见》《中共中央　国务院关于实现巩固拓展脱贫攻坚成果同乡村振兴有效衔接的意见》等一系列政策文献，运用政策系统理论，结合各地近年来工作实践的总结，按照优先考虑农民的排序原则，从产业、人才、文化、生态、组织等 5 个方面，识别出脱贫攻坚与乡村振兴在政策层面有效衔接的主要内容（表 3-8）。

表 3-8　脱贫攻坚与乡村振兴在政策层面有效衔接的主要内容分析

脱贫攻坚		乡村振兴	
主要任务	主要政策内容	主要任务	主要政策内容
产业扶贫	● 特色产业提升、一二三产业融合发展、电商扶贫、光伏扶贫、资产收益扶贫、完善新型农业经营主体与贫困户联动发展的利益联结机制等。 ● 创建扶贫车间，设立创业贷款，开展技能培训等，促进就业扶贫。	产业振兴	● 实施质量兴农战略、推进农村一二三产业融合发展、促进小农户和现代农业发展有机衔接等。 ● 积极支持农村集体经济发展，增强村集体的独立造血能力。要用政策鼓励村集体创新利用集体资源的方式，对现有资产进行挖掘、整合，提高资源利用率。
人才扶贫	● 扶贫创业致富带头人培训，促进创业扶贫。 ● 农村义务教育阶段教师特岗计划、定向培养乡村教师计划等政策，优先满足脱贫地区对高素质教师的补充需求，开展教育扶贫。 ● 科技副县（镇）长、"三区"人才计划，实现引智扶贫。	人才振兴	● 通过脱贫攻坚实践锤炼，乡村中已涌现出创业、经营、技术等方面的能人，接下来要通过政策给予村中能人以"特殊身份"和"光荣称号"，增强其在村中的威望和领导力。 ● 探索出台一套完整的"三农"领域人才定向培育选拔政策。 ● 加大科技特派员的选派与支持力度。

（续表）

脱贫攻坚		乡村振兴	
主要任务	主要政策内容	主要任务	主要政策内容
文化扶贫	● 开展扶志教育活动、脱贫典型树立、开展移风易俗活动、推进文化扶贫等。	文化振兴	● 加强农村公共文化建设、开展移风易俗行动，培育文明乡风、良好家风、淳朴民风。 ● 加强乡村文化基础设施建设，通过政策引导文化资源下沉。
生态扶贫	● 生态护林员、探索天然林、集体公益林托管、新一轮退耕还林还草任务向贫困地区倾斜等。 ● 农村人居环境整治行动、农村厕所革命、农村生活垃圾和污水处理等。	生态振兴	● 加强农村突出环境问题综合治理。 ● 建立市场化多元生态补偿机制，推行生态建设和保护以工代赈做法，提供更多生态公益岗位等，推进乡村绿色发展。
组织扶贫	● 加强贫困村党组织建设、向贫困村派第一书记和扶贫工作队。	组织振兴	● 农村基础党组织建设、村民自治、建设发展乡村、提升乡村德治水平。 ● 探索建立驻村工作队和第一书记常态化机制。

3.4.3 政策衔接路径

脱贫攻坚与乡村振兴的政策衔接既可以从扶贫政策出发，探索"两大战略"衔接的结合点与衔接点，也可以立足于乡村振兴有关政策，考察"两大战略"有效衔接的共同之处。原先的扶贫政策何去何从？新的乡村振兴政策又如何在实践中充分发挥作用？众多学者对这些问题给予关切并进行了深入细致的研究。综合起来看，比较一致的看法是，可以从政策延续、政策退出、政策转化、政策新设四个方面重塑乡村振兴的政策体系。

1. 需要延续的政策

脱贫攻坚期所实施的投入保障型政策、公共设施类政策以及公共服务型政策在过渡期均需要继续强化使用，不断改善已脱贫地区的资源投入质量，持续优化已脱贫地区的基础设施和公共服务环境，防止大规模返贫，使脱贫攻坚成果得到进一步巩固，顺利实现向乡村振兴的重心转移。不仅如此，对于那些扶贫政策中具有补短板、强基础、利长远的政策，还需要进一步加强。

2. 需要退出的政策

扶贫工作方式从集中作战改为过渡期常态推进，必须对一些具有超常规、临时性特征的政策进行调整，在科学评估与风险分析的基础上，使其逐步退出。着重对超常规的特惠型政策、拔高型政策以及督查考核类政策进行全面调整。如部分地区针对贫困户设置的过度医疗保障政策，造成地方财政巨大负担，影响了农村医保体系的健康运行，造成群体心态不平衡等社会问题。此类特惠型政策应在合理评估保障标准的情况下，逐步纳入现行常规化的农村社会保障体系。

3. 需要转化的政策

对于脱贫攻坚期内让特定乡村、特定人口受益的政策项目，需要加快转型，调整政策支持重点，强化配套设施建设，使其纳入乡村振兴战略框架并向普惠型政策转变，统筹解决好摘帽后贫困地区人口能力提升与非贫困村、非贫困户支持问题。着重做好产业扶贫类、对象拓展类和帮扶类的政策延伸，政策衔接上尤其注重提升产业发展层次，对标农村三产深度融合的高质量发展模式，消除产业发展的"短平快"和同质化现象。同时，针对不稳定脱贫户和贫困边缘户等不同群体实施精细化的巩固脱贫政策方案，从项目承接和利润返还份额等方面出台新型农业经营主体、潜在贫困风险群体、普通农户的有机衔接细则，实现衔接对象的全范围拓展。

4. 需要新设的政策

2020 年以后，扶贫工作面临新形势，减贫任务也出现新变化，需要在对扶贫政策调整、加强、转化的基础上，设立一批新政策。应重点关注城乡减贫类政策的新型设计。脱贫攻坚完成后，针对城乡间流动性贫困的扩散，应在城乡融合发展的体制机制和政策体系框架下，设计城乡流动性贫困的识别办法，重点对以农民工为代表的流动性贫困问题进行针对性解决，堵住贫困乡城转移的扩散渠道。过去，各地方成立的扶贫开发领导小组关注的是农村的脱贫问题，负责推进农村的扶贫工作，这些领导小组的政策实施对象不包括城市的相对贫困群体，城市的相对贫困群体的扶贫工作主要由政府社会保障部门来实施，没有特定的实施机构。而城乡贫困统筹治理将成为脱贫攻坚与乡村振兴有效衔接的重点政策取向。

诚如高强和曾恒源所言，衔接过渡期的定位在于"过渡"，但目标是"衔接"，且重点在于工作体系和政策举措的转移接续。做好巩固拓展脱贫攻坚成果同乡村振兴有效衔接工作，必须瞄准实践中面临的问题和难点，不断优化顶层设计、调整实施方案，为衔接工作提供更加有力的制度保障和政策支持。

参考文献

［1］农业农村部办公厅. 农业农村部办公厅关于深入学习贯彻《中华人民共和国乡村振兴促进法》的通知［EB/OL］.（2021 - 04 - 30）［2022 - 07 - 29］. https：//www. gov. cn/zhengce/zhengceku/2021 - 04/30/content_5604170. htm.

［2］新华社. 我国全面推进乡村振兴实现良好开局［EB/OL］.（2022 - 06 - 22）［2022 - 07 - 29］. https：//www. gov. cn/xinwen/2022 - 06/22/content_5697160. htm.

[3] 傅思明. 乡村振兴相关政策一本通 [M]. 北京：人民出版社，2022：180 -188.

[4] 中国网. 新闻办就《乡村振兴战略规划（2018—2022年)》有关情况举行新闻发布会 [EB/OL]. (2018-09-29) [2022-07-30]. https：//www. gov. cn/xinwen/2018-09/29/content_5326689. htm♯1.

[5] 全国人大常委会. 中华人民共和国乡村振兴促进法 [EB/OL]. (2021-04-30) [2022-07-30]. https：//www. gov. cn/xinwen/2021-04/30/content_5604050. htm.

[6] 任大鹏.《乡村振兴促进法》的鲜明特点与现实意义 [EB/OL]. (2021-09-30) [2022-07-30]. https：//www. gmw. cn/xueshu/2021-09/30/content_35207060. htm.

[7] 侯雪静. 巩固拓展脱贫攻坚成果加快推进脱贫地区乡村全面振兴——中央农办负责人就《中共中央　国务院关于实现巩固拓展脱贫攻坚成果同乡村振兴有效衔接的意见》答记者问 [N/OL]. 2021-03-23 [2022-07-30]. https：//szb. farmer. com. cn/2021/20210323/20210323_001/20210323_001_6. htm.

[8] 新华社. 中共中央　国务院关于建立健全城乡融合发展体制机制和政策体系的意见 [EB/OL]. (2021-05-05) [2022-07-31]. https：//www. gov. cn/zhengce/2019-05/05/content_5388880. htm.

[9] 冀笑琰，刘畅. 对《关于建立健全城乡融合发展体制机制和政策体系的意见》的解读 [EB/OL]. (2019-05-28) [2022-07-31]. http：//www. risinglawyer. com/page56? article_id=4725.

[10] 新华社. 中共中央　国务院关于保持土地承包关系稳定并长久不变的意见 [EB/OL]. (2019-11-26) [2022-07-31]. https：//www. gov. cn/zhengce/2019-11/26/content_5455882. htm.

[11] 乔金亮. 农村土地承包："两不变、一稳定" [N/OL]. 2019-11-29 [2022-07-31]. http：//paper. ce. cn/jjrb/html/2019-11/29/content_407015. htm.

[12] 国务院. 国务院关于促进乡村产业振兴的指导意见 [EB/OL]. (2019-06-28) [2022-07-31]. https：//www. gov. cn/zhengce/content/2019-06/28/content_5404170. htm.

[13] 新华社. 中共中央办公厅　国务院办公厅印发《乡村建设行动实施方案》 [EB/OL]. (2022-05-23) [2022-07-31]. https：//www. gov. cn/zhengce/2022-05/23/content_5691881. htm.

[14] 河南省乡村振兴局. 建设宜居宜业美丽乡村——权威解读《乡村建设行动实施方案》[EB/OL]. (2022-06-09) [2022-07-31]. https：//www. henan. gov. cn/2022/06-09/2464727. html.

[15] 教育部. 巩固拓展教育脱贫攻坚成果　全面推进乡村振兴战略——教育部发展规划司负责人就制定颁布《关于实现巩固拓展教育脱贫攻坚成果同乡村振兴有效衔

接的意见》答记者问［EB/OL］.（2021－05－18）［2022－07－31］.http：//www.moe.gov.cn/jyb_xwfb/s271/202105/t20210518_532147.html.

［16］教育部等四部门.教育部等四部门关于实现巩固拓展教育脱贫攻坚成果同乡村振兴有效衔接的意见［EB/OL］.（2021－05－14）［2022－07－31］.http：//www.moe.gov.cn/srcsite/A03/s7050/202105/t20210514_531434.html.

［17］中国教育报.从脱贫攻坚到乡村振兴，10年来，教育部直属高校全情投入、积极作为——定点帮扶高质量"答卷"这样交出［EB/OL］.（2022－07－27）［2022－07－31］.http：//www.moe.gov.cn/fbh/live/2022/54688/mtbd/202207/t20220727_649107.html.

［18］安徽省人力资源和社会保障厅.《关于切实加强就业帮扶巩固拓展脱贫攻坚成果助力乡村振兴的实施意见》宣传解读方案［EB/OL］.（2022－01－04）［2022－08－02］.https：//xczxj.ah.gov.cn/public/6595771/8732731.html.

［19］安徽省医保局办公室.安徽巩固拓展医疗保障脱贫攻坚成果有效衔接乡村振兴战略［EB/OL］.（2022－01－04）［2022－08－02］.https：//xczxj.ah.gov.cn/public/6595771/8732680.html.

［20］安徽省教育厅.《安徽省实现巩固拓展教育脱贫攻坚成果同乡村振兴有效衔接的实施方案》政策解读［EB/OL］.（2022－01－04）［2022－08－02］.https：//xczxj.ah.gov.cn/public/6595771/8732684.html.

［21］安徽省乡村振兴局.《关于进一步健全防止返贫动态监测和帮扶机制的通知》政策解读［EB/OL］.（2022－04－18）［2022－08－03］.https：//xczxj.ah.gov.cn/public/6595771/8730881.html.

［22］高强，曾恒源.巩固拓展脱贫攻坚成果同乡村振兴有效衔接：进展、问题与建议［J］.改革，2022（4）：99－109.

［23］张克俊，付宗平，李雪.全面脱贫与乡村振兴的有效衔接——基于政策关系二重性的分析［J］.广西师范大学学报（哲学社会科学版），2020，56（6）：7－20.

［24］张明皓，叶敬忠.脱贫攻坚与乡村振兴有效衔接的机制构建和政策体系研究［J］.经济学家，2021（10）：110－118.

［25］高强.脱贫攻坚与乡村振兴有效衔接的再探讨——基于政策转移接续的视角［J］.南京农业大学学报（社会科学版），2020，20（4）：49－57.

［26］杨若兰.乡村振兴视域下的相对贫困研究现状与展望——基于CiteSpace的知识图谱分析［J］.甘肃农业，2022（5）：47－53.

第 2 部分
地方高校举措

第4章　地方高校推动脱贫攻坚与乡村振兴有效衔接的理论逻辑及实现路径

实施乡村振兴战略，是党的十九大作出的重大战略决策，是中国特色社会主义新时代"三农"工作的总抓手。打赢脱贫攻坚战，是党的十九大明确的决胜全面建成小康社会必须打好的三大攻坚战之一，对如期全面建成小康社会，实现第一个百年奋斗目标具有决定性意义。打赢脱贫攻坚战与实施乡村振兴战略，是新时代补齐全面建成小康社会短板，化解发展不平衡不充分突出问题的重要途径，是2020年决胜全面建成小康社会的重要决策部署。当前，推动脱贫攻坚与乡村振兴有效衔接是地方高校不可绕过的责任与使命，地方高校作为我国高等教育的重要组成部分，是我国实现脱贫攻坚与乡村振兴有效衔接的重要力量，其教育、人才、科技和智力是推进脱贫攻坚与乡村振兴有效衔接不可缺失的重要资源。理清脱贫攻坚与乡村振兴有效衔接的理论逻辑，准确把握地方高校在推进脱贫攻坚和乡村振兴有效衔接进程中的责任与使命，找准推动脱贫攻坚和乡村振兴有效衔接的方法和路径，对于地方高校扎根中国大地办大学，进一步服务国家重大发展战略，实现高质量发展，具有重要的现实意义和深远的历史意义。

4.1　地方高校推动脱贫攻坚与乡村振兴有效衔接的理论逻辑

4.1.1　地方高校推动脱贫攻坚与乡村振兴有效衔接的战略目标具有统一性

脱贫攻坚的目标是为了解决绝对贫困，是"到2020年，稳定实现农村贫困人口不愁吃、不愁穿，义务教育、基本医疗和住房安全有保障。实现贫困地区农民人均可支配收入增长幅度高于全国平均水平，基本公共服务主要领域指标接近全国平均水平"。

乡村振兴的总目标是实现农业农村现代化，是"到 2050 年，乡村全面振兴，农业强、农村美、农民富全面实现"。脱贫攻坚着眼于第一个一百年奋斗目标，即全面建成小康社会。乡村振兴是党和国家站在新的历史方位，面向第二个一百年奋斗目标，即建成社会主义现代化强国做出的关于"三农"问题的战略部署。

地方高校服务社会的战略宗旨是什么？习近平总书记已经作出科学论断，那就是要坚持教育为人民服务、为中国共产党治国理政服务、为巩固和发展中国特色社会主义制度服务、为改革开放和社会主义现代化建设服务。因此，为了实现国家"两个一百年"奋斗目标的重大战略部署，地方高校责无旁贷，义不容辞。换句话说，脱贫攻坚、乡村振兴三者统一于"两个一百年"奋斗目标。

地方高校推动脱贫攻坚与乡村振兴有效衔接具有统一性，具体表现在目的、方法和保障机制三个方面。一从目的看，无论是脱贫攻坚还是乡村振兴，都有脱贫职能，尽管在工作方法、脱贫程度等方面有所差异，但这种差异性更多是源于中国共产党对中国经济发展形势和阶段的正确把握与目标确定的阶段性特征。在全面建成小康社会阶段设立脱贫攻坚目标是为了消灭绝对贫困，而在全面建成现代化强国的愿景目标中，乡村振兴作为现代化强国的重要组成部分，目标是实现农业农村全面现代化，消灭相对贫困。两者的目的一致，即消灭贫困，实现共同富裕，这既是社会主义本质要求，更是中国共产党以人民为中心的立场一致性体现。地方高校肩负着社会服务的职能，因此有责任有义务推动脱贫攻坚与乡村振兴有效衔接。二从方法层面看，脱贫攻坚方法主要有精准扶贫方略、产业扶贫等多种扶贫措施，乡村振兴则有产业振兴等五大振兴措施作为抓手。脱贫攻坚虽然看起来方法种类较多，但可以归为产业、生态、人才、文化、组织和社会六大类，与乡村振兴提出的五大振兴大致相同，乡村振兴是对脱贫攻坚工作的进一步细化和归类。地方高校拥有的教育、人才、科技和智力等资源优势，能够采取针对性举措推动脱贫攻坚与乡村振兴有效衔接。三从保障机制看，脱贫攻坚与乡村振兴几乎相同，都主要集中在政策支持、组织领导和考核机制上，地方高校服务脱贫攻坚与乡村振兴主要集中在智力技术支持、组织领导和考核机制方面，总体来看，两者保障机制的核心内容大体相同。

4.1.2 地方高校推动脱贫攻坚与乡村振兴有效衔接的重点内容具有共融性

脱贫攻坚与乡村振兴都着眼于"三农"问题，从产业发展、基础设施建设、基层治理、民生保障以及体制机制等方面做出了制度性安排，如发展特色优势产业是产业扶贫的重要手段，也是产业兴旺的必然选择。生态环境的有效整治改善了部分贫困地区的生产生活状况，是脱贫攻坚生态扶贫的重要手段，也是乡村振兴绿色可持续发展以及生态宜居的重要内容。易地搬迁扶贫既是解决"一方水土不能养一方人"问题的有效手段，同样也是顺应村庄发展规律，分类推进乡村建设，统筹解决村民生计、基础设施建设等问题的重要形式。基层党建不仅将党的政治优势和组织优势转化为脱贫攻坚的重要动力，也为乡村振兴提供了强大的组织保障，夯实了党执政的群众基础，推动了乡村治理水平的提升。住房、养老、医疗等社会保障兜底既是脱贫攻坚的重要组成部分，也是乡村振兴战略中城乡基本公共服务均等化的重要指标。需要指出的是，脱贫攻坚中的产业兴旺是产业扶贫的升级版，而生态宜居则是生态扶贫的优化提升，在基层党建、社会保障兜底、基础设施建设等农业农村发展的重要方面，乡村振兴提出了较脱贫攻坚更高的要求，两者重点内容存在梯度跟进和优化升级的共融性关系。

地方高校主动推进理念和思维的升级迭代，积极探索新时代助力脱贫攻坚和乡村振兴的经验模式，围绕人才、智力、技术、教育、产销等环节，打造出重情怀扶教育、重培训扶人才、重技术扶产业、重消费扶增收等系列帮扶体系，其重点内容同样与脱贫攻坚和乡村振兴存在共融性。

4.1.3 地方高校推动脱贫攻坚与乡村振兴有效衔接的发展阶段具有接续性

地方高校服务社会与脱贫攻坚和乡村振兴具有高度接续性。两者都是中国共产党一心一意为人民谋幸福的具体体现，都是致力于解决民族复兴和我国经济社会发展过程中的短板问题。从地方高校助力脱贫攻坚战略与乡村振兴战略的发展节点来看，两者具有高度的接续性。

新中国成立以来，我国地方高校走出了一条从无到有不断壮大的发展过程，特别是改革开放 40 余年来，地方高校不断拓展社会服务功能，调整学科专业，努力适应经济和社会发展需要，加强科学研究，增强服务社会能力，通过产学研用结合，促进教育与生产劳动相结合，在国民经济和社会发展中发挥着重要作用。就脱贫攻坚和乡村振兴而言，中国共产党始终带领人民持续向贫困宣战，经过改革开放以来的不懈努力，成功走出了一条中国特色扶贫开发道路。党的十八大以来，党中央将脱贫攻坚摆在了更加重要的位置，以更大的决心、更强的力度持续推进，《中共中央 国务院关于打赢脱贫攻坚战的决定》等一系列重要文件的发布，吹响了脱贫攻坚战的冲锋号，"乡村兴则国家兴、乡村衰则国家衰"已成为全社会的共识。综此分析，地方高校服务社会与脱贫攻坚战略和乡村振兴战略发展阶段具有高度的接续性。

4.1.4 地方高校服务社会与脱贫攻坚和乡村振兴参与主体具有一致性

我国在脱贫攻坚实践中充分调动了政府、市场、社会三种力量，形成了党政主导、行业协同、社会参与、群众主体"四位一体"的大扶贫格局。党和政府作为脱贫攻坚的政策供给主体和实施主体，充分发挥了主导作用，将脱贫攻坚作为政府的头号工程和头等任务纳入社会经济发展规划，引导各种要素向扶贫领域聚集，使精准扶贫从政策制定到落实都有制度保障，在资金、人力、技术和智力投入等方面有资源保障。贫困群众主体地位的发挥，激发了贫困群众的内生动力和发展意愿，将贫困户发展积极性的内因与精准扶贫各项政策帮扶的外因相结合，使贫困地区脱贫具有可持续性。乡村振兴在坚持"四位一体"格局的同时，更加强调人民群众在战略实施过程中的主体地位，《中共中央　国务院关于实施乡村振兴战略的意见》将"坚持农民主体地位"确定为乡村振兴战略的一项基本原则，要求"充分尊重农民意愿，切实发挥农民在乡村振兴中的主体作用"。乡村的发展与振兴根本上取决于农民，无论是脱贫攻坚还是乡村振兴都以维护农民群众的根本利益为出发点和落脚点，强调激发农民的主体意识、发挥农民的主体作用、强化农民的自我发展能力，以实现农村内源式发展为根本遵循。

地方高校服务社会与脱贫攻坚和乡村振兴参与主体具有一致性主要表现在社会参与方面，从党政主导、行业协同、社会参与、群众主体"四位一体"的大扶贫格局来看，地方高校无疑是社会参与主体的重要力量，主要原因有：一是地方高校能够提供智力支持。巩固拓展脱贫攻坚成果需要专业人才的参与和谋划，这一点需求与高校的现有资源完全吻合。二是地方高校能够提供技术支撑。脱贫地区还存在着产业链不长、数字技术运用不广等问题，地方高校通过自身技术平台和中心，以拓展帮扶地区的产业链、拓宽数字技术运用渠道、创新医疗教育政务服务形式，能够更加有效地衔接脱贫攻坚成果和乡村振兴工作。三是地方高校能够提供专业人才。高校不仅可以为定点帮扶区提供智囊支持，还可以为帮扶区提供素质过硬的专业人才。四是地方高校能够提供消费动力。地方高校体量较大，师生员工较多，且师生员工对于现代信息技术掌握较好，是定点帮扶区特色农产品的潜在消费群体。

4.1.5　地方高校服务社会与脱贫攻坚和乡村振兴体制机制具有互促性

地方高校无论是普遍意义上的服务社会，还是促进脱贫攻坚与乡村振兴有效衔接，都要靠体制机制来保障。脱贫攻坚的三大机制是东西部扶贫协作机制、定点扶贫机制和社会力量参与机制。脱贫攻坚之所以取得决定性进展，关键在于党的领导和体制机制创新，形成了中央统筹、省负总责、市县乡抓落实的工作机制，构建了党政主导、行业协同、社会参与、群众主体"四位一体"的大扶贫格局。经过几年的持续攻坚，脱贫攻坚战略形成了行之有效的领导体制和工作机制，展现出了巨大的政治优势和制度优势，为乡村振兴奠定了工作基础和保障。实施乡村振兴战略，可以充分吸取这些经验，嫁接这套工作机制，并加以转化吸收。同时，加强党对"三农"工作的领导，引导各类人才投身乡村振兴，也有利于巩固脱贫攻坚成果，有效防止返贫。

近年来，地方高校坚持发挥自身特色优势，促进扶贫同扶志、扶智有机结合，在脱贫攻坚中彰显出独特价值，形成具有"高校品牌"的扶贫路径。构建助力脱贫攻坚的长效体制机制，需要地方高校在建立扶贫工作联盟、提供人才和产业支持、建立健全教育扶贫评价体系、促进校地互动发展共赢等方面进行突破。为此，教育部等四部门提出《关于实现巩固拓展教育脱贫攻坚成果同乡村振兴有效衔接的意见》，明确要求把教育脱贫攻坚体制机制延续到巩固拓展脱贫攻坚成果和乡村振兴上来，建立健全巩固拓展义务教育有保障成果长效机制，建立健全农村家庭经济困难学生教育帮扶机制，做好巩固拓展教育脱贫攻坚成果同乡村振兴有效衔接重点工作，延续完善巩固拓展脱贫攻坚成果与乡村振兴有效衔接的对口帮扶工作机制。

4.2　地方高校推动脱贫攻坚与乡村振兴有效衔接的现状分析

不可否认，地方高校在推动脱贫攻坚与乡村振兴有效衔接进程中有着自身优势，做了大量的工作，但同时也存在培养的专业化人才不接地气、服务乡村振兴科技人员的激励措施不到位、学科专业对接地方产业不精准、科研成果转化率不高等现实问题。

4.2.1　地方高校推动脱贫攻坚与乡村振兴有效衔接的实践梳理

在推动脱贫攻坚与乡村振兴有效衔接过程中，地方高校不仅能够结合人才、智力等方面的自身优势服务地方发展，而且在国家政策环境的大背景下，运用脱贫攻坚期间积攒下的宝贵经验，针对乡村振兴实施精准服务，为地方乡村振兴繁荣发展做出了应有的贡献。

1. 以组织振兴为制高点，引领脱贫攻坚与乡村振兴有效衔接

当前，地方高校在助力乡村组织振兴方面的措施主要包括选派"第一书记""大学生村官"等。以选派"第一书记"为例，"第一书记"的选派不仅对于地方党组织建设起到了推波助澜的作用，同时对于选派为"第一书记"的人员也是一种身心的双重历练。"第一书记"在选派到地方时从课堂第一责任人变为基层党组织第一责任人，工作对象从较高学历的青年学生变为朴实的农村百姓，无疑对其是一种意志上的考验。尽管"第一书记"在工作中有着学识、认知、目标以及利益上不对等的矛盾，但同时也存在着思想活跃、方法先进、文化水平高、理论知识强的自身优势。因此，"第一书记""大学生村官"等作为地方高校助力乡村组织振兴的一把"利剑"，能够不断结合国内政策大环境与现实条件，积极宣传组织建设理论知识，使高校在党建上的理论优势得以与农村党建实践优势相互结合，为乡村基层组织的发展和国家治理体系的完善起到良好的保障作用。

2. 以文化振兴为支撑点，助力脱贫攻坚与乡村振兴有效衔接

我国城乡发展不平衡的一个重要原因是城乡文化发展存在差异。以文化振兴为突破点，推动脱贫攻坚与乡村振兴有效衔接对于地方高校来说不仅是应有的责任，而且是地方高校理论与实践相结合的重要机遇。地方高校助力乡村文化振兴可分为文化资

源助力、志愿实践助力两大类。文化资源助力，即利用地方高校强大的文化资源储藏量向乡村进行输出，最为典型的就是地方高校图书馆助力乡村文化振兴。地方高校图书馆蕴藏着多个专业门类强大的文化资源，在助力乡村振兴发展中，能够发挥馆藏文献资源优势。与此同时，图书馆还拥有信息化时代优秀的人才资源优势以及服务农村信息化发展的技术优势，地方高校图书馆在助力乡村文化振兴中的作用不容小觑。此外，地方高校志愿实践在服务乡村文化振兴中也起到了重要作用。地方高校共青团组织作为青年思想引领和志愿活动的聚集地，搭建了思想育人、文化育人和实践育人的"知农爱农"平台，众多地方高校依托高校文化育人平台，通过开展乡村振兴青年讲师团宣讲、美育服务乡村振兴的课程共享和数字化平台创设、暑期三下乡志愿实践服务等活动，履行了地方高校服务地方文化发展的责任。

3. 以人才振兴为创新点，激发脱贫攻坚与乡村振兴有效衔接

目前，地方高校面向乡村人才振兴进行校地合作输送人才模式多种多样，针对专家教师、党政干部和学生都有不同的选派机制。地方高校通过选派"第一书记"、科技特派员、专家教师等对地方党建工作、行政管理和产业发展项目进行指导，并根据基层工作需要有针对性地进行人才培养；通过遴选村干部、选调生等为地方党政领导干部培养后备人选，加强基层组织力量，为思想政治工作和文化教育工作开展提供有力保障；通过选派大学生支教团、暑期社会实践工作队等为乡村发展调研反馈工作注入新鲜血液，为更清晰地进行社会公共管理研究提供调研数据支持。与此同时，地方高校还充分利用自身发展优势，对党政干部、农业带头人、新型职业农民等新型经营主体进行培养教育。许多高校发挥内设继续教育学院、马克思主义学院、创新创业学院等机构作用，为地方党政干部和新型职业农民进修培养和创业教育提供场所和人力资源保障；开设电商、物流、物联网等人才培训班，为农业经济组织带头人和产业带头人提供专业技术教育。

地方高校应主动对接科技创新主战场，推动学科发展与未来科技布局相一致、与重大创新方向相匹配，打造集原始创新、技术研发、成果转化为一体的全链式创新生态系统，重点在地方经济社会发展中取得原创性突破。通过深化校地、校企融合共生，促进创新主体协同、创新要素流动以及创新资源共享，共同抢占农业科技创新制高点，提高农业科技成果转化成效。

4. 以产业振兴为突破点，推动脱贫攻坚与乡村振兴有效衔接

乡村要振兴，最根本的是要促进乡村产业的发展。针对我国乡村产业发展，其占比较大的仍然是第一产业和第二产业。地方高校在助力乡村产业振兴的过程中，通过项目引进、项目指导、专业人才培养等相关措施促进了乡村产业的发展。在项目引进上，地方高校依托自身产业项目申报的专业优势，联动地方成立了"乡村振兴产业研究院""教授工作站""科技小院"等机构，引导研究人员长期扎根农业农村生产一线，深入推进校地产学研用合作新模式构建，引进农村产业高质量发展项目，促进地方高

校科技成果高效率转化。与此同时,地方高校还对乡村原生产业项目和创业孵化项目进行技术、管理等多维度指导,大力推动乡村特色产业发展,着力促进构建"一乡一业,一村一品"的农业产业格局,助力乡村产业振兴。

5. 以生态振兴为关键点,巩固脱贫攻坚与乡村振兴有效衔接

党的十八大以来,中央就将生态文明建设作为统筹推进经济社会发展的重要内容之一。"绿水青山就是金山银山"的发展理念为脱贫攻坚指明了新的方向。一直以来,生态扶贫作为精准扶贫政策的一部分,在推进农村生态修复和扶贫开发中起到了重要作用。在实践中,生态扶贫是精准扶贫战略中实施力度最大,影响范围最广泛的项目之一。中共中央、国务院在《中共中央 国务院关于实施乡村振兴战略的意见》中指出,生态扶贫与生态振兴紧密相连,通过生态扶贫实现生态宜居和生态振兴。乡村振兴是一项长期的历史任务,在脱贫攻坚过程中如何将其与生态扶贫进行结合,为两者的衔接构建一个统筹机制,是生态文明建设必须关注的现实问题。乡村振兴,生态宜居是关键,影响制约着其他四个方面的振兴。以美丽乡村建设为导向提升生态宜居水平,以产业生态化和生态产业化为重点促进产业兴旺,以生态文化培育为基础增进乡风文明,以生态环境共建共治共享为目标推动取得治理实效,更好满足人民群众日益增长的美好生活需要。良好生态环境是农村最大优势和宝贵财富。必须尊重自然、顺应自然、保护自然,推动乡村自然资本加快增值,实现百姓富、生态美的统一。生态环境保护是脱贫攻坚的重要手段,也是乡村振兴的长远举措,脱贫攻坚与乡村振兴具有内在的一致性,生态环境保护就是两者相互衔接的关键点。

地方高校通过绿色农业生产经营技术的研发推广,促进农村发展与优美生态环境相融合;参与乡村建设规划设计,营造舒适宜居的生活环境;丰富生态产品形态和提升服务质量,帮助乡村开拓生态产业市场,推进生态产业发展,实现生态扶贫和生态振兴的有效衔接,促进经济效益与社会效益和谐统一。

地方高校通过实施组织振兴、文化振兴、人才振兴、产业振兴和生态振兴等帮扶助力行动,有效推动了脱贫攻坚与乡村振兴紧密衔接,做到了五个转变:一是在行动上做到了从"触及表面"到"深扎乡村"的转变;二是在机制上做到了从"单一扶贫"到"融合扶贫"的转变;三是在动力上做到了从"外源输入"到"激发内生"的转变;四是在目标上做到了从"脱贫兜底"到"乡村振兴"的转变,五是在范围上做到了从"点状分布"到"全面辐射"的转变。

4.2.2 地方高校推动脱贫攻坚与乡村振兴有效衔接的问题分析

剖析地方高校推动脱贫攻坚与乡村振兴有效衔接需要解决的问题,除了体制机制外,还存在科技成果转化率低、学科专业对接地方产业错位等系列问题。

1. 地方高校科技成果转化与乡村亟需科学技术不匹配

科学技术是第一生产力。从一家一户的分散经营到如今的现代规模化农业产业园

区种植,特别需要科技助农和科技兴农。乡村振兴需要大量科技成果的支持,才能真正提升效率与质量,特别是在城镇化发展背景下,我国农村普遍出现"空心村""老人农业"的现象,老年人成为农村种植的主体,其对农业科技的接受能力弱,缺乏科学文化素养,较少接受先进的农业技术。我国农业生产以家庭承包为主体,经营分散,无法承担规模化、产业化种植,农业、农村和农民迫切需要科学技术。地方高校涉农科技成果多,但受制于各种因素影响,涉农科技成果往往是束之高阁,缺乏有效的转化推广。究其原因,高校、地方政府以及企业等主体的协同性不强,高校的主体意识尚未清晰地得到明确,未能较为融洽地将科研成果与现实农业需求相对接。涉及成果转化的项目在体系构建和设计时未能科学地考虑理论与实践融合的障碍,包括在转化平台、方式以及保障监督方面的工作程度还较为浅显,这就导致地方高校的科研成果产出主动接入性不够强,转化率不够高。

2. 地方高校科技人员技术投入与相关激励政策不匹配

针对服务乡村振兴的大量科技人员,部分高校缺乏激励政策,涉及资金项目申报等方面的"福利"也捉襟见肘,而对科技奖项、获批国家项目的奖励动辄几十万元,甚至上百万元。在关乎教师命运的职称晋升文件中,也难以找到服务乡村振兴作为晋职条件的明确表述。一些科技人员即便是有志于开展关于农业、乡村问题的研究,或者是投身于服务乡村振兴的实践,但面对繁重的教学、科研任务,面对职称晋升的压力,只好放弃初衷,弯腰低头去跑项目,绞尽脑汁来写论文,加之服务乡村振兴需要旷日持久,难以形成教师评价所需的业绩成果。缺少足够的激励措施,是导致地方高校科技人员投身乡村振兴服务积极性不高的重要原因。

3. 地方高校科技成果供给与乡村实际需求不匹配

目前,除了地方高校科技成果不能有效转化外,还存在科技成果实际转化效果差的问题,这主要是因为农业科技成果转化经历的周期长,需要经过验证、试验、成果鉴定、成果推广等多项程序,从农业科技理论成果孵化为具体的应用成果往往就需要好几年,而农业生产是根据消费市场的需求进行调整的,近年来出现的农作物新品种等都是为了满足市场而种植的。地方高校科技成果中,部分成果是高校科研课题,是在实验室研发试验的,很多情况下不是针对实际的农业问题而进行的,导致地方高校科技成果对支撑农业产业发展的有效性不足,难以满足现实农业生产的需求。

4. 地方高校学科专业与乡村产业对接不匹配

产业振兴是实现乡村振兴的重点,推动乡村振兴要构建起现代农业产业的生产经营体系,促进一二三产业深度融合与产业结构优化调整,带动农民增收和消费升级。当前,乡村产业发展困境是产业规模化经营不够,发展后劲不足,大部分区域依然是传统小规模种植、粗放型管理、分散化经营,很难形成稳定的特色主导产业。产业品牌建设落后,品牌知名度不高,不具备价格竞争优势。产业链价值链延伸不够,一些区域仍以原品出售、简单初加工或小作坊的形式为主，在生产、加工、存储、销售等环节连接不够紧密，未形成良性循环的产业链和价值链。另外，农业产业发展缺少龙头企业带动，没能构建起经营主体与小农户的紧密利益联结机制。面对当前乡村产业发展存在的问题，地方高校学科专业建设受制于教育体制内的诸多因素影响，偏重于人才培养方案，在学科专业建设的社会需求、动态优化和前瞻目标上明显滞后于经济社会发展，造成地方高校学科专业与乡村产业对接不匹配。

4.3　地方高校推动脱贫攻坚与乡村振兴有效衔接的责任与使命

脱贫攻坚与乡村振兴有效衔接需要地方高校参与，这是地方高校推动脱贫攻坚与乡村振兴有效衔接的必要性和可行性决定的，也是地方高校推动脱贫攻坚与乡村振兴有效衔接的责任与使命。

4.3.1　地方高校推动脱贫攻坚与乡村振兴有效衔接的必要性和可行性

1. 地方高校推动脱贫攻坚与乡村振兴有效衔接的必要性

地方高校是我国经济和社会发展的重要力量，其所拥有的教育、科技、人才、智力等优势，是实现脱贫攻坚与乡村振兴有效衔接的重要资源和核心推动力。脱贫攻坚与乡村振兴高质量推进的需求和地方高校所具备的优势特色高度契合，为地方高校推动脱贫攻坚与乡村振兴有效衔接提供了广阔舞台。一是推动脱贫攻坚与乡村振兴有效衔接是地方高校坚持正确办学方向的必然要求。地方高校是中国特色社会主义高等教育的重要组成部分，其发展方向必然要同我国发展的现实目标和未来方向紧密联系在一起，扎根中国大地办大学，积极为社会主义建设和经济社会发展服务。推动脱贫攻坚与乡村振兴有效衔接是党中央着眼中华民族伟大复兴伟业做出的战略部署，是党中央做好新时期"三农"工作、实现共同富裕奋斗目标的重要抓手。地方高校坚持正确办学方向就是要积极贯彻落实党中央战略部署，积极发挥自身优势和特色，切实做到"四个服务"，主动融入脱贫攻坚与乡村振兴战略，在推动脱贫攻坚与乡村振兴有效衔接中担当作为。二是推动脱贫攻坚与乡村振兴有效衔接是地方高校实现高校基本职能的必然要求。高校基本职能的界定和作用发挥是高校推动自身建设的重要内容。中国特色社会主义高校肩负着人才培养、科学研究、社会服务、文化传承创新、国际交流合作的重要使命，这五大基本职能之间相辅相成、相得益彰，共同支撑现代大学建设与发展。其中，社会服务既是地方高校基本职能之一，也是实现人才培养、科学研究、文化传承创新、国际交流合作等职能的重要载体和渠道，而脱贫攻坚与乡村振兴作为当前"三农"工作的重中之重，作为党中央推动实施的国家战略，必然是地方高校社会服务的重点领域。三是推动脱贫攻坚与乡村振兴有效衔接是地方高校实现自身办学特色和价值的必然要求。在实际工作中，彰显地方高校办学特色必须要紧紧服务好地方经济社会发展，积极推动脱贫攻坚与乡村振兴。从学科设置来看，地方高校学科专业设置、人才培养模式、技术支撑作用、智力帮扶引领等具有较强的实践性和针对性，紧紧契合脱贫攻坚与乡村振兴的现实需要。从脱贫攻坚与乡村振兴有效衔接的需求来看，乡村振兴对比脱贫攻坚是更高层次、更高水平、更高质量的发展，对科技、人才、智力的依赖度更高，需求量更大，急切需要地方高校的科学技术、人才智力等资源的支持和帮扶。

2. 地方高校推动脱贫攻坚与乡村振兴有效衔接的可行性

地方高校推动乡村振兴与脱贫攻坚存在着以内容共融、作用互构和主体一致为表征的互涵式关联，为两者的衔接实践奠定了可行性。具体表现在以下三个方面：一是地方高校产业帮扶是脱贫攻坚与乡村振兴有效衔接的基础。在脱贫攻坚实践中，70%的扶贫资金用于产业扶贫，且带动的脱贫人数也最多。地方高校将学科专业与地方产业扶贫紧紧对接，立足于贫困地区的独特资源禀赋，发展特色产业扶贫，借助产业带动贫困户脱贫，开展以规模化和组织化经营主体带动的产业扶贫，通过合作社、龙头企业、社会化服务组织、村集体与贫困农户，建立联动发展的利益联结机制，实现脱贫，立足于贫困农户自身生计资源和贫困地区生态资源，发展多样化的小农扶贫，实现小农产品与消费市场的有效对接。二是地方高校人才技术支持是脱贫攻坚与乡村振兴有效衔接的关键。为脱贫攻坚提供强大的人才技术保证，是我国特色扶贫的重要经验，其机理在于始终坚守脱贫攻坚与锻炼干部、人才培养有机结合。地方高校发挥人才技术优势帮扶乡村建立乡土人才塑造与外部人才吸纳双重机制，帮助贫困地区实施"一村一幼""一村一医""一乡一全科""一村一农技员""一户一能手"等培训机制，大力培育乡村人才，解决影响并制约农业农村产业发展的关键技术问题。三是地方高校文化引领是脱贫攻坚与乡村振兴有效衔接的保障。脱贫攻坚坚持以人民为中心的发展理念，坚持农民主体地位，激发贫困户的内生动力，由此实现"要我脱贫"到"我要脱贫"的思想转变。地方高校脱贫行动坚持扶贫同扶志、扶智相结合原则，选树典型，宣传典型，通过突出自强不息、自力更生的脱贫致富先进事迹，示范带动贫困群众主动脱贫，针对性地开展扶志教育，通过创办脱贫攻坚"农民夜校"，发扬自尊、自爱、自强精神，帮助贫困群体抵制"等靠要"等不良风气，通过对乡村振兴项目和资源输入机制进行创新，大力弘扬积极进取的传统优秀文化，提高贫困群体的主体意识。

4.3.2 地方高校推动脱贫攻坚与乡村振兴有效衔接的突出优势

"贫穷不是社会主义，社会主义要消灭贫穷。"中国共产党和中国政府一直把缓解和消除贫困，最终实现全国人民的共同富裕作为义不容辞的历史责任。中华人民共和国成立以后，即便是在经济社会发展极其困难的时期，政府也在大力推进扶贫救济。

党的十八大以来，党中央科学部署，充分调动全国全社会力量，打响精准脱贫攻坚战，构建了中央统筹、省负总责、市县乡抓落实的管理体制，建立片为重点、工作到村、扶贫到户的工作机制，实行党政一把手负总责的扶贫开发工作责任制，创造了定点帮扶、东西部协作、专项扶贫、行业扶贫、社会扶贫以及国际合作等多种扶贫开发机制，形成了全国一盘棋的大扶贫格局。目前，各扶贫参与主体所体现的社会责任和行动目标是一致的，但各自的行动逻辑和资源优势却有差异。国家机关、国有企业及金融机构、企事业单位、人民团体、军队和武警部队等开展定点扶贫，既体现了强烈的政治和社会责任，也构成了中国特色扶贫开发工作的重要组成部分。

相对于上述主体的实践行动，地方高校在推进脱贫攻坚和乡村振兴中则体现出一定的突出优势。具体表现在：一是地方高校是科技创新的重要策源地。社会历史发展一再证明，高校是国家和社会创新发展的引擎和源泉，许多重大科技创新成果和技术转化都来源于高校，在助力脱贫攻坚的实践中，高校的科技优势和地方资源禀赋相结合，可以催生许多新业态，培植许多增长点，从而推动帮扶工作向深度和广度延伸拓展。二是地方高校是人才智力资源的聚集地。地方高校不仅拥有专业类别齐全的师资队伍，还能调动广大校友资源，从而形成扶贫开发工作的智囊团。将高校人力资源转化为地方发展动能，有利于进一步优化扶贫工作机制，提升扶贫工作成效。三是地方高校具有将教育与扶志、扶智相结合的独特优势。要从根本上解决农村贫困问题，促进乡村全面振兴，需要一批又一批知农懂农爱农新型人才，需要不断激发农村发展的内生动力。立德树人是地方高校的根本使命，地方高校在现代农业人才培养和教育扶贫中大有可为。四是地方高校具有社会服务的职责使命。社会服务是地方高校的职能之一，促进教学、科研、社会服务协调发展，是地方高校以服务求生存、以贡献求发展的内在要求。地方高校扎根中国大地办大学，就要自觉服务于国家战略、社会需求和人民需要。对于高校来说，参与脱贫攻坚和乡村振兴不仅是政治使命，也是职责使然，理应成为一支重要的帮扶力量，体现出不可替代的比较优势。

4.4 地方高校推动脱贫攻坚与乡村振兴有效衔接的实现路径

回答地方高校推动脱贫攻坚与乡村振兴有效衔接的实现路径，首先要理清以下五个在逻辑上存在递进关系的辩证问题：什么是脱贫攻坚与乡村振兴的有效衔接？脱贫攻坚与乡村振兴为什么要有效衔接？脱贫攻坚与乡村振兴有效衔接存在哪些问题？脱贫攻坚与乡村振兴有效衔接为什么要有地方高校参与？地方高校如何推动脱贫攻坚与乡村振兴有效衔接？前三个问题，学术界有很多成熟观点，脱贫攻坚与乡村振兴的有效衔接又进入国家实践层面，这里不再重述。第四个问题已在第三节做了陈述，下面重点研究地方高校如何推动脱贫攻坚与乡村振兴有效衔接问题。

4.4.1 地方高校推动脱贫攻坚与乡村振兴有效衔接的实现路径

地方高校作为脱贫攻坚与乡村振兴有效衔接的一支重要力量，基于比较优势在实践中积极探索形成有效模式，固化为可复制可推广成果，这既是地方高校在新时代的积极作为和担当，也是地方高校服务国家重大战略的具体实践。为发挥典型案例的示范带动作用，下文在论述过程中将有针对性地介绍安徽科技学院的特色做法。

1. 强化思想认识，夯实推动脱贫攻坚与乡村振兴有效衔接的政治基础

地方高校要及时成立推动脱贫攻坚与乡村振兴有效衔接工作领导小组，全面加强地方高校党委对乡村振兴工作的领导，确保地方高校成为服务国家重大战略的坚强阵地，引导师生按照"四个服务"的要求，时刻保持"时不我待，只争朝夕"的精神状态，自觉投入脱贫攻坚与乡村振兴主战场，切实提升政治站位，把推动脱贫攻坚与乡村振兴有效衔接放在实现"两个一百年"奋斗目标实现中华民族伟大复兴的战略高度上统筹安排，充分考虑二者目标一致性、工作连续性和阶段性统一，以高度的政治责任感投入脱贫攻坚和乡村振兴实践。

加强地方高校党建扶贫工作，增强基层党组织在脱贫攻坚中的引领作用，做好地方高校推动脱贫攻坚与乡村振兴有效衔接的重心转移，及时将高校党建扶贫转向促进乡村组织振兴重心上来，真正实现高校党组织与乡村基层党组织"同频共振"引领乡村发展。一是推进党建结对互助，拓展党员实践活动基地，继续深入推进地方高校党组织与乡村党组织的结对共建工作，探索拓展党员实践活动基地，深入开展党建活动，做到与对接点需求和资源禀赋结合、与地方高校学科专业特点和优势结合、与结对基层党组织需要和特点结合，因地制宜开展党建帮扶结对工作，带动基层组织能力提升。二是创新互动方式，建立长效工作机制，根据地方需要开展理论培训和技术服务等，运用互联网平台开展"云端"主题党日活动、专题培训等，形成线上线下相结合的互助方式。选派青年教师和干部到基层挂职锻炼，建立健全挂职干部人才纳入干部工作队伍建设整体机制，把乡村基层一线作为锻炼干部、培养后备力量的主战场，进一步完善挂职干部管理考核和激励机制，激励干部主动担当作为，充分发挥桥梁作用。三是汇聚社会资源，实现协同共助。地方高校在开展党建互助工作的同时，要充分了解乡村资源禀赋、特色产业状况和未来发展需求，同时联合校友企业及社会资源以谋求更大范围的合作，实现以基层党建引领乡村振兴。

安徽科技学院十分重视脱贫攻坚与乡村振兴有效衔接工作，成立由党委书记和校长任组长，副校级领导任副组长，相关职能部门负责人为成员的乡村振兴工作领导小组。领导小组认真贯彻落实上级有关乡村振兴工作方针政策与决策部署，对全校乡村振兴工作进行系统谋划、统筹推进，确保乡村振兴工作落到实处。将学科专业紧紧对接乡村产业，及时组建16个服务地方发展研究院。出台了《服务乡村振兴战略行动方案（2019—2022年）》，推出了科学研究支撑行动、技术创新攻关行动、能力建设提升

行动、人才培养提质行动、成果推广转化行动、脱贫攻坚助力行动等六大行动方案。学校动物科学学院党委和生命与健康科学学院党委分别与凤阳县黄湾乡吴窑村党总支、凤阳县枣巷镇黄咀村党总支签订了校地党组织结对共建协议，为加快构建基层组织体系、治理体系和服务体系，全面提升乡村基层治理能力和水平，实现乡村振兴夯实了根基。

2. 提供技术支撑，打造推动脱贫攻坚与乡村振兴有效衔接的产业链条

主动把握城乡发展格局发生重要变化的机遇，培育农业农村新产业新业态，打造农村产业融合发展新载体新模式，推动要素跨界配置和产业有机融合，确保乡村一二三产业在融合发展中同步升级、同步增值、同步受益。一是发展壮大乡村特色优势产业。充分利用当地资源优势，结合历史文化要素，合理开发和利用优势特色资源，推动乡村特色产业发展。打造有鲜明特色和独特优势、市场竞争力强的农业优势区，形成特色产业集群，建设现代农产品品牌，以产业振兴推动区域经济繁荣。地方高校要把创意农业发展与美丽乡村建设有机融合，与农业生态建设协调推进，培育一批引人注目的创意农业景观，把"绿水青山"真正变成"金山银山"。二是发展多种类型新业态和新模式。深入推进农村一二三产业融合，大力发展县域富民产业，推进农业农村绿色发展。以第一产业为基础延伸产业链条，拓展到二三产业，打通一二三产业界限，发展新兴业态。地方高校帮扶乡村一二三产业融合发展，就是要培育多种类型的新业态和新模式，通过加快开拓创新、向外延伸拓展的步伐，以新理念、新视角、新举措发展农业新业态，使其成为农村新兴产业增长点，实现多种产业业态融合，推动农林文旅卫一体化发展，使其成为农业农村优先发展、综合发展和高质量转型发展的新动力。三是激活各类资源要素推动乡村产业振兴。地方高校推动脱贫攻坚与乡村振兴有效衔接的核心任务是以质量、绿色、品牌和科技四要素加快农业振兴步伐。围绕质量、绿色、品牌和科技兴农战略，促进农业高质量发展，增强农业整体转型升级和高质量发展的内在动力，实现乡村可持续发展，发展乡村独具特色的优势产业，打造自有农业品牌，逐步建立具有高产品质量、高产业效率、高生产效率、高经营者素质和较强国际竞争力等特征的现代化农业体系。四是帮扶构建现代农业经营体系。培育多元化的乡村产业经营主体，帮助乡村建立农民合作社和家庭农场，并逐步成为乡村产业经营主体，在农资供应、农产品流通、农村服务等环节提供优质服务，积极培育大型农产品加工流通企业，支持流通模式和业态创新，建设国家和地区电子商务平台，与乡村产业经营主体共同组建产业联盟，共同进行研发。如新品种培育、生产技术创新等，在科技成果成功产业化后实现经济效益共享。

安徽科技学院主动服务脱贫攻坚与乡村振兴有效衔接，与相关企业联合攻关农产品现代加工及生态农业、石榴新型发酵饮品加工关键技术集成与产业化示范、稻米制品关键技术集成及产业化、蓝莓保鲜及精深加工关键技术研究及产业化、瓜蒌安全生产及系列深加工产品开发关键技术与产业化示范等技术研发，推动农产品加工业转型

升级。开展农机农艺融合技术研发和融合型装备和技术研发，机收粒玉米新品种选育及高效栽培模式技术集成与示范、南方苜蓿品种筛选及产业化利用技术集成与示范、农作物秸秆基质化利用技术集成与示范等。据统计，近3年围绕乡村振兴战略，形成高质量理论成果15个，申报获批发明专利32项，技术推广、成果转化15项。

3. 突出人才优势，培养推动脱贫攻坚与乡村振兴有效衔接的专业人才

推动脱贫攻坚与乡村振兴有效衔接，人才是关键。要充分利用好农业高校的教育、科研、人才、智力和平台优势，构建适应脱贫攻坚与乡村振兴需要的人才培养大格局。以适应脱贫攻坚与乡村振兴需求的大学生培养、新型职业农民和新型农业经营主体培训、乡村发展管理和规划人才培训三大任务为牵引，将学历教育与非学历教育相结合、校内培训和校外服务相结合、线上教育和线下教育相结合，大力培养脱贫攻坚和乡村振兴人才。要坚持体系化制度化推动，持续不断增强大学生的思想教育和技能教育，引导高校毕业生到基层就业创业；通过科技特派员、博士服务团、专家服务团等方式，引导高校教师带着科学技术、先进理念奔赴脱贫攻坚和乡村振兴主战场，成长为推动脱贫攻坚和乡村振兴的先锋队；以合作培养、短期培训、技术指导等方式，大力开展新型职业农民、新型农业经营主体、农业龙头企业负责人、基层农技员、基层组织管理人员培养培训工作，造就一支下得去、留得住、用得上的高质量工作队伍。特别需要补充的是，地方高校打造农业技术成果推广队伍，能够大大提升科技服务成效。地方高校拥有大量科技成果，且学生队伍数量大，科研团队的资源丰富，可以鼓励学生深入农村推广宣传，提升农业技术成果在农村地区的推广效果，适时组织"脱贫攻坚"假期社会实践活动，组织学生到贫困乡村，针对贫困户出现的农业科技问题进行解答，提供技术指导，帮助贫困户改进生产技术，开展专项技术支持活动，促进成果转化，创新乡村农业生产经营方式，有效提高单位农产品产量，为贫困户早日脱贫提供技术服务支持。地方高校采用高校专家入农田方式，组建高级农业专家服务团，为农业生产提供技术咨询服务，在关键时节为作物种植提供技术服务支持，针对性地开展新品种、新技术推广，让技术服务真正落根乡村，推进乡村振兴。

安徽科技学院积极组织新型农业经营主体、农技骨干、新型职业农民、村干部以及"三农"党政干部等专题培训班，面向乡村基层干部和涉农人员开展成人学历提升教育，近四年开展各级各类培训2万人次，推广新模式、新品种、新技术50项（套）。2019—2020年，联合安徽现代农业职业教育集团成员单位共计开展涉农技术类培训7126人次，学历教育培养农村基层干部及涉农人员2438人，合计培养、培训9564人次。主动与省农业农村厅、地方农业主管部门对接，承担新型职业农民、农业经营主体、"三农"党政干部、村干部等涉农人员的专题培训，2021和2022年各培训4500人次以上。

2018年初，安徽科技学院农业资源与环境学科团队主动与企业对接，共同组建了"绿色水稻种植与加工技术研究科技特派员工作站"，明确提出以"低碳环保的绿色水

稻生产"作为主攻方向，同时转变以往科技特派员"单兵作战"为"团队作战"模式，以全产业链模式为绿色水稻生产提供全方位的技术支撑与管理服务。当年获批为安徽省第三批科技特派员工作站，为专家团队全面助力农业绿色发展、服务乡村振兴战略提供了更广阔的舞台。2021年合作企业自产绿色稻谷3200吨、肉鸭110吨，实现产值1.49亿元、纯收益868万元。科技特派员工作站研究成果"稻鸭共育技术"入选"安徽畜牧业绿色循环十大模式"。稻田养鸭生态模式作为一种环境友好型、资源节约型技术，推广应用前景广阔，已被国家列为重点推广的高效生态农业技术。同时，以技术推广为抓手，工作站和依托企业联手，带动周边800余户农户开展绿色水稻种植，年人均收入高于全县平均水平20%以上，从而带领农户走上了共同富裕的道路。

4. 发掘文化遗产，促进推动脱贫攻坚与乡村振兴有效衔接的文化繁荣

乡村文化的山水文化属性、多元的乡村文化形态和有容乃大的乡村文化精神，让广大农民在这片土地上耕作生息，铸就了中华农耕文明。为此，地方高校要发挥涉文学科优势帮助乡村整理文化遗产，不断促进乡村文化繁荣发展。一是协助乡村把宗族文化传承作为乡村文化建设的一个重要内容，积极参与指导宗族文化活动，借助宗族文化中舞龙舞狮、庙会等传统节日，引导注入新的时代内容，摒除庸俗的内容，提升活动文化品位。树立旧宗祠、新文化理念，把宗祠功能与时代元素接轨，将传统意义上的祭祀祖先和当今村民集聚休闲、文化娱乐、集合议事等有机融合，保护好宗祠文化古迹，彰显传统宗族文化和当代文化相结合而产生的文化魅力，合力推进主流文化和宗族文化有机结合，确保乡村文化建设得到健康和谐发展。二是协助乡村发挥新乡贤在乡村文化振兴中的积极作用。新乡贤是乡村振兴的重要人才资源，他们长期参与或支持乡村建设，在农村经济、文化、社会、生态文明建设等领域作出了积极贡献，得到了群众普遍认可；他们弘扬中华传统美德，践行社会主义核心价值观，热心公益事业，是新文化、新观念、新思想、新技能的传播者，对当地村民起到了引导、教育和示范作用。新乡贤具有强大的号召力，树立好、宣传好新乡贤典范，就能产生"一花引来百花开"的效应，凭借新乡贤的优势，以乡情为纽带，便能吸引更多人才返乡助力乡村振兴。三是协助乡村挖掘民俗文化的时代价值。民俗文化蕴含着传统文化的审美情趣与文化价值，属于农村优秀传统文化的组成部分，具备规范、教化、调节等社会功能，完全能够在涵养社会主义核心价值观的前提下，助力乡村振兴，延承文化基因。比如民俗文化中的乐于助人、诚实友善、和睦团结、孝老爱亲等思想对广大乡民产生的深刻影响，这些美德与当前社会倡导的社会主义核心价值观具备异曲同工之效。因此，挖掘弘扬民俗文化的时代价值，要着力提升广大乡民对民俗文化的高度认同感，营造文明乡风、淳朴民风、良好家风，在确保民俗文化持续发展的同时，焕发时代生机。

安徽科技学院充分发挥明文化研究会的作用，建立淮河文化和明文化产业发展研究基地，开展淮河文化和明文化资源普查，编制淮河文化和明文化产业发展规划，设

立淮河文化和明文化研究课题，加强淮河文化和明文化宣传，为推动淮河文化和明文化相关产业良性循环助力加油。发挥学校坐落在中国农村改革发祥地——凤阳县的优势，加强对"小岗精神"红色文化的研究与弘扬。继续发挥2018年学校拍摄制作并被国家图书馆和国家博物馆收藏的《"大包干"带头人回顾"大包干"口述历史档案》系列视频资料的育人功能，在前期经省教育厅等10家省直单位向全省教育系统推广作为学生国情教育材料的基础上，面向周边省市乃至全国农村中小学推广，把改革创新的种子播撒在中国大地。做好凤阳花鼓的传承创新，作为安徽省和滁州市非遗传承基地标志性成果原创情景剧的《中都鼓韵》，已成功在滁州大剧院及安徽大剧院演出，深受观众喜爱，其中的部分节目还走进了中央电视台综艺频道、湖南卫视等重要媒体平台。

5. 设计远景蓝图，建设推动脱贫攻坚与乡村振兴有效衔接的美丽乡村

国家要求美丽乡村建设要持续改善农村人居环境，促进人与自然的和谐共生，逐步建设生态宜居的美丽乡村，全面推进乡村振兴，加快农业农村现代化，努力建设农业强、农村美、农民富的社会主义新乡村。一是协助乡村持续夯实乡村建设基础，彰显美丽生态乡村。紧扣农村厕所革命、生活污水和垃圾治理、农村水环境整治等现阶段农村人居环境整治提升的重点任务，推动加强村庄环境基础设施建设，为乡村建设筑牢硬件基础。帮助乡村统筹推进农村生活污水治理，实施农村生活污水治理提升行动，合理选择技术路线，因地制宜开展农村生活污水治理。二是协助乡村持续提升民众生活品质，彰显美丽宜居乡村。以优化民众生活感受为宗旨，通过开展村庄清洁行动、提升公共环境质量、实施乡村绿化美化、改善民众住房条件等，铺就乡村建设环境底色。帮助乡村打造美丽庭院、美丽菜园、美丽果园、美丽村景、美丽田园，引导鼓励村民通过栽植果蔬、花木等开展村庄绿化美化。三是协助乡村持续改善乡村村容村貌，彰显美丽人文乡村。挖掘乡村发展软实力，突出提升乡村风貌保护水平、推进乡村文化传承发展、普及文明健康理念、引导民众参与等工作措施，为乡村建设营造人文氛围。帮助乡村推进健康村镇建设，广泛开展乡村健康促进活动，引导农民积极参与，坚持问需于民、问计于民，将村庄环境卫生等要求纳入村规民约。编制村容村貌提升导则，挖掘乡村特色风貌元素，加强村庄建筑特色、风格、色调引导，突出乡村特色和地域特点，加强与农文旅产业发展一体推动，扎实推进特色田园乡村高质量发展，积极推进传统村落保护。四是协助乡村持续健全长效管护机制，彰显美丽现代乡村。建立清单化、专职化、硬性化的长效管护机制，保障农村环境公共设施持续稳定运行、长久发挥作用，推动管护内容清单化。明确地方政府和职责部门、运行管理单位责任，全面建立有制度、有标准、有队伍、有经费、有监督的农村人居环境长效管护机制。帮助乡村编制出台区域农村人居环境整治长效管护规范，制定农村环境基础设施管护地方标准。推动管护队伍专职化，按需配备农村人居环境整治管护队伍，优化运行和维护机制，加强网格化工作体系建设。

安徽科技学院积极探索设施蔬菜肥水一体化研究与示范、畜禽生产—粪污处理—

种植技术集成与示范、农作物减肥减药增效技术集成与示范等。探索畜禽生态健康养殖技术集成与创新、畜禽特色农产品开发及产业化利用技术集成与示范、畜禽无公害养殖技术集成与示范等。已形成高质量成果 13 个，获批"仲兴羊肉"国家地理标志商标，申报获批专利 4 项，技术推广、成果转化 3 项。引导和支持城乡规划、建筑学、风景园林等专业师生利用寒暑假进行设计下乡服务，培养一批了解乡村、热爱乡村、致力于服务乡村的设计人员。认真落实《农村人居环境整治三年行动方案》，以建设美丽宜居村庄为导向，围绕村容村貌提升、乡村特色保护、民风民俗传承等关键问题开展研究，助推农村人居环境质量全面提升。城乡规划团队积极参与服务地方社会经济，先后承担了凤阳县美丽乡村"十四五"发展规划、霍邱县科技创新"十四五"规划、蒙城县岳坊镇全域产业规划等多个项目编制工作。这些校地合作成果，不仅提高了学校的知名度、美誉度，实践检验了规划设计团队的师生能力，还为助推实施乡村振兴战略注入了新动能新活力。

6. 坚持整体规划，构建推动脱贫攻坚与乡村振兴有效衔接的崭新格局

立足新发展阶段，树立乡村振兴新理念，注重农业农村优先发展，加强科技兴农，促进教育兴农，加快城乡融合，逐步构建起推动脱贫攻坚与乡村振兴有效衔接的崭新格局。一是强化科技兴农推动乡村振兴。依托地方高校技术和人才解决"三农"的现实痛点，促进"三农"高质量发展，因地制宜促进农业科技成果转化，完善相关流程、机制和示范基地建设，实现科技成果落地生根。提升农业技术水平，依托科技创新发展智慧农业、循环农业等新模式，促进农业转型升级，帮扶乡村利用云技术、大数据及抖音、快手等新媒体，发展认养农业、共享农业、"网红＋农产品"等线上线下相融合的新营销模式，打造平台农业，打造"一村一品"特色农业，注重农业科技人才培育工作，深入落实科普工作，大力提升基层科技人员素质。二是发展乡村教育支撑乡村振兴。习近平总书记强调，乡村振兴应优先发展乡村教育。教育兴农是中国特色社会主义乡村振兴的关键举措，具体有：发展乡村教育，全面统筹规划乡村基础教育学校，逐步完善义务教育学校配套设施，推进学校标准化建设，逐步解决教育发展不平衡不充分问题，不断缩小城乡差距；将教师作为推动乡村教育发展、提升乡村教育质量的重要主体，地方高校注重乡村教育人才队伍建设与人才质量提升，逐步改善乡村教育质量，发挥地方高校涉文学科优势，结合我国德育及智育的基本要求，打造独具乡村特色的德政教育课程体系，借助互联网、物联网等现代信息技术，发展"线上＋线下""课堂内＋课堂外"的多维融合教学模式，促进资源共享。三是推动城乡融合助力乡村振兴。国家"十四五"规划纲要强调，全面实施乡村振兴战略，强化以工补农、以城带乡，推动形成工农互促、城乡互补、协调发展、共同繁荣的新型工农城乡关系，加快农业农村现代化。为此，地方高校要按照城乡融合总体战略布局，推进城乡资源互补互惠，为城乡共同发展提供新动力。帮扶乡村不断推进改革与创新，支持开拓多种经营形式，扶植成立农民合作社，打造家庭农场，积极创新农业经营模式，注重产业深度融合，协同发展，完善产业链，促进产业转型升级。四是帮扶乡村共同富裕促进乡村振兴。地方高校帮助乡村不断完善精准扶贫组织保障体系，不断创新扶贫方式，积极探寻扶贫长效机制，加强区域协作与对口支援，强化政府、企业、高校三方协同力量，打造专项扶贫、产业扶贫与社会扶贫相结合的多元化扶贫格局。协助乡村加强致贫返贫监测，不断完善防止致贫返贫预警体系，积极开展脱贫攻坚成果巩固工作动态评估，根据评估结果动态调整工作方案，科学预防，从根本上阻断致贫返贫。

安徽科技学院依托"皖北乡村振兴战略研究中心"和"皖东产业经济研究院"，加强乡村振兴的战略研究，围绕产业兴旺、生态宜居、乡风文明、治理有效、生活富裕等重大热点问题、前瞻性问题开展战略与政策研究。依托安徽科技学院长丰县陶楼镇科技示范基地、安徽科技学院五河县农业科学研究所科技示范基地、安徽科技学院泗县研究所科技示范基地，与涉农企业、地方政府等深度合作建立协同创新联盟，建立健全专家教授驻村、驻企等对口联系服务制度，打造乡村振兴产业协同创新联盟。探索"院所共建""校企合作"，加快科技转化自有品种，提高科技成果的市场占有率，发展生态循环农业，走粮—经—饲—种—养结合的产业联合模式，做好稻鸭共育、稻虾（鱼、鳖、龟）综合种养技术、鱼菜共生等模式示范，助推形成脱贫攻坚与乡村振兴有效衔接的崭新格局。

4.4.2 稳妥处理地方高校推动脱贫攻坚与乡村振兴有效衔接进程中的几个关系

地方高校从精准扶贫到乡村振兴承接着不同的历史任务，但二者具有理论逻辑上的内在统一性、历史逻辑上的前后继承性和实践逻辑上的协同耦合性。鉴于乡村振兴背景下乡村现实困境和乡村振兴的目标任务，在新时代里，地方高校要在服务理念、方式、制度及目标层面转变思维逻辑，推动脱贫攻坚与乡村振兴的无缝对接和有效衔接，从而实现二者任务的有效贯通和目标跨越。

1. 稳妥处理地方高校"参与式"与"服务型"之间的关系

做好脱贫攻坚与乡村振兴有效衔接，地方高校应转变服务理念，及时从"参与式"向"服务型"转变，处理好高等教育外部关系规律，发挥社会服务职能，更好地服务于乡村振兴。参与式扶贫从 20 世纪 80 年代在我国逐渐起步，以政府为扶贫主体鼓励企业、高校、贫困户等要素共同参与实现多方共赢。从 20 世纪 80 年代起就有一批高校参与贫困山区扶贫开发工作。2013 年，"精准扶贫"概念提出后，教育部直属高校率先行动起来。2016 年，教育部举办高校参与脱贫攻坚发布会，出台了《关于做好直属高校定点扶贫工作的意见》，宣读了《高校参与脱贫攻坚倡议书》，此后一场高校参与扶贫工作的行动在全国范围内掀起。应该说，地方高校发挥自身优势参与定点扶贫工作，开展教育、产业、科技、文化等扶贫，为打赢脱贫攻坚战发挥了重要作用。在乡村振兴战略中，高等院校理应承担起更大的责任与使命。2018 年，教育部印发《高等学校乡村振兴科技创新行动计划（2018—2022年）》，就推动高校深入服务乡村振兴战略实施做出了明确要求。乡村振兴战略背景下，地方高校要顺应时代要求主动从参与精准扶贫转移到服务乡村振兴中来，以资源整合创新服务推进农业全面升级、农村全面进步、农民全面发展。

2. 稳妥处理地方高校"单一式"与"融合型"之间的关系

地方高校参与精准扶贫以来，已探索出产业、教育、科技、消费等多种形式的扶贫方式，但从发展角度来看，未来推动脱贫攻坚与乡村振兴有效衔接，应逐渐从单一走向融合，才能发挥资源整合优势起到"1+1＞2"的效果，更好地服务于乡村振兴。乡村振兴是农业、农村、农民的全面发展，是产业、人才、文化、生态、组织五个方面的全面振兴，走融合发展之路已是大势所趋。地方高校在服务乡村振兴中，要创新工作方式，在融合发展中找到着力点和主攻方向。一是要在三产融合方面多谋划，真正以地方高校人才科技服务促进一二三产业深度融合发展；二是要在产学研用融合上下功夫，深入探索产学研合作方式，让地方高校成为产业发展与升级的"人才库"和"智囊团"；三是以"五个振兴"为抓手构建融合发展新格局，从"五个振兴"中找到结合点，实现由单向推进向整体融合发展，促进乡村全面振兴。

3. 稳妥处理地方高校"双向服务"与"多元协同"之间的关系

"双向服务"是指地方高校以自身优势对接政府、企业，实现校地校企之间紧密合作，校地校企的双向互动在集中连片区的脱贫攻坚工作上做出有益尝试，在助力企业发展实现以企带乡方面产生积极影响，也为地方高校科学研究和社会实践拓展了服务领地。构建多主体协同的服务机制，在推动脱贫攻坚与乡村振兴有效衔接过程中具有很强的必要性，能实现整体效益的最大化。地方高校从校地、校企"双向服务"转向高校、政府、产业相互依存相互促进的三螺旋模型，并逐渐构建起高校、政府、企业、农户四个主体联动的四螺旋模型。该螺旋模型更加强调以产业发展为纽带，以实现农户精准脱贫为目标，农户、企业、高校、政府四个主体协同创新，形成相互交叉的螺旋结构。在基于四螺旋的四方主体中，地方高校主要提供技术和人才支持，政府给予必要性支持和保障，企业作为经营载体推进项目落地，农户参与产业生产实践，各方形成了合理有序分工的局面。创新多元主体协同机制，加强政校协同发挥主导力和助推力，加强校企协同发挥驱动力和吸引力，加强企农协同发挥带动力和凝聚力，构建起紧密互联的利益分配机制，实现教师科研有项目、学生实践有基地、企业发展有技术、农民参与有收益、地方发展有经济，真正形成多元协同的利益共同体。

4. 稳妥处理地方高校"点状突破"与"线链贯通"之间的关系

地方高校在推动脱贫攻坚与乡村振兴有效衔接的实践中，以推广新技术、新品种、新模式等方式带动了农户产业发展，以点对点帮扶带动了贫困户脱贫和贫困村产业发展，实现了脱贫与发展的"点状突破"。做好脱贫攻坚与乡村振兴有效衔接，需要进一步完成从个体到全体、从区域到全域、从绝对贫困到相对贫困的目标跨越，乡村要真正从发展走向振兴必须做好"线链贯通"，做到纵向衔接、横向贯通才能实现螺旋式上升发展。从纵向来看，要继续巩固和推进发展的深度，乡村产业得到进一步发展，需要地方高校在产业链上下足功夫，通过延长产业链提升价值链增强利益链，在巩固前期产业发展基础上完善产前、产中、产后整个产业链，以科技创新作为增产增效的技术抓手，实现科技赋能提高产品附加值，以产学研融合构建起高校、企业、农户紧密联结的利益机制，激活乡村发展内驱力。从横向发展来看，需要围绕产业、人才、文化、组织、生态等方面构建起对应的高校服务支撑体系，以完善学科专业链匹配乡村发展多产业需求，以创新人才链提供产业发展人才储备，让技术服务链成为提升农民科学种田素养的助推器，真正构建起点面结合、线链贯通的"大扶贫"模式，最终形成纵横交织的网状服务结构，打好服务乡村振兴的"组合拳"，助力乡村振兴目标早日实现。

4.5 安徽科技学院助力脱贫攻坚接续乡村振兴2021年度工作总结

为贯彻落实中共中央、国务院和安徽省委省政府关于巩固拓展脱贫攻坚成果同乡村振兴有效衔接的决策部署，全面落实国家乡村振兴局2021年工作要求，根据《中共中央　国务院关于实现巩固拓展脱贫攻坚成果同乡村振兴有效衔接的意见》《中共安徽省委　安徽省人民政府关于加快实现巩固拓展脱贫攻坚成果同乡村振兴有效衔接的实施意见》《关于深化县域结对帮扶巩固拓展脱贫攻坚成果推进乡村振兴的实施意见》《中共安徽省委农村工作领导小组关于印发〈省直单位定点帮扶工作成效考核评价办法〉的通知》（皖农工组〔2021〕7号）《关于组织开展2021年度省直及中央驻皖单位定点帮扶工作成效考核评价的通知》等文件精神，对照我校2021年乡村振兴定点帮扶工作要点，在安徽省教育工委、教育厅及定点帮扶组牵头单位安徽省卫健委的领导下，我校顺利完成了2021年度乡村振兴定点帮扶的各项工作，现总结如下。

4.5.1 总体帮扶成效显著

我校乡村振兴定点帮扶村为凤阳县枣巷镇黄咀村和黄湾乡吴窑村。一年来，学校坚持以习近平新时代中国特色社会主义思想为指导，深入学习贯彻习近平总书记关于实现巩固拓展脱贫攻坚成果同乡村振兴有效衔接重要论述和习近平总书记考察安徽重要讲话精神，围绕"三农"推进乡村振兴，充分利用凤阳县"淮干工程"建设带来的发展红利，全力打造"产业兴旺、生态宜居、乡风文明、治理有效、生活富裕"的魅力乡村，加快帮扶村人居环境整治和基础设施提升，大力发展高效、优质、特色农业产业，结合凤阳县"蓝色走淮河"旅游板块建设，积极发展具有本地特色的第三产业，不断提升人民群众的幸福感和获得感，圆满完成既定的目标任务。

一是落实产业振兴。2021年我校与凤阳县人民政府签订《关于安徽省农业科技现代化先行县共建合作框架协议》和《关于乡村振兴合作框架协议》，全面谋划凤阳县全域乡村产业振兴。大力发展定点帮扶村产业，协助黄咀村申报2022年度乡村振兴项目资金506万元，用于甜糯玉米种植、加工项目；协助吴窑村联合黄湾乡老鹳村、梨园村共同申报2022年度凤阳县乡村振兴补助资金项目500万元，用于村农业综合服务项目建设，促进农业增效、农民增收。

二是落实资金帮扶。全年共安排乡村振兴专项资金10万元，用于定点帮扶村项目资金、村党建资料、纸质展示牌、配置文件夹、文件柜等方面，其中每个帮扶村项目资金2万元分别用于黄咀村池塘养鱼技术集成与示范和吴窑村优质千张著名商标申报。

三是落实消费帮扶。努力克服疫情影响，持续加大消费帮扶力度，学校教职工和学生食堂定向采购脱贫地区农副产品及乡村振兴定点帮扶村281万元的农产品物资；学校工会、国资处和科研处定向采购帮扶村面条和面粉等物品用于发放员工福利，共计9万元，机关本级编制内人均消费104元。

四是落实科教帮扶。通过举办村级干部能力提升和农业科技培训班（组织专家教授9人次深入定点帮扶村，培训指导农户500余人次）、组织暑期大学生社会实践活动等形式，多举措宣传讲解现代农业生产技术，开展农业技术服务，巩固拓展脱贫攻坚成果。

五是落实爱心帮扶。学校发动自己的产学研合作单位——安徽省凤宝粮油食品（集团）有限公司向两个帮扶村捐赠了价值4万元的面粉和挂面。校关工委分别赴黄湾小学、小岗村小学开展爱心捐赠活动，为全校捐赠足球、排球、篮球、羽毛球等体育用品，同时为5名低收入家庭学生捐赠了书包，合计7296元；刘玲教授还特地将自己编写的英语教材捐赠给两所小学的英语教师并与他们进行了深入沟通与交流。

六是党支部结对共建助力组织振兴。安徽科技学院动物科学学院和生命与健康科学学院党委分别与凤阳县黄湾乡吴窑村党总支、凤阳县枣巷镇黄咀村党总支签订校地党组织结对共建协议，共同推进定点帮扶村党建工作，助力组织振兴。

4.5.2　学校党委高度重视，组织领导有力

1. 成立乡村振兴工作领导小组，建立定点帮扶工作机制

为贯彻党中央、国务院和安徽省省委省政府乡村振兴工作要求，切实加强对乡村振兴工作的组织领导，经校党委研究，成立由党委书记和校长任组长，副校级领导任副组长，相关职能部门负责人为成员的乡村振兴工作领导小组。领导小组认真贯彻落实上级有关乡村振兴工作方针政策与决策部署，对全校乡村振兴工作进行系统谋划、统筹推进，确保乡村振兴工作落到实处。

安徽省卫健委作为对口帮扶县和定点帮扶村牵头单位，每季度通过开展调研、现

场协调督查、召开定点帮扶工作会议等方式了解各帮扶单位工作开展情况，并就下一步工作进行部署。科研处作为学校牵头部门，主动作为、狠抓落实，统筹协调各相关职能部门和学院，扎实推进定点帮扶工作机制。自定点帮扶工作开展以来，校党委听取了 2 次定点帮扶工作汇报，研究部署定点帮扶工作。

2. 制订年度帮扶计划，扛起乡村振兴政治责任

为充分发挥学校农科优势，走科技兴农之路，切实做好对口帮扶县和定点帮扶村乡村振兴定点帮扶工作，校党委研究制定了《安徽科技学院 2021 年乡村振兴定点帮扶工作要点》（校字〔2021〕67 号），对我校乡村振兴定点帮扶工作进行了系统谋划、统筹推进，要求每年组织召开党委会议专题听取和研究乡村振兴定点帮扶工作 2～3 次；校领导带队到帮扶村实地指导和调研 2～3 次；根据帮扶村党建和乡村振兴产业需求，筹措 10 万元左右专款用于乡村振兴各项事业支出；每年组织安排不少于 8 人次专家教授进村开展乡村振兴人才培训；组织教职工和食堂面向脱贫地区和定点帮扶村定向采购 140 万元左右的农产品物资；同时制订了安徽科技学院乡村振兴定点帮扶工作 2021 年度工作任务分解一览表。

3. 加强调研走访，现场解决实际问题

2021 年，学校主要领导及班子成员先后 4 次赴定点帮扶村调研考察、解决问题。

6 月 8 日，校党委副书记韦文联一行赴枣巷镇黄咀村和黄湾乡吴窑村送驻村干部崔峰和龚争到岗，并实地调研指导乡村振兴工作，听取了乡主要领导有关乡村振兴工作开展情况的汇报，要求驻村工作队结合黄咀村和吴窑村的发展现状和资源优势，积极开展工作，与村"两委"干部和村民建立密切关系，多走访、多了解民情，多与老干部、老党员和创业青年交流与沟通，全力助推黄咀村和吴窑村巩固拓展脱贫攻坚成果同乡村振兴有效衔接。

7 月 22 日，党委委员、副校长李升和一行赴黄咀村和吴窑村调研，听取驻村工作汇报，实地考察了黄咀村花园湖湖边种植、养殖情况以及吴窑村蔬菜种植与蔬菜销售情况等，并与驻村工作队探讨谋划了村集体经济发展项目申报工作，要求驻村工作队加强与学校后勤部门沟通协调，积极开展助销农副产品事宜，推动消费帮扶工作。同时，要求驻村工作队要利用好学校资源、技术和人才优势，积极与相关学院和科研团队合作，开展特色农副产品产业链延伸技术研究，把黄咀村和吴窑村特色农产品加工业做大做强。

11 月 5 日，校党委书记蒋德勤、纪委书记王强一行到黄咀村和吴窑村开展乡村振兴调研考察活动。听取了乡主要领导关于乡村振兴工作开展及黄咀村和吴窑村经济社会发展情况的汇报。蒋德勤指出，黄咀村和吴窑村依托淮河干流行洪区调整与建设工程，实施整体搬迁，全村基础好、定位明、起点高，驻村工作队要与村"两委"同志一起认真学习习近平总书记关于乡村振兴工作的重要论述和指示批示精神，认真梳理黄咀村和吴窑村经济社会发展特色，强化党建引领，围绕一二三产业发展，积极开展

人居环境治理，推动生态宜居、乡风文明建设，不断提升全体村民的幸福感和获得感。王强指出，黄咀村和吴窑村今后的发力重点是谋发展，驻村工作队要多思、多想、多看，突破村级集体经济发展的瓶颈，结合学校资源优势，拓展思路，科学谋划好今后的发展方向。

12月10日，校党委副书记、校长李震，党委委员、副校长李升和及联系帮扶户的相关职能部门负责人一行赴黄咀村和吴窑村开展集中走访帮扶活动，落实乡村振兴帮扶资金10万元，为贫困户送去了米、面、油等生活用品。李震校长指出，黄咀村和吴窑村特色农副产品较多，驻村工作队一定要帮助村"两委"积极开展名、优、特农副产品品牌申报等各项工作。李升和副校长要求驻村工作队积极联系学校相关科研团队，开展特色农副产品产业链延伸技术研究。

4. 听取定点帮扶工作汇报，研究部署帮扶工作

2021年，根据乡村振兴定点帮扶工作的新要求和新形势，学校党委先后两次听取了驻村干部的工作汇报，研究部署定点帮扶工作，提出了一系列工作措施，为定点帮扶工作的顺利开展提供依据。

11月3日，校第三十九次党委会议听取了党委委员、副校长李升和关于成立乡村振兴工作领导小组和学校2021年乡村振兴定点帮扶工作计划相关情况的汇报。会议同意校长办公会议意见，同意成立服务乡村振兴工作领导小组，原则同意学校2021年乡村振兴定点帮扶工作计划的主要内容。

11月5日，校后勤保障部主任胡明、科研处副处长张从宇、饮食服务监管中心副主任韩康一起到黄咀村和吴窑村开展农副产品采购考察工作。驻村工作队与村两委向考察组介绍了定点帮扶村农副产品的产销情况，初步达成采购意向。

12月31日，校第四十五次党委会议听取了党委委员、副校长李升和2021年度学校乡村振兴定点帮扶工作情况汇报，并听取两位定点帮扶驻村干部的工作汇报。会议认为，学校积极响应中央、我省乡村振兴战略部署，紧紧围绕方案确定的目标任务，优化举措、压实责任、细化任务、狠抓落实，较好完成了2021年度重点任务，各项重点工作取得了较好成效；提出的下一步服务乡村振兴重点任务贯彻了上级部署要求，目标明确，措施得力，切实可行，有利于全面提升学校服务乡村振兴水平。会议同意校长办公会议提请研究的学校下一步服务乡村振兴重点任务。

4.5.3 选派优秀驻村干部，做好驻村帮扶工作

学校党委高度重视定点帮扶村驻村干部的选派及乡村振兴定点帮扶工作。根据中共中央和安徽省委有关文件要求，结合两个定点帮扶村的资源禀赋和产业基础等情况，研究选派两名学科专业背景与帮扶村产业发展高度契合且政治责任感强的驻村干部，要求相关部门落实驻村干部待遇。同时，学校高度重视驻村干部的管理工作，乡村振兴工作领导小组成员多次找驻村干部谈心谈话，为驻村干部加油鼓劲，

并督促待遇落实。通过学校上下齐心，帮扶村干部，群众对两位驻村干部的工作普遍表示满意。

5月12日，校第十七次党委会议研究审定了2021年服务乡村振兴重点任务；同时听取了党委副书记韦文联关于第八批选派干部选派情况的汇报。根据上级有关要求，结合我校干部队伍实际，会议研究决定选派龚争同志为黄湾乡吴窑村第一书记人选、崔峰同志为枣巷镇黄咀村第一书记人选。

11月9日，校第四十次党委会议听取了党委委员、副校长黄远友关于第八批选派干部崔峰、龚争挂职期间待遇相关情况的汇报。根据《安徽省选派干部管理办法》相关规定，结合崔峰、龚争两位驻村干部挂职实际情况，会议同意党委组织部提出的第八批选派干部待遇安排方案：选派干部生活补贴为每人每月2200元，通讯补贴为每人每月200元；交通补贴按照《安徽省选派干部管理办法》规定"定额包干"。上述挂职待遇从2021年6月起执行。

4.5.4　凝心聚力，助力巩固拓展脱贫攻坚成果

根据省、市、县委巩固拓展脱贫攻坚成果工作部署和要求，两个定点帮扶村和驻村工作队严格落实"四个不摘"，巩固"两不愁三保障"成果，切实做好脱贫攻坚同乡村振兴有效衔接的各项工作。在驻村工作队带领下，吴窑村和黄咀村巩固拓展脱贫攻坚工作卓有成效。

1. 落实过渡期各项帮扶政策措施

全面落实"四个不摘"要求，对脱贫人口持续落实义务教育、基本医疗、住房安全、饮水安全、兜底保障等政策措施。对黄咀村脱贫户、边缘易致贫户、贫困户及低收入家庭送米（20kg）、面（20kg）、油（5L）等生活物资（300元/份），拟发放对象55户，预计发放1.7万元扶贫物资。黄咀村小学4—6年级33名学生每人发放一个书包、一套文具，每人约200.0元，共计6501.0元；安排乡村振兴专项资金2.0万元帮扶黄咀村池塘养鱼技术集成与示范，安排乡村振兴专项资金2.0万元帮扶吴窑村优质千张著名商标申报；吴窑村全年发放公益岗位工资5.8万元；实施教育扶贫政策，落实各项教育补助0.2万元；发放残疾补助63人，共5.2万元；进行社会保障扶贫，低保12人，共计发放低保金5.9万元；五保18人，共14.5万元。

2. 全面落实防返贫动态监测和帮扶工作

贯彻落实《中共安徽省委农村工作领导小组关于健全防止返贫动态监测和帮扶机制的实施意见》（皖农工组〔2021〕3号）精神，认真做好全农户常态化排查监测，聚焦"两不愁三保障一安全"和低收入人口，对全村实施网格化管理，共划分23个网格，组织23个网格员和10名帮扶责任人每月上门走访1次，及时了解帮扶户的生产生活状况、致贫风险和发展需求，帮助落实帮扶措施，扎实做好监测户和脱贫（困）户分类管理和精准帮扶、有效防止返贫致贫，坚守不发生规模性返贫底线。巩固拓展脱

贫攻坚取得了阶段性成果，全村 5 户边缘户顺利通过了省第三方评估，完全消除返贫风险。

3.全面落实"五防"机制，积极参加抗疫战灾工作

2021 年秋季雨季，吴窑村驻村工作队组织两台挖掘机为村农户近 3000 亩土地进行排水，以减少水灾的影响；面对新冠疫情，驻村工作队与村"两委"密切配合，2021年 7 月南京机场疫情扩散蔓延期间，及时规范做好村内 2 位返乡人员的居家隔离和疫情防控宣传工作；面对 12 月份浙江、陕西疫情，驻村工作队与村"两委"成员配合乡党委政府落实防疫值班制度，持续开展对务工返乡人员的排查与监管，坚持每天对村超市、菜市场等人员密集场所进行疫情防控巡查工作。黄咀村第一书记暨驻村工作队队长崔峰带领工作队一行积极开展战疫战灾等活动：新冠疫苗第一针接种、新冠疫苗第二针接种、新冠疫苗加强针接种、秸秆禁烧、防溺水等。

4.改善基础设施和公共服务条件

吴窑村全年使用资金 6.0 万元，用于全村 8 个小区、5 个广场及 3 公里和 5 公里柏油路面两边路灯等公共基础设施的维护、环境治理等工作，帮扶村人居环境、基础设施和公共服务条件全面提升。黄咀村为行洪区，需要整体搬迁，为做好搬迁工作，驻村工作队积极参与，动员村民签协议、搬迁，协调解决村民关心的安置房建设质量、水电路配套设施、拆迁费补偿标准等群众关心的问题。

5.落实消费扶贫与爱心捐赠，助销农副产品

一是大力推进食堂面向采购。努力克服疫情影响，持续加大消费帮扶力度，学校食堂全年定向采购（"扶贫 832 平台"）脱贫地区农副产品及乡村振兴定点帮扶村的农产品物资达 281.4 万元，超额完成年度计划任务。二是积极开展员工福利采购。学校工会、国资处和科研处等单位实地考察定点帮扶村凤阳县金家岭农业有限公司，确定采购面条和面粉等物品，用于发放员工福利，共计 9.0 万元。三是扎实落实爱心帮扶。学校加强与安徽省凤宝粮油食品（集团）有限公司开展深入合作，并积极争取企业向两个帮扶村捐赠了价值 4.0 万元的面粉和面条；学校关工委分别赴黄湾小学、小岗村小学开展爱心捐赠活动，捐赠了足球、排球、篮球、羽毛球等体育用品，同时为 5 名低收入家庭学生捐赠了书包等文具，合计 7296.0 元；退休老教师刘玲教授特地将自己编写的英语教材捐赠给两所小学的英语教师，并与他们进行了深入沟通与交流。四是发动社会力量扩大消费帮扶。学校乡村振兴工作领导小组和驻村工作队积极对接，促成了安徽省凤宝粮油食品（集团）有限公司与帮扶村企业——凤阳县金家岭农业有限公司签订统一采购小麦合同。

4.5.5 多措并举促进乡村振兴

以习近平总书记关于实施乡村振兴战略重要讲话精神为遵循，将中共中央、安徽省委省政府决策部署和凤阳县实际相结合，为巩固拓展脱贫攻坚成果同乡村振兴有效衔接，学校和驻村工作队围绕乡村产业振兴、人才振兴、文化振兴、生态振兴和组织振兴等"五大振兴"，精准赋能乡村振兴工作，助力定点帮扶县和帮扶村实现乡村振兴。

1. 推动帮扶县与帮扶村科技进步，助力产业振兴

在安徽省农业农村厅支持下，我校与凤阳县人民政府联合申报了安徽省农业科技现代化先行县试点工作，并与凤阳县人民政府签订《关于安徽省农业科技现代化先行县共建合作框架协议》和《关于乡村振兴合作框架协议》，成立 5 个涉农研究所，选派 20 名专家作为科技特派员到乡镇和产业园区，对接乡村振兴研究课题，服务乡村振兴。黄咀村和吴窑村被纳入凤阳县农业科技现代化建设示范点，整县推进，以点带面全面实现凤阳县乡村振兴。

学校选派 11 名干部、教师到凤阳县机关挂职，帮助各局进行科学、文化、体育、工业、农业、旅游业、扶贫、乡村振兴规划和实施，取得的业绩获得了凤阳县委、县政府高度赞扬。

学校与南京农业大学、小岗村党委组建"小岗村研究院"，长三角联合科研攻关，助力实现"百亿小岗"。学校与南京农业大学开展大学生耕读教育合作，联合在小岗村建立耕读教育实践基地。

学校于 2017 年成立小岗村生态农业研究所，建有 70 亩试验基地，研究成果在当地推广，产生了良好的社会效益和经济效益。同时。学校积极对接"安徽小岗国家农业科技园区"的申报与建设工作，为园区成功获批和顺利验收提供了强有力的支撑。

为支持"淮干工程"建设，吴窑村被征用土地近 2000 亩，人多地少，主要从事种植业，产业单一。为壮大集体经济，拓宽产业发展渠道，经驻村工作队与村"两委"研究并经村民代表大会讨论，驻村工作队帮助吴窑村联合黄湾乡老鹳村、梨园村共同申报 2022 年度凤阳县财政衔接推进乡村振兴补助资金项目，预计投资 500 万元，用于村农业综合服务项目建设，促进农业增效、农民增收；邀请安徽科技学院食品工程学院孙德坤老师团队，谋划村豆制品加工厂项目建设，规划土地面积 3500 m^2，建筑面积 1500 m^2，规划投资 200 万元。同时，邀请学校丁景良团队助力黄湾豆制品知名商标品牌、吴窑黄豆地理标志商标申报工作；协助黄咀村申报 2022 年度乡村振兴项目资金 506 万元，用于甜糯玉米种植、加工项目；积极推动土地流转，摆脱一家一户的小农经济束缚，强化农业支撑保护力度；以黄咀芡实为依托，发展芡实生产及加工，推动农副产品品牌建设；拟投入鱼苗 2 万元，支持黄咀村特色水产养殖业发展。

2. 专家组团助力人才振兴

乡村要振兴，人才是关键。驻村工作队积极引导本村外出务工能人、大学生和致富带头人积极参与村"两委"换届选举，新一届村"两委"吸纳了两名有闯劲、懂经营、有学识年轻同志，为乡村振兴注入了新动能。同时，驻村工作队充分发挥学校学

科优势，邀请5位专家分别赴黄咀村和吴窑村开展村级干部能力素质提升宣讲活动。张德化教授为村"两委"成员、村民代表和部分党员开展了学习贯彻党的十九届六中全会精神宣讲活动；隋益虎、余海兵、崔峰和吴孝国等四位专家为黄咀村和吴窑村农民合作社负责人、家庭农场负责人、种植大户、致富带头人约500人讲授了设施蔬菜高产高效栽培技术、鲜食甜糯玉米高产栽培与加工技术、水产养殖技术及大田农作物农药、肥料使用技术。各位专家围绕党建引领、产业发展、科技兴农等内容进行了深入浅出的讲解，得到参训人员的高度好评。

学校充分发挥学科专业和人才优势，积极支持定点帮扶村所在县推进乡村振兴工作。2021年，学校党委遴选11名优秀博士、副教授赴凤阳县农业农村局、县科技局、县发展和改革委员会等单位挂职锻炼，精准对接和服务凤阳县"六大"战略性新兴产业链，助推人才乡村振兴和经济社会发展。

此外，学校继续教育学院2021年先后举办了蚌埠市淮上区新型职业农民蔬菜培训班、农资经营培训班、产业带头人培训班、农技人员培训班、萧县基层农技人员能力提升种植培训班、养殖培训班、宿州市埇桥区农技人员素质提升培训班、农药经营许可专业知识培训班（网络）、大北农集团畜牧兽医高级研修班（延续）、凤阳县在职医师中医药知识与技能培训班（延续）共10期培训班；承担了滁州市、淮南市、蚌埠市、亳州市等地市第8期"村党组织书记学历教育"人才培养工作。

3. 大力推动乡村文化振兴，努力提高乡村社会文明程度

吴窑村和黄咀村借助淮干工程东风，村民居住条件发生了翻天覆地的变化，但部分村民对公共基础设施不爱护，时有损毁。同时，由于生活方式突然转为小区生活，生活习惯和小农生产方式仍没有改变，秸秆乱堆乱放，致使小区下水管道堵塞现象时有发生，小区内杂草丛生，环境脏、乱、差现象极为普遍。结合现代新型农村建设，驻村工作队积极开展新型农村管理模式探索，积极开展身边好人、优秀党员、"好家风""好婆婆、好媳妇""卫生文明户"等各类文明新风评比活动，弘扬好人精神，建设好人文化，摒弃陈规陋习，不断推进移风易俗宣传教育走向深入。

同时，学校积极组织专家宣讲团，联合凤阳县党委宣传部开展"举旗帜·送理论·讲党史"专题宣讲活动，深入地方党政机关、乡镇社区开展"点单式"党史教育党课服务。配合凤阳县委宣传部分别开展学习贯彻习近平总书记"七一"重要讲话精神专题和学习贯彻中国共产党第十九届中央委员会第六次全体会议精神宣讲活动51场次，受到广大干部群众的高度评价。

4. 厚植生态优势助力乡村振兴

吴窑村驻村工作队与村"两委"坚持以生态、生产、生活"三生"环境改善为抓手，常态化推进爱国卫生运动，全方位多层次持续发力人居环境治理，对居民小区内部环境和公共设施开展持续整治与有效维护；积极申报2022年乡村振兴资金，用于进一步完善村基础设施建设，开展小区内部环境治理，美化小区环境，鼓励村民主动参与，共建美好家园；全面落实"门前三包"制度，推动"美丽庭院"和"干净人家"创建评比活动，真正让干净整洁成为习惯。

黄咀村村民在完成整体搬迁后，将基本实现城镇化。为做好整体搬迁后新型小区的管理工作，驻村工作组结合现代新型农村建设，开展了新型农村小区管理模式探索。计划在村基础设施建设完成后，大力开展小区内部环境治理，美化小区环境，层次持续发力人居环境治理，对小区内部环境和公共设施开展持续调整并建立长效机制，鼓励村民主动参与，共建美好家园。全面落实"门前三包"制度，持续推动"美丽庭院"和"干净人家"创建评比活动等。

此外，黄咀村北靠淮河，南邻花园湖，东有徐明高速，西有合徐高铁，景色优美，是发展生态农业及旅游的理想场所。为充分挖掘黄咀村旅游资源，驻村工作队和村"两委"邀请学校建筑学院专家团队对黄咀村进行了产业规划，着重发展生态农业及旅游业，打造凤阳县环花园湖旅游带。

5. 加强基层组织建设，助力组织振兴

为贯彻落实中共中央、安徽省委关于加强基层党组织建设的决策部署，探索创新党建工作，促进校地基层党组织开展结对共建活动，确保结对共建活动扎实有效开展，学校动物科学学院党委和生命与健康科学学院党委分别与凤阳县黄湾乡吴窑村党总支、凤阳县枣巷镇黄咀村党总支签订了校地党组织结对共建协议，为加快构建基层组织体系、治理体系和服务体系，全面提升乡村基层治理能力和水平，实现乡村振兴夯实了根基。

吴窑村驻村工作队把村级组织建设和党的方针、政策宣传阵地建设作为乡村振兴的关键。驻村工作队与村"两委"班子积极协助乡党委、政府做好村"两委"换届工作，为构建上下贯通，执行有力的村组织体系提供坚强保障；2021 年共吸收 2 名优秀年轻同志加入党组织。同时，学校投资了 1.8 万元用于提升改造村新时代文明实践站。在学校的大力支持下，改造后的新时代文明实践站已成为村党员、干部和广大村民学习教育的主阵地。

黄咀村驻村工作队把村级组织建设、"三会一课"制度和党的方针、政策宣传阵地建设作为乡村振兴的关键。一是驻村工作队与村"两委"班子积极协助镇党委、政府顺利完成村"两委"换届工作，为构建上下贯通，执行有力的村组织体系提供了坚强保障。二是严格落实"三会一课"制度，组织召开三次党总支大会、三次党支部大会和一次党员大会，研究乡村振兴和产业发展。三是注重突出党的领导，把意识形态、基层党建、乡村振兴和文明创建等工作紧密融合起来，发挥党的引领及模范带头作用。

4.5.6 工作创新举措

1. 发挥智力人才优势，聚焦"五大振兴"

为实现巩固拓展脱贫攻坚成果同乡村振兴有效衔接，助力定点帮扶村和帮扶村所在县乡村振兴工作，学校充分发挥技术和人才优势，聚焦乡村"五大振兴"工程，通

过组织专家实地调研，选派科技人员入村、开展村级干部能力提升、科技讲座及资金扶持等措施，在科学种植、农村电商、乡村治理等方面开展全方位技术指导，精准赋能乡村振兴工作。2021年学校共选派了11名干部、教师到凤阳县机关挂职，帮助各局进行科学、文化、体育、工业、农业、旅游业、扶贫、乡村振兴规划和实施，助力凤阳县整县乡村振兴。

2. 以安徽省农业科技现代化先行县建设为抓手，深入谋划推进整县全域乡村振兴工作

按照全面推进乡村振兴的总体要求，探索构建科技支撑引领乡村全面振兴和农业农村现代化的新机制新模式。全面落实学校与凤阳县人民政府签订的《关于安徽省农业科技现代化先行县共建合作框架协议》与《关于乡村振兴合作框架协议》，将黄咀村和吴窑村纳入凤阳县农业科技现代化建设示范点，以点带面全面推进凤阳县全域乡村振兴工作。

3. 组织专家宣讲团，开展党史学习教育宣讲

学校组织成立专家宣讲团，组织精干力量精研党课专题，精心制作党课课件，联合凤阳县党委宣传部开展"举旗帜·送理论·讲党史"专题宣讲活动，深入地方党政机关、乡镇社区开展"点单式"党史教育党课服务。2021年，学校开展校外党史党课、习近平总书记"七一"重要讲话精神和党的十九届六中全会精神宣讲活动达51场次，受到广大干部群众的高度评价。

4.5.7　下一步打算

1. 校党委扛起政治责任，加强组织领导

学校党委将坚决贯彻落实中共中央、安徽省委有关工作部署，坚定不移聚焦目标任务、拉紧责任链条、谋划帮扶举措，督促学校各部门协调配合，为驻村帮扶工作提供强有力的支持和保障。驻村第一书记强化责任担当，加强基层党组织建设，以党建引领乡村振兴工作。

2. 聚焦"五大振兴"工程

为深入学习贯彻习近平总书记对乡村振兴工作的有关重要指示精神，按照中共中央、国务院和安徽省委省政府关于乡村振兴的决策部署和安徽省委经济工作会议一次产业"两强一增"行动计划，结合凤阳县实际，依照产业兴旺、生态宜居、乡风文明、治理有效、生活富裕的总要求，围绕乡村"五大振兴"工程，发挥学校人才科技优势，助力定点帮扶村实现乡村振兴。

（1）产业振兴

立足黄湾乡吴窑村传统豆制品加工优势，开展豆制品加工工艺改进与加工装备研制，以我校食堂定向采购、学校定点展销以及电商销售为主要渠道，壮大吴窑村豆制品产业链。帮助吴窑村和黄咀村申报 2022 年度乡村振兴补助资金项目，开展甜糯玉米、芡实等经济作物的种植与加工等产业生产，促进农业增效、农民增收。

（2）人才振兴

依托学校人才智力优势，组织种植、养殖等方面的专家教授对基层干部、新型农民和种养殖大户进行能力提升培训；通过专家走村入户宣传宣讲、开展现场技术指导方式解决农业生产实际问题，提升村民科学素质，增强科技致富信心。根据黄咀村和吴窑村的产业基础，选派科技特派员赴村实施精准帮扶工作；选派大学生、党员志愿者开展顶岗实习，解决帮扶村小学师资短缺问题。

（3）文化振兴

加强帮扶村乡村文化建设，开展文化帮扶，丰富精神生活。组织思政课教师入村开展党的理论宣讲、政策宣传，组织团委入村开展文艺演出、法律宣传、送文艺下乡等社会实践活动，丰富农村群众文化生活。同时，在全校范围内开展图书捐赠活动，帮助两个村建立农村书屋，丰富帮扶村村民的精神文化生活。

（4）生态振兴

围绕"既要金山银山，更要绿水青山"的发展理念，持续加强帮扶村生态建设，以改善村容村貌、道路硬化绿化等为主要内容，着力改善帮扶村宜居环境。邀请学校建筑学院专家团队对黄咀村进行产业规划，着重发展生态农业及旅游业，打造凤阳县环花园湖旅游带。

（5）组织振兴

全力落实学校动物科学学院党委、生命与健康科学学院党委与凤阳县黄湾乡吴窑村党总支、凤阳县枣巷镇黄咀村党总支结对共建活动，加强基层党组织建设，切实发挥党建在乡村振兴中的引领作用。

3. 加大定向消费帮扶力度，促进农民增收

以吴窑村豆制品、黄咀村水产品为主要定向消费帮扶产品，通过食堂采购、农副产品展销、工会福利采购等途径加大我校定向消费帮扶力度。

一是食堂定向采购。以教职工和学生食堂定向采购（"扶贫832平台"）为主渠道，助销脱贫地区农副产品及乡村振兴定点帮扶村农副产品。二是员工福利采购。校工会定向采购黄咀村和吴窑村农副产品，用于发放员工福利。三是定期定点开展农副产品展销活动。由校后勤保障部牵头，在学校设置帮扶村农副产品展销固定摊位，定时定点举办农副产品展销活动。四是落实爱心帮扶。加强与产学研合作企业和校友等社会力量联系，积极争取面向帮扶村开展定向采购或者爱心捐赠。

参考文献

［1］黄承伟．打好脱贫攻坚战是实施乡村振兴战略的优先任务［N］．贵州日报，2018－11－20（10）．

［2］新华社．中共中央　国务院关于打赢脱贫攻坚战的决定［EB/OL］．（2015－12－7）［2022－8－2］．https：//www. gov. cn/xinwen/2015－12/07/content－5020963. htm.

［3］新华社．中共中央　国务院印发《乡村振兴战略规划（2018—2022年）》［EB/OL］．（2018－9－26）［2022－8－2］．https：//www. gov. cn/xinwen/2018－09/26/content－5325534. htm.

［4］习近平主持中央政治局集体学习强调让农民共享改革发展成果［N］．人民日报（海外版），2015－05－02（1）．

［5］梁玉玺，刘振旭，关晟．高校选派"第一书记"推动新时代农村基层党建的实践探索［J］．辽宁教育行政学院学报，2020，37（1）：81－84.

［6］李博，左停．精准扶贫视角下农村产业化扶贫政策执行逻辑的探讨——以Y村大棚蔬菜产业扶贫为例［J］．西南大学学报（社会科学版），2016，42（4）：66－73，190：66－73.

［7］程华东，刘堃．高校教育精准扶贫模式探究——以华中农业大学精准扶贫建始县为例［J］．华中农业大学学报（社会科学版），2017（3）：17－22，149－150.

第 5 章　地方高校科技特派员的作用发挥

当前正值"十四五"时期，是巩固脱贫攻坚成果与乡村振兴战略有效衔接的关键阶段。高校科技特派员依托自身能力和高校资源在助力脱贫攻坚与乡村振兴战略有效衔接中发挥着重要作用，但目前仍存在一些制约因素或是理解上的偏差，阻碍了两者衔接的流畅性与有效性。本章通过对高校科技特派员在助力脱贫攻坚与乡村振兴有效衔接中作用的梳理，发现高校科技特派员为农村提供了人才和技术支持，引领了农民思想的转变，促进了农村产业发展，帮助农业经营主体解决了各种生产、生活、思想问题，带动了农民持续增收，并配合案例予以佐证。但是受到农民、农村等外部客观因素以及科技特派员个人、运行机制等内部因素的影响，高校科技特派员想要更好地助力脱贫攻坚与乡村振兴有效衔接，至少需要从推动农民转型、发展农村产业、完善内部机制、促进农民增收等方面持续地努力奋斗。

5.1 国内外研究综述

5.1.1 研究背景与意义

1. 研究背景

2021 年 2 月 25 日，全国脱贫攻坚总结表彰大会在北京人民大会堂隆重举行。中共中央总书记、国家主席、中央军委主席习近平在大会上庄严宣告：我国脱贫攻坚战取得了全面胜利！但是脱贫摘帽并不是终点，国家又在战略层面上提出了更高层次的要求：要巩固脱贫成果，推动乡村全面振兴，实现共同富裕的终极目标。

从理论逻辑来看，脱贫攻坚和乡村振兴本质上都是为了让人民过上美好生活，两者具有内在统一性，促进两者衔接是确保我国农村经济持续健康发展的必然选择。脱贫攻坚能够帮助农民摆脱贫困，乡村振兴可以帮助农民实现富裕，由此可见，脱贫攻坚是乡村振兴的基础，两者存在递进关系。但是在衔接过程中存在产业基础薄弱、农村自身发展动力不足的问题，脱贫攻坚的成果有一部分被忽视了，造成了资源浪费现象。高校作为技术和人才的聚集地，从高校选任科技特派员在助力脱贫攻坚与乡村振兴有效衔接中具有天然优势，能够将先进的知识和技术成果输送到农村，带动农民持续增收，缩小城乡差距，打破城乡二元结构。因此，探究高校科技特派员在助力脱贫攻坚与乡村振兴战略有效衔接中的作用和实现路径是十分有价值的。

2. 研究意义

通过对高校科技特派员在助力脱贫攻坚与乡村振兴衔接中的作用和实现路径研究，能够让更多人了解到高校科技特派员可以依托自身专业知识和单位的科研资源优势将脱贫攻坚成果为推动乡村振兴所用，发挥科技作为第一生产力的力量，促进农村地区经济发展，实现农业现代化。突出强调科技特派员对促进农村经济发展的重要性，从而有利于提升科技特派员的社会地位，在全社会形成积极服务"三农"的氛围，吸引更多高校教师及科研人员等人才力量加入科技特派员队伍，为农村的全面发展贡献自身力量，促进乡村振兴。本文提出的借助高校科技特派员推动农民转型，实现乡村人才振兴、借助高校科技特派员发展农村产业，实现乡村产业振兴、完善科技特派员制度内部机制，提升科技特派员服务能力、促进农民收入增长，实现农民生活富裕的目标等一系列措施可以为高校科技特派员更好地助力两者有效衔接提供参考意见。

5.1.2　国内外研究述评

1. 国内研究综述

（1）高校科技特派员与脱贫攻坚方面的研究

郑桂茹通过对高校科技特派员精准扶贫的主要模式进行探究，提出了高校科技特派员要想实现精准扶贫，必须走产业拉动、科技推动、教育培训、龙头企业带动的道路才能实现。吕小艳等认为地方高校科技特派员参与精准扶贫具有更好的技术优势、地缘优势和丰富的教学经验，科技特派员可以通过调研贫困地区科技需求、利用政策吸引人才回流、搭建精准扶贫工作平台、建立激励机制等几种途径充分发挥精准扶贫作用。而蓝陶等人以广西大学科技特派员扶贫为例，提出高校科技特派员在教育培训指导上具有天然优势，可以通过培训示范向农民传播农业生产知识和新技术成果，帮助农民提升自我发展能力，带动农民脱贫增收。但是高校科技特派员在服务基层过程中经费安排和绩效考核方面均存在不足，制约了他们的工作积极性。

（2）高校科技特派员与乡村振兴方面的研究

孟思达等认为在乡村振兴背景下，科技特派员制度是实现产业振兴和人才振兴的现实需要，农业高校科技特派员在助力乡村振兴中发挥了关键作用。但是由于高校的激励政策、科技特派员的综合素质以及国家的宏观统筹政策制约了高校对科技特派员制度的全面推进，因此需要对新时代农业高校科技特派员工作进行创新。单一峰以塔里木大学为例，对高校科技特派员助力乡村振兴的现状进行分析，发现高校科技特派员在促进地方特色农业提质增效、培育本土技术骨干、提升乡村文明和生态环境、帮扶农民摆脱贫困等方面发挥了重要作用，但是在助力乡村振兴中存在资金支持不足、人才结构不合理、服务连续性不强的问题。万春凤等人提出高校科技特派员能够促进农民向新型农民转化、优化经营管理模式、提供新的发展资源，通过加大人才培养、加强政府、高校、农民三者之间的协调沟通可以帮助高校科技特派员更好地助力乡村振兴。

（3）脱贫攻坚和乡村振兴衔接方面的研究

杨素昌、范国华认为：科学合理的评价是检验巩固脱贫成果和乡村振兴有效衔接效果的关键，通过构建包含产业发展、生态建设、文化建设、乡村治理和民生改善五个维度的评价指标体系可以及时对两者的衔接效果进行纠偏。高强与曾恒源认为，各地对两大战略有效衔接的认识不足，部门之间责任与能力不匹配，衔接过程中没有做到因地制宜的原则，应该深化各地对推进衔接的认识，促进思维转化，按照能力进行明确分工，充分考虑地区差异，制定差异化的衔接体系。黄祖辉、钱泽森以两者衔接的内在逻辑为出发点，分析了衔接过程中存在的局限性，最终提出了三条可实现路径，在巩固脱贫成果的同时保持可延续性，吸取经验的同时增加创新性，破解固有局限的同时创立新格局。豆书龙、叶敬忠认为，乡村振兴与脱贫攻坚有机衔接是基层实践的现实需要，也是社会主义的本质要求，在衔接过程中存在体制机制衔接不畅、产业升级困难、内生动力不足的障碍。应该着力优化体制机制、多元化发展产业、积极培育主体意识，推动乡村振兴战略与脱贫攻坚的有效衔接。黄锐锋等人提出在新时代背景下，推动脱贫攻坚与乡村振兴有效衔接可以从体制机制转变、政策财政支持、优化人才培养环境等几个方面入手。而姜正君认为，推动脱贫攻坚与乡村振兴有效衔接需要从提思想、强产业、育人才和抓党建上入手。

2. 国外研究综述

科技特派员制度是我国在农业技术推广方面的一项创新成果，发端于福建省南平市，是一种我国特有的制度，国外并没有与此完全一致的提法。但是，国际上对于农业技术推广的研究与应用由来已久，一些发达国家还较为成熟，对我国科技特派员制度的进一步创新提升具有借鉴意义。

美国具有地广人稀、农业机械化程度高、法律体系健全的特点，在农业技术推广体系的建立阶段经历了三大步骤。首先通过立法手段确保农业高效优先发展，先后通过了《莫里尔法案》《哈奇法案》《史密斯法》《勒沃尔法》四部法律，为农业技术推广的后期运行提供了法律依据和保障。然后在赠地大学内成立了农业技术试验站，以各个州立大学为依托成立了农业科学推广站，按照地方农业生产需求设立了区域农业实验站及县级推广站，为科技人员进行技术研究、试验示范、成果推广创造了工作环境，实现了推广机构从联邦政府到州政府再到县政府的全覆盖。最终形成了一套完整的集教育、科研、推广"三位一体"的农业技术推广体系。在人员配备方面，美国打造了一批高素质的农业技术推广队伍，大多数农技推广人员学历在研究生水平及以上，为美国农业技术推广工作的蓬勃发展提供了强有力的人才支撑。总体来讲，美国的农业技术推广体系做到了产学研的密切合作，充分发挥了学校和科研院所的价值，促进了农村的发展。

3. 评述

国内外众多学者对农业技术推广相关问题十分关注，并在此基础上创新出了各种技术推广形式。当前的科技特派员制度就是在以往农业技术推广基础上的一种创新，在现有文献中很多学者对高校科技特派员助力脱贫攻坚、助力乡村振兴都进行了较为深入的研究，详细地分析了高校科技特派员发挥的作用和存在的不足，并提出了解决措施，但是对于高校科技特派员在促进两者有效衔接方面很少有人研究。大多数学者还停留在对于其中一者的研究上，或者是脱离科技特派员，仅研究脱贫攻坚与乡村振兴有效衔接的必然性和实现路径等问题。

5.2　概念界定及发展历程

5.2.1　概念界定

1. 科技特派员

科技特派员是国务院以及地方政府按照双向选择的原则，从高等院校、科研院所、企事业单位中利用选派机制，将具有一定专业科技知识、技术的专家、教授、研究员、大学毕业生等中青年知识分子，派送到农村第一线，委任以科技特派员的身份，按照市场规律和农民实际科技需要，从事科技创新、科技成果转化、科技知识传播、优势特色产业开发、农业科技园区和研发基地建设等工作，通过科技服务途径解决"三农"问题的人才。科技特派员具有多种划分方式，按照科技特派员的工作层次分类，可以被分为省级、市级、县级科技特派员。按照科技特派员身份分类，又可以被分为法人科技特派员、自然人科技特派员。按照科技特派员的行业特征分类，还可以被分为信息科技特派员、牧业科技特派员、工业科技特派员等。

2. 高校科技特派员

高校科技特派员是科技特派员按照选派人员所属单位划分的一种类别，是国家为推进农业技术推广工作，以市场为导向，按照一定的标准和程序从高等院校内选拔出来的，具有一定的专业知识技能、管理技巧、科研能力的专家、教授、博士等中青年知识分子。能够为企业或农村基层带去资金、技术、项目等资源，将技术成果进行转化和推广,带动服务区域的经济发展。高校科技特派员制度是国家为约束科技特派员的行为规范而制定的包含对高校科技特派员的日常管理、年度考核、任务分配等多方面的要求,以实现科技兴农为目标,以农民和高校科技特派员为主体,通过建立利益共享、风险共担的利益联结机制来维持稳定关系,推动传统农业生产方式向现代转变和农民增收的一种创新型制度。

3. 脱贫攻坚

脱贫攻坚战是指发动全党全国全社会的力量,集中精力为消除贫困、改善民生、逐步实现共同富裕的目标而奋斗,坚持精准扶贫、精准脱贫,实施"五个一批"工程,确保在 2020 年所有贫困地区和贫困人口共同迈入全面小康社会的重大行动。科技特派员在脱贫攻坚战中是进行科技扶贫和精准扶贫的主力军,选派时遵循双向选择的原则,精准对接贫困地区农户需求,利用"一对一"或"多对一"的模式,向农村输送先进的农业技术生产方式和农业科技成果,开展试验示范和技术推广,致力于提高农业生产效率和农产品产量,通过培训让农民学习掌握专业技术,激活农村地区经济发展的内生动力,帮助贫困地区利用技术手段实现脱贫。

4. 乡村振兴战略

乡村振兴战略是新时代下为解决"三农"问题而提出的国家级重大战略,在党的十九大报告中被首次提出。由于我国城乡二元结构突出,社会主要矛盾在乡村的表现更明显,因此必须坚持农业农村优先发展,按照产业兴旺、生态宜居、乡风文明、治理有效、生活富裕的总要求,建设社会主义新农村,走中国特色社会主义乡村振兴道路,实现农业农村现代化。乡村振兴战略实施的同时也对科技特派员提出了新要求,要更加注重优先发展、精准定位、突出矛盾等工作基调。帮助农民及时获取市场信息,生产能够迎合市场需求的农产品。挖掘地方特色资源,借助技术手段壮大农村的优势特色产业,推动乡村全面振兴。

5.2.2 发展历程

1. 科技特派员制度的发展历程

科技特派员一词最早出现在 1999 年,当时福建省南平市的农业作为地区的主导产业,决定着当地的经济发展水平。1998 年由于受到了严重的大型洪涝灾害,农业基础设施被大面积摧毁。为减轻农民的灾害损失,重振地区经济,地方政府联合各部门制定了《南平市科技特派员下村服务实施方案》,向农村地区输送了拥有专业知识、技术的 225 名高素质人才,以期借助科技的力量提升农业生产效率和地方经济水平。在科技特派员的帮扶下,南平市经济状况得到明显好转,形成了具有地方特色的"南平经验"。

由于科技特派员在解决南平市农业科技资源薄弱、农民受灾损失惨重、农村经济发展缓慢问题时取得了良好的效果,这一创新行动受到了国家表彰。2002 年,时任福建省省长的习近平在《求是》中总结了"南平经验"。随后，国家科技部在宁夏、陕西、甘肃、青海、新疆五个省区启动了试点行动方案。2004 年年底，科技部联合人事部出台了《关于开展科技特派员基层创业行动试点工作的若干意见》，科技特派员制度试点工作在全国范围内展开。2009 年起，伴随着《关于深入开展科技特派员农村科技创业行动的意见》等一系列激励创业的政策出台，农村掀起了科技特派员创新创业的浪潮。2012 年科技特派员被首次写入中央一号文件中，科技特派员制度完全从地方层面上升到了国家级层面。国家加大了对科技特派员下乡创业的信贷支持力度，使得科技特派员创业行动得到了进一步的发展。

直到 2016 年，国务院办公厅印发了《关于深入推行科技特派员制度的若干意见》，科技特派员制度进入了一种全新的发展阶段，在探索实践中科技特派员制度在各方面进行了创新，更加符合了新时代对科技特派员的要求。具体表现在科技特派员的技术供需对接更加精准，服务平台更加健全，服务领域更加广泛，服务模式更加贴近市场化。2019 年，习近平总书记对科技特派员制度推行 20 周年作出重要指示，提出要紧紧围绕创新驱动发展、乡村振兴和脱贫攻坚，进一步完善制度体系和政策环境，进一步发展壮大科技特派员队伍，把创新的动能扩散到田间地头。截至目前，科技特派员制度连续 11 年被写入中央一号文件中，足以彰显国家对于科技特派员制度的重视程度，实施科技特派员制度已成为助力乡村全面振兴的重要举措。

2. 脱贫攻坚与乡村振兴战略有效衔接的发展历程

我国是中国共产党领导下的社会主义国家，始终把人民利益放在首位，为确保我国全体贫困人口摆脱贫困，过上小康生活，2015 年出台了《关于打赢脱贫攻坚战的决定》，从此脱贫攻坚战拉开了序幕。国家开始在政策、资金、人才上向贫困地区倾斜，实施精准扶贫、科技扶贫战略，举全党全国之力帮扶贫困地区摆脱贫困。

2017 年，党的十九大在北京召开，会议上提出了乡村振兴战略。要求在 2035 年基本实现农业农村现代化，并在 2050 年实现乡村全面振兴，建成社会主义现代化强国。2018 年，国家不断从政策层面对脱贫攻坚与乡村振兴有机衔接做出新要求。《中共中央　国务院关于实施乡村振兴战略的意见》正式提出"做好实施乡村振兴战略与打好精准脱贫攻坚战有机衔接"的要求。《中共中央　国务院关于打赢脱贫攻坚战三年行动的指导意见》再次提出"统筹衔接脱贫攻坚与乡村振兴"的要求。《乡村振兴战略规划（2018—2022 年）》进一步提出"把打好精准脱贫攻坚战作为实施乡村振兴战略的优先任务，推动脱贫攻坚与乡村振兴有机结合相互促进"的要求。

2020 年脱贫攻坚战取得全面胜利，消除了绝对贫困，"三农"工作的重心开始向乡村振兴上转移。国务院提出了关于实现巩固拓展脱贫攻坚成果同乡村振兴有效衔接的意见，要求建立健全巩固脱贫成果的长效机制，防止出现返贫。从领导机制、政策、规划、监督考察机制上做好两者的衔接工作，巩固拓展脱贫成果，促进乡村全面振兴。

5.3 高校选派科技特派员的优势

5.3.1 人才资源优势

随着社会经济发展的不断进步，农村对于各种领域人才的需求也越发丰富，人才成为带动农村经济增长的关键。高校作为培养和汇聚人才的主要阵地，学科门类齐全，校内设有多个学院，每个学院内又涵盖多个专业。截止到 2020 年底，我国共拥有理工农医类高校 2032 所，教学与科研人数达到 122.75 万人，其中科学家和工程师共 118.19 万人，占教学与科研总人数的 96.29%。而且大部分教师都是研究生学历，文化水平普遍较高，专业能力一流，能够保证被选派的科技特派员具有较高的服务能力。当前被派遣的科技特派员中来自高校的科技特派员数量接近三分之一，高校成为主要的科技特派员输出单位。除此以外，从高校内选派科技特派员与在其他企事业单位选派的科技特派员相比，由于其长期在学校从事教书育人工作，因此在沟通表达能力上具备优势，能够借助与学生授课的经验同被服务对象之间进行有效的沟通交流，加之配合其扎实的专业基础知识和技能对农民进行培训，可以帮助农民快速掌握新技术的操作方法，推动科技成果转化应用。同时高校内学生也是重要的人才资源，是我国"三农"事业的后备力量，是待开发的高校科技特派员。

5.3.2 科技资源优势

高校是引领科技创新和新品研发的主要力量，众多高校承担着国家级、省部级、厅局级科研项目，据统计有 80% 以上的农业科研成果均来自高等院校。高校内各学院配备有基础设施完善、仪器设备先进的实验室，能够为教师及学生的科研工作提供必要的环境条件，促进科技成果的研发。高校在信息技术、生命科学和生物技术、新材料技术、新能源开发等方面具有明显的专业优势和综合优势，能够满足新农村建设对高新技术的需要。同时校内拥有一批重点学科、重点实验室和国家级、省级的工程技术研究中心，农学院还设有试验示范基地，为有机化肥和农药的试用、优良品种的选育提供了实践场所，经过试验后的科技成果可以直接推广到农村，高校成为科学技术成果的发源地。

5.3.3 政策导向优势

科技特派员制度明确规定，普通高校对开展农村科技公益服务的科技特派员，在五年内实行保留原单位工资福利、岗位、编制和优先晋升职务职称的政策，其工作业绩纳入科技特派员考核体系。对深入农村开展科技特派员创业行动的，在五年内保留其人事关系，与原单位其他在岗人员享有参加职称评聘、岗位等级晋升和社会保险等各方面的权利，期满后可以根据本人意愿选择辞职创业或回原单位工作。为科技特派员创业提供了制度保障，有效降低了创业风险和机会成本，试错成本相对较低。从政策方面鼓励了高校科技特派员到农村一线创新创业，推广农业技术，巩固脱贫攻坚成果，促进乡村振兴。

5.4　高校科技特派员发挥作用的方法

5.4.1　利用自身知识储备，促进农民思想转变

从拒绝接受向愿意尝试甚至是主动寻求技术转变。农民是进行农业生产的主体，转变农民的思想是促进脱贫攻坚与乡村振兴有效衔接的关键，也是最难的一部分。高校科技特派员通过循序渐进的手段向农民推广先进技术：首先，借助播放视频和发放技术宣传手册等形式向农民普及宣传技术对农业农村经济发展的重要性，潜移默化地提升农民对技术的认同感；其次，从简单易学的技术教起，借助试验示范和培训等手段，真实地让农民感受到技术对农业生产带来的效果。

从依赖国家政策向强化自身能力转变。脱贫攻坚时期贫困落后的地区获得了大量的资金和政策扶持，农民对其产生了过度依赖的惯性心理，以至于脱贫攻坚战取得胜利后，依然将致富希望寄托于依赖国家扶持上。随着高校科技特派员的介入，向农村带去了先进的知识理念和最新的政策内容，利用开办培训班的形式讲解乡村振兴方面的内容，强调农民的主体地位，激发农民的主人翁意识，使农民开始意识到国家"三农"工作的重心已经开始向乡村振兴转移，科技特派员可以帮助其依靠技术的力量自发促进农村经济增长，实现乡村振兴仍然需要依靠农民的内生动力。

从漠视生态环境向保护生态环境转变。受农民自身文化水平限制，在农业生产中更加注重眼前利益的实现，对化肥和农药的使用量过高，导致农业面源污染很严重。高校科技特派员将研制的有机化肥等绿色技术推广到农村，鼓励农民使用有机化肥和生物防治，减少化肥农药的使用量，发展有机农业。并借助信息化手段通过播放视频等形式从人类身体健康、作物产量、食品安全等多个层面向农民展示农业污染的危害，引起了农民对生态环保的意识。广西大学廖咏梅教授举办的"柑橘病虫害绿色防控技术"专题培训活动对提升农民生态环境保护意识起到了很好的效果，通过搜集整理国内外绿色防控的成功经验，为农民介绍了不同种类的病虫害表现及绿色应对措施。参加培训的农民纷纷表示收获很多，愿意接受绿色防控培训来改变果园长期依赖农药的现状。从表5-1可以看出，我国农用化学品的使用量正在逐年下降，农民的环保意识在不断增强。

表 5-1 2016—2020 年我国农用化学品使用量

年份 （年）	化肥施用量 （万吨）	农用塑料薄膜使用量 （万吨）	农用柴油使用量 （万吨）	农药使用量 （万吨）
2016	5984.4	260.3	2117.1	174.0
2017	5859.4	252.8	2095.1	165.5
2018	5653.4	246.7	2003.4	150.4
2019	5403.6	240.8	1934.0	139.2
2020	5250.7	238.9	1848.2	131.3

* 数据来源：《中国农村统计年鉴—2021》。

5.4.2 依托地方产业巩固拓展脱贫攻坚成果，促进产业振兴

脱贫攻坚战中产业扶贫是帮助农民实现脱贫的主要措施，在过去的脱贫工作中大部分贫困地区都是依托发展产业实现的脱贫摘帽。高校科技特派员立足于当地资源环境，巩固原有的脱贫攻坚成果，在此基础上进行强化，防止发生规模性返贫。不断研发推广新技术，向农民提供强有力的技术支持，辅助农民强化地方特色产业，促进产业振兴。

初级产品附加值低，农民增收缓慢。扶持当地农产品加工业，提升产品附加值是科技特派员的重要任务。高校科技特派员入驻农村加工企业，带去了更高技术的加工工艺和加工设备，不仅提升了加工效率，也促进了企业向更深层次领域拓展，由初级加工向精加工和精深加工过渡。安徽农业大学副教授深入大别山老区霍山县的茶区茶企和食品企业生产一线，致力于茶叶的精深加工研究。指导建设多家食品生产加工厂，利用茶叶的口味和药用保健功效研发出了茶点、速溶茶、饮料等新兴精加工类产品，其中速溶类产品产能超 10000 吨，销售范围达 50 个国家和地区。精深加工显著提升了茶产品的附加值，对霍山县的茶企和周边农户的收入增长均起到了带动作用。在科技特派员的帮助下，茶产业已经成为当地支柱产业。

随着人民生活水平的提升，对肉蛋奶的需求激增，养殖业得到了发展空间。在农村发展养殖业也是帮助农民增收的典型方式，高校科技特派员持续为农村养殖业发展服务，巩固壮大农村养殖产业。来自广西大学的农发院院长韦英明组建了一个包括十余人的科技特派团深入广西大石山区贫困村，结合自己主持承担的"国家肉牛肉羊产业技术体系建设"项目为农民提供牛羊产业指导服务，创新出了一种全新的扶贫模式，科技特派员指导繁育母牛母羊，扩大牛羊数量，传授养殖技术带动全村人养殖牛羊，全程指导农民发展养殖业，帮助户均增收 2 到 3 万元。在都安县携手打造"贷牛还牛"扶贫产业，贫困户从龙头企业以借贷的形式获得牛犊，政府代缴保险金，牛犊长大后企业再进行收购，届时扣除牛犊成本，帮助农民低风险、低门槛发展养牛产业，实现

脱贫增收。在科技特派员持续的技术指导帮扶下，都安县肉牛存栏量从 9.27 万头快速发展至近 15 万头，示范带动了广西肉牛肉羊产业高质量脱贫致富和乡村振兴。

5.4.3　提供全程化服务，帮助农业经营主体排忧解难

农业生产服务涉及产前、产中、产后多个环节，依靠农民自身难以应对复杂多变的生产情形。多学科领域的高校科技特派员掌握着农业生产各环节的先进技术和经验，恰好满足了农民的多维需求，自发组合而成的高校科技特派团为农民提供了全程化服务，解决了农民在农业生产各环节遇到的方方面面的困境。

在产前环节，高校作为信息流通最快的场所之一，掌握着最新的国内国际资讯。来自高校的科技特派员们对于政策的解读更加深入和准确，为农村带去了最新的政策信息，帮助农民借助政策扶持发展农村经济。除此之外，由于市场信息瞬息万变，农民与市场信息时常存在不对称的现象，农民在信息获取上存在滞后性。市场营销领域的高校科技特派员充分利用自身专业知识储备足和获取信息速度快的优势，为农民做出了市场需求预测和种养殖品种选择，更好地贴合了市场需求，为农民解决了信息不对称问题。在农用物资研发上，高校科技特派员利用高校科研等资源为特殊地区研发了适宜当地环境的新品种、新技术，帮助农民破除了生产环境障碍，解决了作物产量质量不高等问题。在黄河入海口三角洲地带有高达 800 万亩重盐碱地，普通农作物在这种环境下难以生长，当地农民增收困难。青岛农业大学组织来自 12 个学院的 300 余名科技特派员组建了 27 个科技特派团和一个"黄河三角洲研究院"，开展技术攻关，探索研发耐盐碱品种，致力于解决当地盐碱地问题。经过科技特派员团队共同努力，选育出耐盐碱新品种 21 个，改造盐碱地 23 万亩，直接经济效益超过 15 亿元。

在产中环节，农产品生产过程中农产品的品质和产量会受到很多因素干扰，包括生产要素的投入量及自然环境等。高校科技特派员将物联网技术带到了田间地头，农民可以实时掌握农作物的生长状态。同时高校科技特派员也可以利用联网系统根据作物的生长状态制定科学合理的生产要素投入量，借助病虫害监测系统提醒农民按时按量喷药，促进了农产品的标准化。除了智能系统应用外，科技特派员会在当地进行试验示范，研发适合当地自然及土壤环境的优良品种，将选拔出的优良品种推广给农民，促进农民增产增收。在重大疫病灾害处理中科技特派员也发挥了关键作用，及时的为农民提出了方案，最大程度上减轻了农民的损失，解决了农民在农业生产过程中遇到的各种困难。

在产后环节，高校科技特派员在农产品销售、包装设计等方面提供了宝贵的指导意见。线下销售作为农产品的主要流通方式，科技特派员凭借着对于市场行情和营销手段的了解，为农民制订了迎合市场的新型营销策略，帮助农民搭建与超市、加工企业之间的长期合作关系，发展农超对接模式，形成订单式生产，为农民找到了稳定的销路，避免了农产品滞销。除了线下销售外，农村电商的快速崛起打通了农产品网络

线上销售的新渠道，加之受新冠肺炎疫情影响，消费者养成了网上购物的习惯。精通电子商务、物流、市场营销等专业的高校科技特派员在农村打造了"互联网＋科技特派员"工作机制，通过开办培训班的方式指导农民利用淘宝、抖音、快手等电商平台销售农产品，传授包括设备操作、直播带货、视频拍摄、营销话术等全方位的销售技巧，帮助农民拓宽了销售渠道。

5.5　制约高校科技特派员作用发挥的因素分析

5.5.1　农民自身因素

1. 人口流失严重

农村劳动力是进行农业生产的主体，在保障国家粮食安全和促进农村经济增长方面发挥着重要作用。改革开放以来，农村产生了大量的富余劳动力，同时受到城市拉力的影响，农村劳动力开始不断向城市转移。随着城乡经济水平差距的逐渐拉大，城市对乡村人口的拉力也随之扩大，大量农村青壮年加快了向城市转移的步伐，村内形成了"386199"部队，农村土地粗放经营其至大面积抛荒现象严重。现将 2017—2021 年乡村人口数量列为表 5-2，由此可以看出近五年来乡村人口正在逐年减少，在 2020 年减少的速度最快，2021 年减速有所放缓。农户兼业化成为常态，工资性收入成为农村家庭收入的主要来源，单纯以务农为生的农民的平均年龄在 50 岁以上，农业劳动力老龄化问题突出。大多数农民目前仍然将农民定位为一种身份象征，不希望子女继续务农，未来谁来种地成为值得人们深思的问题。在这种现实情况下，即使科技特派员为农村带去了先进的技术和创新成果，却没有足够的有效劳动力运用这些技术成果带动农村经济，制约了科技特派员作用的发挥。

表 5-2　2017—2021 年乡村人口数量

年份（年）	乡村人口数量（万人）	年减少量（万人）	同比下降率（％）
2017	55668	——	——
2018	54108	1560	2.8％
2019	52582	1526	2.8％
2020	50992	1590	3.0％
2021	49835	1157	2.2％

* 数据来源：国家统计局

2. 文化素质偏低

农民的科学文化素质水平在一定程度上决定了其对于技术的接受度，进一步影响了农村经济的发展速度。现将《中国农村统计年鉴—2021》中 2020 年我国农村居民家庭户主文化程度列出，见下表 5-3。数据显示，2020 年我国农村居民家庭户主文化程度在初中及以下的占 87.0%，其中未上过学的占 3.4%，小学程度占 32.3%，初中程度占 51.3%。高中及以上程度占 13.0%，其中高中程度占 11.2%，专科程度占 1.6%，本科及以上程度占 0.2%。由此可见农民文化水平普遍偏低，大部分属于小学或初中学历。由于受到教育水平、思想观念等因素的影响，农民思想保守，对于新品种、新技术的接受度不高，阻碍了科技成果的转化和生产效率的提升。在对于农业技术的接受度上可以明显看出农民文化素质高低在接受技术时表现出的不同反应，文化水平较高的农民普遍愿意接受新技术且学习运用快，而文化素质低的农民受小农思想影响，思想僵化，不愿意改变传统的农业种植方式，接受和学习技术的意愿不强烈。即使是接受新技术，在使用上也需要反复进行教学培训，领悟能力较差。整体较差的科学文化素质水平不仅制约了先进技术在农村地区的推广，还很难适应农业现代化的转变和国家工业化发展的需求。不仅仅是农民，基层管理人员对政策的理解与把握也缺乏深入性，只是停留在浅显的认知阶段，不能充分发挥其对农民的指引作用，对于科技特派员制度的宣传不到位，进而导致农民不了解科技特派员的作用，阻碍了科技成果在农村的转化。

表 5-3　2020 年我国农村居民家庭户主文化程度

年份（年）	未上过学（%）	小学程度（%）	初中程度（%）	高中程度（%）	专科程度（%）	本科及以上程度（%）
2020	3.4	32.3	51.3	11.2	1.6	0.2

＊数据来源：《中国农村统计年鉴—2021》

3. 思想观念相对落后

由于农民的收入水平不高导致其对于风险的承受能力较弱，思想相对保守，局限于眼前利益，缺乏大局和长远意识，具体表现在生产方式的转变和农业生产资料的使用上。在生产方式上缺乏创新创业精神，习惯于延续传统的农业生产模式，不愿承担接受现代生产资料所带来的风险。在经营规模上安于一家一户的分散经营状态，不愿扩大再生产。同时受到自身文化水平的制约，在营销、资金、技术、管理等方面的知识均有所欠缺，对于建立农产品品牌的意识淡薄，认识不到农产品品牌建设的重要性。对农产品的质量和品牌形象不够重视，品牌创新和保护意识不强，法律意识淡薄，存在搭便车行为，质量不达标的产品以品牌农产品的名义售卖，影响了消费者的信任度，从而损害了初步建立起来的品牌形象。而且大部分农民对于产业化经营的必要性认识也不到位，思想仍停留在小农意识层面，主动进行农村产业结构调整的动力不足。甚至部分农民习惯了接受政府提供的惠农政策，存在"等靠要"的心理。

5.5.2 农村自身因素

1.基础设施落后

教育医疗相对落后。教育和医疗水平相对落后是农村基础设施落后的典型体现，近几年我国在教育和医疗上投入了很大的财力物力，但是与城市相比仍然存在明显差距，不仅表现在硬件设施上的差距，还有人力资源的差距。农村地区特别是偏远地区教学基础设施落后、师资力量薄弱，专业化水平低。农村更加重视普通学校教育，职业教育和成人教育培训少，成人教育的落后阻碍了农民科学文化素质的提升，从而影响了当地人才的培育，制约地区经济发展。在医疗方面，资源投入不足，农村医疗设施器材相对落后，看病有误差，药品种类少，仅适合治疗简单的感冒等常见疾病。当地落后的医疗资源无法满足农村居民需要，大病仍然需要外出治疗，路程会耽误急性病的救治时间使农民生活幸福感下降，进一步导致农村劳动力外流，缺乏经济增长的内生动力。

物流设施不完善。宽广通畅的道路交通是农产品运输的必要条件，在"四好农村路"建设下，农村道路硬化率得到了提升，但是偏远村庄尤其是山区的道路仍不发达，道路狭窄导致大型车辆难进入，好的农产品运不出去，造成滞销，地区经济缺乏发展空间。目前大部分物流仅配送到乡镇一级，村级快递点少，导致村内农民的购物量和农产品上行量降低。而且农产品与其他产品不同，具有易腐烂、难储运的天然特性，对于温度的要求很高，这就要求我们必须加快对农产品冷链物流设施的建设，保证农产品的食品安全和质量水平，降低储运过程中的损耗。但是目前我国冷链物流还处于起步阶段，专业化冷链设施设备不足，技术不先进，资金投入巨大，农产品冷链覆盖率低，大部分农产品依旧采用恒温运输，限制了销售范围。

信息化建设不足。信息具有很高的经济价值，往往掌握了第一手信息就等于掌握了市场。农村经济发展缓慢很大一部分原因是市场与农户之间信息不对称，农民获取信息的渠道狭窄，需求信息滞后，造成农产品供给与需求不相符。互联网的发展为农民快速接触信息提供了新渠道，通过互联网农民可以及时了解国家农业政策及市场需求，从而调整种养结构以满足市场需要，获取高额利润。同时也为农户开辟了一条新的销售路径，农民可以利用电商平台将自己的产品信息发布到网上，与消费者进行联系，促使买卖双方直接达成交易，省去了流通中间环节的利润侵蚀。但是截至2021年底，农村地区互联网普及率仅为57.6%，仍有很大一部分农民没有触网，接触信息相对闭塞。建设在田间的物联网监测系统和各种信息平台也没有得到大范围的运用，仅局限于应用在试验示范区和具有一定规模的企业上。科技特派员服务云平台的建立缓慢，仍有很多省份没有设置专门的科技特派员服务云平台，制约了规范化的线上服务发挥空间。

2. 产业基础薄弱

我国长期以来存在城乡二元结构，基础设施和农业生产方式相对落后，进而导致农村产业基础薄弱，经济增长动力不足。而且脱贫攻坚时期重点是对贫困落后的农村地区进行政策、资金、技术等一系列帮扶，但是当时发展起来的产业普遍存在着基础薄弱、同质化强、发展动力不足的特征。

农业各部门之间比例不协调。农业产业是农村经济发展的主导产业，产业结构不合理将会制约农村经济发展。2020 年我国农林牧渔业各部门产值占农业总产值的比重分别为 52%、4%、29%、9%，种植业比重过大，林业、畜牧业、渔业比重小，尤其是林业和渔业的比重更小。随着近几年市场对肉蛋奶的需求不断提升，畜牧业比重有所上调，各部门比重协调性有所改善，但是比例还有待优化。这种长期重点发展粮食生产的做法将会导致农产品产业单一，而单一的产品结构难以满足市场的各种需求，容易造成农产品结构性过剩，不利于农村经济的长远发展。

产业结构待优化。农业产业主要以种植业为主的第一产业多，而以加工业为主的第二产业和以休闲农业及乡村旅游为主的第三产业少，经济发展带动能力不强。发达国家的农产品加工业产值为农业产值的 2 到 4 倍，精深加工程度在 90% 以上。而我国的农产品加工业发展状况与发达国家相比差距悬殊，2020 年，我国农产品加工业产值与农业产值之比接近 2.4∶1，深加工率仅仅只有 20% 左右。初级产品多，加工产品少，精细加工的产品更少，产品附加值低，市场竞争力不足。乡村旅游可以带动当地农村交通、餐饮以及娱乐等产业的发展，具有较高的经济效益。但是在实际运行过程中旅游项目同质化现象严重，当地特色文化的融入不足；经营管理模式不合理，较为粗放；精品意识低，基础设施薄弱，大多停留在观光型阶段，对于当地资源优势挖掘的深度不够，缺乏创新性，导致乡村旅游产业发展缓慢。

品牌农产品较少。农产品自身存在制约性，天生就有高度均质的特点，缺乏品牌的农产品很难占领市场地位。消费者在购买产品时不再一味地追求低价，而是追求品质，普遍购买品牌产品。但是大部分农产品品质不足以支撑品牌建设，农产品供给与消费者需求不对称，需要依靠技术手段提升标准化水平。然而目前农产品的标准还存在不统一的问题，国家标准与地方标准在执行的过程中不能很好地协调。其次，大部分农产品属于初级加工产品，相当一部分企业直接以出售农产品原料为主，产品附加值和效益很低，具有地方特色的农产品价值没有得到充分的开发和提升，实际价值与收益不对等。而且依靠农民的自有资金去创建品牌是很困难的，由于农民的文化素质普遍偏低，在营销、资金、技术、管理等方面均有不足，自身创建品牌的能力较弱，缺乏专业人才，农产品品牌核心竞争力不足。

3. 人才资源匮乏

人才是促进农村经济发展的带头人，国家把人才振兴放在了乡村振兴的关键位置。随着社会发展的不断进步，农村对于人才的需求更加迫切。在农业生产上由于受到农业自身脆弱性的影响，农民在面对复杂多变的农业生产环境时需要专家进行帮助和指导。而且农产品最终要流向市场，缺乏销售方面的人才会导致产品滞销，不利于农村经济发展。但是农村目前在人才方面仍存在着"引不来、留不住"的难题，缺乏激励机制。农村基层工作任务重工资低，人才培育和引进政策制度不健全，办公设施与城市存在明显差距。来自农村的大学生习惯了城市繁华的生活，毕业后的第一选择是留在城市，很少有人回乡创业，人才流失现象严重。而且人才吸引不足导致农村基层管理队伍没有接班人，基层乡村管理队伍老龄化。受到自身思想观念更新慢的局限，难以应对新时代下农村复杂多样的难题，缺乏创新意识，管理层的不利进一步阻碍了农村经济的发展。

5.5.3 科技特派员制度自身因素

1. 高校教师参与科技特派员工作的积极性不足

高校内教师对于报名的积极性不足，由于大部分高校科技特派员都是以兼业的形式从事农业科技服务工作，本身承担着教学和科研压力，没有足够的精力再去农村基层服务，而且获取的额外收入相对较低。农村偏远地区基础设施较差，生活条件艰苦，加之科技特派员制度的激励机制不健全，对部分高校教师而言缺乏足够的吸引力。在创业积极性方面，资金支持、年龄和职称都对创业选择造成影响，年龄较大的和职称较高的科技特派员创业积极性偏低。目前对于高校科技特派员创业资金支持力度也有待提高，体制内高校科技特派员离岗创业具有风险性，职称越高的科技特派员创业所承担的机会成本越大，创业的顾虑会更多，制约了创业积极性。

2. 服务领域的覆盖面不全

高校虽然具有涵盖多学科的优势，但是按照产业来看，大多数科技特派员的服务领域集中在第一产业，服务于二三产业领域的科技特派员较少，尤其是第三产业。以福建省为例，被选派的科技特派员服务于一产业的人员占62%，二产业的占27%，三产业的占11%。在科技特派员选派时，高校将选派重点更多地集中在农业生产领域，提供的技术手段主要是为促进农作物提质增产而服务的，对于促进农产品流通和销售等产后环节的服务较少，没有很好地满足农村对于全产业链式服务的需求，部分地区技术服务指导存在断链现象。农村不只是农业生产的主要阵地，同样具有农产品加工企业、工业企业、旅游产业等附加值较高的二三产业。尤其是近几年农村电商的快速兴起，为农民拓宽了销售渠道，但是受自身文化水平的制约，对互联网的了解不足，缺乏专业技术人员指导，很难运用好农村电商这一平台。除了农业生产领域，农村同样需要营销管理、电子商务、机械制造、医疗等领域的科技特派员。

3. 资金支持力度待加强

农业技术推广工作的方方面面都需要资金作为依托，资金不足会限制很多工作的顺利开展。大部分来自高校的科技特派员都是以兼业的形式从事农业科技服务工作，由于需要承担日常的教学工作，往往在农民需要技术服务时乘私家车往返于城乡之间，长距离的路程会增加工作经费，然而这种出行方式产生的交通费用由于缺少发票凭证很难报销，一定程度上制约了科技特派员下基层服务的次数。在日常培训和宣传工作中，组建培训班也需要大量的经费支持。同时，宣传页印刷、专家聘请都需要资金做支撑，资金缺位会影响培训的举办和质量效果。科技特派员对资金的使用权限受到严格的限制，审批程序复杂，资金使用灵活度不够。而且科技特派员受到派出方原单位和受派方双重管理，存在管理混乱、资金发放不到位等现象。

5.6　高校科技特派员发挥作用的路径选择

5.6.1　借助高校科技特派员推动农民转型，实现乡村人才振兴

科技特派员在促进农村经济增长的过程中起到了技术推广的媒介作用，将新技术、新成果带到农村。农民作为农业生产的主体，是促进农村经济发展的主力军。在脱贫攻坚与乡村振兴衔接过程中，应发挥农民这一主要群体的作用。新时代对农业的要求推动着农民必须实现转型，其转型的主要方向是向知识技术型、市场型、新型农业经营主体转变，成为掌握先进科学技术和现代知识理念的现代农民。

1. 由传统农民向知识技术型转变

随着农业逐步走向现代化，农民也将走向现代化，单纯依靠体力劳动已经无法使农民在农业生产中占据有利地位，而且随着年龄的增加，体力也会减弱，必须用先进的知识和技术武装自身，才能保持收入的稳定性。机械化水平不断提高也推动了农民由体力型向知识技术型转变的进程。角色类型转变只是一种表象的转变，真正的转变要从思想开始。农民的思想一旦掌握了主动就能够充分利用自身优势灵活地调动自己的体力和脑力劳动，创造更高的收入，缩小贫富差距。高校科技特派员可以通过贴宣传标语、播放视频、办讲座的形式举办农业知识技术普及宣传活动，潜移默化地从思想上帮助农民了解科技对农业生产的作用。凭借高校科技特派员们丰富的专业知识储备，为农民的不同专业需求提供技术培训，提高劳动者的科学文化素质和劳动技能。通过课堂培训、专家讲座、现场指导、远程教育和外出观摩等多种形式开展定期培训。以当地实际需求为中心设置培训内容，尽可能涵盖农业的多个领域，为农村培养农产品产前、产中、产后各个环节所需的人才。在周边建立试验示范基地，用实际行动向农民展示应用技术的成效，鼓励、带动农民接受技术。强化农民的品牌意识，普及法律知识，鼓励农民将更多的精力放在对农产品质量的升级和改造上，应用物联网对农产品进行全过程的监管，严格把控产品品质，提升产品的标准化程度，打造品牌农产

品。改变传统的种植生产方式，运用科学合理的手段对农业产业结构进行合理的调整，紧跟国家政策导向，促进农业产业结构和农业生产质量的可持续发展。在农村建立图书馆，依托高校资源优势为农村提供藏书，丰富农民的精神生活，提升农民的文化素质。

2. 由传统农民向市场型转变

目前农民在市场信息的获取上依旧存在着滞后性，对于市场需求的把握程度还有待提升。在进行农业生产时存在盲目跟风行为，忽视农业生产的周期性特点，往往在市场上产品出现高价时盲目投产。但是农业生产的周期长，当产品生产出来的时候往往市场上已经不再具有大量需求，反而造成市场上供过于求、生产过剩，价格下降。高校科技特派员应该帮助农民进行市场需求预测，建立信息平台，帮助农民了解市场行情，做好市场与农民之间的桥梁，推动农民以市场为导向进行生产。同时政府应该安排科技特派员对农民做好培训工作，开展技术培训班引导帮助农民把握市场规律，根据市场需求合理地调整种养结构，在销售环节指导农民做出科学的决策。分析当前市场上消费者对于产品的需求由数量转向质量的现实状况，鼓励农民生产高品质的标准化农产品，打造农产品品牌，提高农产品的市场竞争能力，将着力点转移到农产品流通和销售环节，引导农民走产业化经营的道路，树立正确的风险意识，做好预防和规避风险的工作。

3. 由小农户向新型农业经营主体转变

生产经营规模偏小、土地规模不经济是农民进行农业生产时遇到的常见问题，也是制约农村经济增长的关键因素，因此要借助科技特派员的力量推动小农户向新型农业经营主体转变。来自高校的每一位科技特派员自身都在某一领域掌握着丰富的专业知识技能，属于高素质技能型人才。将高校科技特派员派遣到农村，可以充分发挥其传道授业的本领，向农民传授新思想和新技术。针对农村劳动力流失导致的土地粗放经营和撂荒现象，高校科技特派员通过宣传土地流转政策内容，鼓励农民、企业通过转包、出租、转让、互换、入股的形式积极自愿地参与土地流转，在彼此之间建立起了利益共享、风险共担的合作关系。在试验示范基地应用新品种、新技术，培育高产优质产品，促进农民增收，吸引更多农民加入土地流转中来，进行机械化的规模经营，促进了农户生产经营思想从保守的分散经营向规模经营转变。

5.6.2 借助高校科技特派员发展农村产业，实现乡村产业振兴

脱贫攻坚阶段，产业扶贫对我国脱贫攻坚的贡献最大，我国脱贫人口中依靠扶贫产业脱贫的人口占绝大多数。无论是脱贫攻坚，还是乡村振兴，产业发展始终是实现长久、稳定脱贫和农村经济社会持续、健康发展的重要手段，同时也是脱贫攻坚成果同乡村振兴最大、最重要的衔接点。可以借助高校科技特派员的优势，从壮大产业规模、优化产业结构、挖掘地方特色产业、推动三产融合几个方面发展产业，促进脱贫

攻坚和乡村振兴的有效衔接。

1. 壮大产业规模

发展壮大地方产业是促进农村经济发展的主要途径，而科技特派员又是带领农民壮大产业的主力军。科技特派员利用专业知识对脱贫攻坚时期发展起来的产业进行筛选，预估产业未来发展前景，选择发展前景好的产业加大扶持力度，借助优惠政策壮大产业基础，延长产业链条，变初级加工为主企业为精深加工为主企业，提升农产品的附加值。鼓励农民进行土地流转，改变一家一户的分散经营局面，借助土地流转政策实现大规模的连片生产，提高土地资源利用效率，形成规模化的集约经营模式，实现规模效益。发展壮大龙头企业，鼓励高校科技特派员与企业之间构建合作关系，为企业提供技术和科研支持，借助管理类科技特派员为企业出谋划策，规划企业未来的发展方向，做出战略指导，发展壮大龙头企业，辐射带动合作社、家庭农场等其他农业经营主体，形成产业集群。

2. 优化产业结构

在进行农村产业结构调整时，要以高新技术产业为驱动力，将技术作为推动产业结构升级的主要动力。在保障粮食安全的基础上调整农业生产部门内部结构，确保粮食产量稳中有增。适当地增加经济作物的种植面积，推广优良品种，提高经济作物产值在种植业总产值中的比重，大力发展特色农业，提升产品品质，增强市场竞争力。按照自愿、有偿的原则鼓励农户进行土地流转，因地制宜的探索适合当地产业发展的土地流转模式，通过扩大生产规模降低生产成本。研发推广多功能机械装备，利用机械化生产释放农村劳动力，提升农业生产效率。稳步提升林业的比重，注重生态涵养的同时大力发展林副产品，提升产品附加值。大力发展畜牧业，稳定生猪产能，适当降低耗粮较多的生猪比重，提升牛、羊、禽类比重。科技特派员做好重大疫病防控工作，稳定市场的有效供给，降低农民的受灾风险。积极发展渔业，充分发挥湖泊水库的经济效益，采用先进的养殖技术发展水产养殖，扶持水产品加工企业，强化地方特色产业，建立产业集群。

3. 挖掘地方特色产业

橘生淮南则为橘，生于淮北则为枳。不同地区的气候、土壤等自然资源环境各不相同，因此也孕育了丰富的品种。地方特色产品凭借其差异化可以提升市场竞争力，但是缺乏品牌影响力的产品在市场范围上存在局限，需要借助科技特派员宣传地方特色农产品，打造乡村特色产品品牌，进一步提升市场竞争力，扩大产品销售范围。往往偏远地区具有独特的自然资源条件，但由于资金、人才的缺乏导致资源未被开发出来，造成资源闲置浪费，农民增收困难。因此科技特派员要发挥自身优势，深入农村，挖掘地方特色产业。立足自然资源优势，以打造地方环境特色为中心，树牢绿水青山就是金山银山的理念，在不破坏生态环境的基础上开发旅游业、休闲农业等经济效益较高的产业。科技特派员要充分利用农村乡风淳朴、文化历史悠久的特点，注重引导农民保护地方非物质文化遗产，挖掘地方文化产业，促进乡村实现文化振兴，取其精华，去其糟粕，传承优秀传统文化思想。

4. 推动产业融合

巩固拓展脱贫攻坚成果、推动乡村全面振兴始终离不开农业高质高效的全面升级，农村产业融合发展则是实现农业高质量发展的必经之路。农业作为我国基础产业，在保障国家粮食安全上发挥着关键作用，必须确保农业健康可持续发展。但是农业生产具有附加值低的特点，必须不断延伸产业链条才能带动农民快速增收。科技特派员应该在服务指导上加大对二三产业的比重，借助区域优势，优化产业布局，依托当地资源和特色重点发展农村二三产业，密切三产之间的关联，促进三产融合。扶持培育农产品加工龙头企业，鼓励农户与龙头企业建立利益联结机制，形成稳定的产销合作关系，借助龙头企业带动农民增收，实现利益共享，风险共担。同时企业要注重与高校、科研院所合作，运用他们提供的新技术、新装备拓展初级加工范围，向农产品精深加工行业发展，提升市场竞争力。在一二产业的基础上发展第三产业，提升公共服务水平。鼓励企业和农户有策略地发展乡村旅游业，在选择旅游项目时要根据适量原则，选择与自身预估能力相匹配的项目并聘请专家进行市场调研和选址。以国家政策为导向，以"本土化"为核心，以产业兴旺为主线，将乡村烟火气息与时尚元素结合，设置休闲观光区、农业体验园、儿童游乐园等园区，吸引各个年龄层的消费者，同时融入当地文化元素，打造差异化的特色乡村旅游景点，促进乡村旅游的发展。组建科技特派团，为农民、企业提供全产业链式服务，推动三产融合发展。

5.6.3 完善科技特派员制度内部机制，提升科技特派员服务能力

科技特派员制度的健康发展离不开内部各机制的支撑和高水平的科技特派员服务能力，完善的选派机制可以从源头控制科技特派员的服务能力和范围，配合合理的激励机制能够调动其工作积极性，利用培训交流机制可以进一步提高科技特派员的综合能力。

1. 完善选派机制

在选派前科研部门及人事部门应该做好技术供需调研工作，按照"需求对接、产业对接"的原则，对高校教师的专业及承担的科技项目进行调查，深入基层了解农户对科技人才的领域需求。在线上充分利用科技特派员综合服务云平台，及时在平台上发布科技特派员简介及技术供给信息，设置农户技术需求征集专栏，鼓励农民在线上发布技术需求信息。同时安排专员负责管理网站，及时收集、整理技术供需信息，将同类型的筛选出来，供科技特派员和农民选择。做好线上线下的辅助配合，促进双方在自愿的基础上使技术供给精准对接农户需求，实现科技特派员与农户之间的双向选择。在学校官方网站发布科技特派员选派公告，明确选派条件，鼓励高校教职工自愿

报名，广泛参与，针对曾经有过服务"三农"经历的教职工优先选派，被评为优秀科技特派员的可以连任。选派人员种类要向多元化发展，除教职工外，要增加在校研究生的选派比例，壮大高校科技特派员队伍建设，调整优化科技特派员队伍的年龄结构。扩大选派专业的范围，吸纳更多学科领域的人才，满足农民不同的技术需要，解决其在农业生产中遇到的各种问题。将选派重点由农业生产领域向产前和产后领域倾斜，加大对市场营销、电子商务等专业的科技特派员选派力度。鼓励更多高级技术职称、高学历的教师服务农村，创新科技特派员的组织形式，推动服务模式由原来的单兵作战模式向科技特派团协同作战模式转变，集合不同专业领域的人才，对接农业经营主体的不同需求，打造高素质科技特派员团队。

2. 完善激励机制

激励是提高工作积极性的有效手段，合理的激励可以提升工作效率和效果。除了国家出台的对于科技特派员的激励政策外，高校也应该针对本单位情况制定相应的激励科技特派员服务"三农"的制度，为科技特派员提供必要的经费和制度支持，激发高校教师的报名积极性，为农村输入高素质技术人才。例如福建农林大学规定在省财政对科技特派员给予补助的基础上，学校每年预算社会服务经费，专门用于科技特派员等社会服务支出。明确科技特派员个人和团队均可参与社会服务奖励，对于工作业绩突出者和获得优秀科技特派员称号的科技特派员优先晋升。东北农业大学将高校科技特派员在为农村提供技术服务时取得的工作成效纳入单位评聘考核之中，与奖酬分配、荣誉表彰和职称晋升直接挂钩。考核也是激励手段之一，应该每年对科技特派员的服务效果进行评定考核，划分为优秀、良好、合格、不合格四个等级，对评定为优秀和良好的科技特派员分等级设置不同金额的奖金，借助物质激励激发其积极性。同时要加强对科技特派员的宣传，利用互联网在微博、微信等媒体平台对工作成绩突出的科技特派员进行表彰，满足科技特派员的心理需要。除了正向激励外，负激励也是重要的激励手段。负激励可以激发人的潜在能力，提升自身能力。可以通过加强对科技特派员工作过程和服务效果的监督，按照科技特派员的下乡时间、工作效果进行综合考评，实行优胜劣汰的动态调整制度，对下乡服务不积极、工作能力差、绩效不突出的科技特派员通报批评，必要时进行清退，激发其进取心，更好地服务于农村。

3. 完善培训交流机制

人的能力包含现实能力和潜在能力两大部分。对于科技特派员而言，现实能力就是其自身所拥有的专业知识技能，是能够明显地反映出来并发挥价值的一种本能。而潜在能力是一种待激发的能力，可以利用培训、会议交流等手段将其唤醒。由于科技特派员的自身能力很大程度上决定了服务质量的水平，优秀的科技特派员可以带动整个农村地区的经济发展水平，因此要更加重视对科技特派员的能力提升培训。首先要加强与高校科技特派员之间的沟通，利用抽样调查的形式挑选科技特派员进行谈话，明确不同科技特派员的技术培训需求，并进行归纳汇总，按照需求设置培训内容，把培训重点放在需求量大的内容上，满足大多数科技特派员的需要。同时培训内容设置也要紧紧贴合农户需求，真正做到为民所用。增设经营管理方面的培训班，鼓励科技特派员在农村创新创业。其次要做好培训宣传工作，强调参加培训的重要性。设立严格的高校科技特派员培训规章制度，明确规定培训时间，方便科技特派员按照培训时间调整工作计划。利用培训考勤和处罚制度，督促高校科技特派员按时参加培训，在每次培训开始前进行签到，对无故不参加培训的人员进行通报批评，缺勤超过三次以上取消评奖评优资格。最后要建立培训的反馈和考核机制，询问接受培训的高校科技特派员对培训内容设置及培训效果的满意度和建议，及时对培训内容进行调整。在周期性培训完成后要通过线上发放试卷，检测高校科技特派员的学习效果，确保培训发挥预期效果。除培训外，科技特派团内部也可以依托科技特派员工作站通过讲座、会议等形式定期组织团队成员参加工作经验交流活动，彼此分享服务经验和成果，互相学习借鉴更好的工作方法，促进团队整体能力的提升。建立科技特派员信息交流平台，借助互联网打破地域限制，通过文字交流或线上视频会议的形式将来自不同省份、不同高校的科技特派员汇集到同一个线上平台内，互相学习借鉴成功经验，因地制宜地开展服务。

5.6.4　促进农民收入增长，实现农民生活富裕的目标

在科技特派员助力脱贫攻坚和乡村振兴有效衔接的大背景下，促进农民增收是科技特派员服务基层的主要目的，可以从加强基础设施投入、培育壮大人才力量、营造创新创业环境几个方面展开。

1. 加强基础设施投入

让高校科技特派员参与到农村基础设施建设和规划指导中来，找出农村经济发展过程中最紧缺的配套基础设施，集中财力、物力、人力优先建设。吸引多方投资主体对农村基础设施建设进行投资，政府发挥主导力量，加大资金投入力度，支持道路交通、冷链物流、信息平台、金融机构等各项基础设施建设。

物流作为连接消费者与生产者之间的桥梁，是保证农产品出售的必要条件。在物流设施建设方面，首先要完善农村地区的公路网，提升公路设计标准和乡村道路硬化率，为农产品运输车的通行创造条件。其次，要加大对冷库、冷藏车等仓储保鲜设备的资金投入力度，在确保生鲜农产品品质的同时开拓市场，将生鲜类农产品销售到更远的范围。为冷链物流龙头企业选派高校科技特派员，研发高端冷链运输设备，与企业内技术人员协同攻关冷链技术难题，发展壮大龙头企业，辐射带动其他企业形成产业集群，利用规模效应降低冷链物流成本，扩大农产品冷链覆盖范围。

在信息平台建设方面，强化信息基础设施建设，提升农村互联网普及率，加快建立科技特派员综合服务云平台，搭建起农民与科技特派员之间沟通交流的桥梁，提供

信息咨询和信息公开等服务，及时了解农民需求并进行线上指导。安排专员对网站进行管理，及时更新农业信息，并确保信息的准确性和及时性，帮助农户足不出户便可了解当前市场对农作物的需求，规避农户盲目种植农作物品类造成经济受损的情况发生。以市场为导向为农民提前预估生产风险，选择种植品种，发挥市场对农村产业结构调节、引导以及带动作用。在金融设施建设方面，要增加农村金融机构服务点，完善金融类法律法规和监管制度，实时监控银行的风险形势，保护农民的财产安全，为科技特派员创业提供绿色通道。

2. 培育壮大人才力量

在破解农村人才匮乏困局时要在"引"和"育"上下功夫。引人方面要建立人才激励机制，提供优厚福利待遇条件吸引人才。扩宽科技特派员服务领域，不仅要引入农业生产领域的人才，也要顺应时代的发展潮流引入互联网、金融、管理、营销等专业的人才，全方位地为农村服务。借助政府力量促进农村与高校进行结对，鼓励大学生进农村实习创业，培养学生对"三农"工作的热情，为农村培养后备人才力量。针对身处外地的乡土人才，要保持定期联系并关心关怀其亲属，不断增强他们对家乡的归属感和认同感，吸引人才回流。针对本就生活在农村的人才要利用其对家乡的感情从思想上引领他们为家乡做贡献，挖掘农村经济价值。

在人才培育方面，从事农业生产的农民是主要的被培训对象。科技特派员可以利用课堂培训、专家讲座、现场指导、远程教育和外出观摩等多种形式开展技术培训，以当地实际需求为中心设置培训内容，尽可能地涵盖农业的多个领域，让培训效果达到最佳理想状态。不断提升参加培训农民的能力，形成示范带动作用，辐射更多农民参加培训，成为新型职业农民，提高农民的自我造血能力。除以之外，高校大学生也是农村人才的主要力量。鼓励更多学校与农业经营主体签订合作协议，将农村、农业企业作为大学生的实习地点，建立大学生与农业、农村的联系，培养学生对服务"三农"的热情，提升大学生毕业后到农村创新创业的积极性，为农村提供高素质人才。学习借鉴山东、山西、四川等省份实行的公费农科生培养计划，利用免学费、免住宿费、发补贴、管就业的丰厚条件吸引学生报考，为农村培养精通农学、植物保护、园艺、农林经济管理、农业机械化及自动化、农业资源与环境、动物科学等专业的定向人才，激发农村的经济活力。

3. 营造创新创业环境

创新是引领发展的第一动力，农村经济的发展需要依赖创新创业实现。首先要打造多元化的创业融资机制，确保充足的资金是进行创新创业的基础。政府应该发挥主导作用为创业人员提供资金和政策方面的支持，设置科技特派员创业专项资金，鼓励科技特派员牵头在村内领办创办家庭农场和专业合作社。引导农村金融机构降低贷款门槛，简化贷款程序，加大贷款额度，提高科技特派员及农民在农村创新创业的积极性。同时企业也是为创业人员提供大量资金支持的主体，科技特派员可以通过技术入股的形式与企业建立利益共同体，依托企业为其提供创新创业资金。其次，应该搭建众创空间、创新创业园区和人才孵化基地等创新创业平台，为具有创业意向的人提供帮助和指导。鼓励科技特派员因地制宜地探索服务长效机制，与各类经营主体建立利益联结机制，形成"科技特派员＋企业＋农户""科技特派员＋基地＋农户"等多种创业模式，保证农民收入增长的可持续性。最后，要运用好科技特派员创业的激励机制，加大宣传力度，通过公众号、学习强国、微博等媒体平台对创业成功的先进典型进行宣传，并配合以物质奖励，鼓励更多人在农村创业，形成"大众创业，万众创新"的新局面。

参考文献

［1］姜正君．脱贫攻坚与乡村振兴的衔接贯通：逻辑、难题与路径［J］．西南民族大学学报（人文社会科学版），2020，41（12）：107－113.

［2］郑桂茹，蔡惠，胡铁锋，等．高校科技特派员精准扶贫管理模式及实现路径——以河北科技师范学院为例［J］．河北科技师范学院学报（社会科学版），2018，17（2）：21－25.

［3］吕小艳，林树科，钟川，等．地方涉农高校科技人员参与精准扶贫的实现路径［J］．辽宁农业科学，2020（4）：33－37.

［4］蓝陶，吕小艳，陈勇，等．地方高校科技特派员扶贫工作实践及展望——以广西金秀县桐木镇仁里村科技特派员扶贫服务活动为例［J］．农村经济与科技，2018，29（24）：180－181.

［5］孟思达，赵英明，范文丽，等．乡村振兴背景下农业高校科技特派服务创新研究［J］．高等农业教育，2021（6）：23－28.

［6］单一峰．高校科技特派员助力乡村振兴存在的问题及对策——以塔里木大学为例［J］．农村经济与科技，2021，32（17）：292－294.

［7］万春凤，宋君柳，张军伟．地方高校科技特派员助力乡村振兴的调查与发展对策——以菏泽学院为例［J］．乡村科技，2020（15）：43－44.

［8］杨肃昌，范国华．"十四五"时期巩固拓展脱贫攻坚成果同乡村振兴有效衔接评价指标体系构建［J］．宁夏社会科学，2022（2）：112－123.

［9］高强，曾恒源．巩固拓展脱贫攻坚成果同乡村振兴有效衔接：进展、问题与建议［J］．改革，2022（4）：99－109.

［10］黄祖辉，钱泽森．做好巩固拓展脱贫攻坚成果同乡村振兴有效衔接［J］．南京农业大学学报（社会科学版），2021，21（6）：54－61.

［11］豆书龙，叶敬忠．乡村振兴与脱贫攻坚的有机衔接及其机制构建［J］．改革，2019（1）：19－29.

［12］黄锐锋，陈晓阁，郑雨潇，等．山东省脱贫攻坚与乡村振兴战略有效衔接研

究 ［J］．南方农机，2022，53（8）：92 - 94.

　　［13］胡紫玲，沈振锋．从《莫里尔法案》到《史密斯—利弗法案》——美国高等农业教育的发展路径、成功经验及其启示 ［J］．高等农业教育，2007（9）：86 - 88.

　　［14］王凤宝，王同坤，冯敏山，等．高等农业院校的科技特派员制度初探 ［J］．河北科技师范学院学报（社会科学版），2008（3）：15 - 19.

　　［15］朱美聪．乡村振兴视阈下的浙江科技特派员新使命研究 ［D］．杭州：浙江农林大学，2019.

　　［16］王永杰．南平科技特派员制度发展历程与经验分析 ［J］．安徽科技，2022（3）：26 - 29.

　　［17］张艳．发挥农业高校科研优势，服务社会主义新农村建设 ［C］//华东六省一市农学会．华东地区农学会学术年会暨福建省科协第七届学术年会农业分会场论文集．北京：中国农学通报期刊社，2007：350 - 352.

　　［18］王铁军．高校选派科技特派员的优势及作用分析 ［J］．江西农业学报，2008（8）：152 - 153，158.

　　［19］孙刚，周广亮．科技支撑安徽茶产业做大做强做优　助力脱贫攻坚与乡村振兴 ［J］．安徽科技，2020（6）：23 - 24.

　　［20］吕小艳，钟川，韦英明．地方涉农高校提升乡村科技特派员服务能力的实践探索 ［J］．法制与经济，2021，30（3）：99 - 102.

　　［21］王健高．青岛农大科特派：黄三角盐碱地上书写致富经 ［N］．科技日报，2021 - 07 - 21（7）.

　　［22］李卫涛．乡村振兴背景下河南省农村物流发展现状问题及对策 ［J］．南方农业，2021，15（26）：91 - 92.

　　［23］韩盼盼．"互联网＋"时代农产品冷链物流发展路径研究 ［J］．物流工程与管理，2022，44（3）：80 - 82.

　　［24］张长亮．乡村振兴背景下的农村经济转型及发展分析 ［J］．中国集体经济，2022（6）：33 - 34.

　　［25］李瑞军．乡村旅游在农村经济发展过程中的促进作用 ［J］．当代旅游，2019（10）：22.

　　［26］陆凤桃，黄智刚．乡村振兴背景下农村人才队伍建设的思考 ［J］．黑龙江人力资源和社会保障，2021（17）：102 - 104.

　　［27］宋晨．脱贫攻坚与乡村振兴的有效衔接研究——以保定市P镇为例 ［D］．保定：河北大学，2021.

　　［28］侯强龙．农民新形势下的转型——向知识技术型、市场型、开拓型的转变 ［J］．吉林农业，2011（3）：15，17.

　　［29］曾宪浩，雷尊国，邵美婷，等．农村一二三产融合发展视域下科技特派员制

度优化对策［J］. 农村经济与科技，2022，33（3）：217-220.

［30］林农，林明山. 乡村振兴视阈下的高校科技特派员制度实践与创新——以福建省高校为例［J］. 漳州职业技术学院学报，2021，23（2）：37-41.

［31］王甜. 乡村振兴战略下农村乡土人才激励机制研究［J］. 乡村科技，2021，12（4）：15-17.

［32］潘鸿浩. 温州市农业科技特派员制度发展现状及对策探究［J］. 南方农业，2018，12（9）：69-71.

第6章　地方高校制定农业标准助力乡村振兴

　　重农固本不仅是安民之基，同时也是治国之要。通过查阅归纳相关政策文件和文献得知，农业标准化是针对农业为主体，运用"统一、简化、协调、选优"的原则，贯穿于农业生产全过程，通过制定标准和实施标准，促进先进农业科技成果和经验较快得到推广和应用的标准化活动。农业标准化是加快农业产业发展，促进农村经济提质增效的重要手段，在农业现代化建设中是必不可少的重要一环，而究其根本，农业标准则是农业标准化的基础所在。农业标准在一个国家农业发展中占据着举足轻重的地位，而作为制定和修订农业标准的一个重要参与主体，地方高校通过结合自身人才、智力、科技等多方面优势，为我国农业标准化体系建设贡献了重要力量。

　　近年来，中央一号文件都曾有所偏重地强调农业标准化在我国当前农业发展中的重要意义。2018年中央一号文件曾提出，要实施质量兴农战略，推行标准化生产，培育农产品品牌，保护地理标志农产品，打造一村一品、一县一业发展新格局。2019年中央一号文件也提出，要完成高标准农田建设任务，加快发展乡村特色产业，健全特色农产品质量标准体系，强化农产品地理标志和商标保护。2020年中央一号文件指出要加强现代农业设施建设，加强农产品冷链物流统筹规划、分级布局和标准制定。2021年中央一号文件提出，要提升粮食和重要农产品供给保障能力，深入推进农业结构调整，推动品种培优、品质提升、品牌打造和标准化生产。加快健全现代农业全产业链标准体系。2022年中央一号文件提出，要开展农业品种培优、品质提升、品牌打造和标准化生产提升行动，推进食用农产品承诺达标合格证制度，完善全产业链质量安全追溯体系。

　　众所周知，农业现代化的主要特征就是农产品的商品化、批量化、规范化、集约化，最终提高产出率，提高经济效益。要达到这样的目标和要求，必须实行标准化的管理和监测，并贯穿于整个农业生产的全过程，诸如产、供、销和技术的推广应用等方面，都应该实行标准化。作为组织现代化农业生产加工的有效手段，农业标准化既是发展农业产业化的需要，也是农业现代化的一个重要内容。在农业现代化高度发达的国家，农业标准化的程度普遍较高，从农产品生产、贮藏、加工到运销，以及生产资料的供应和技术服务等，全过程实现了标准化。农业标准化已成为世界农业发展的趋势，代表了现代优质、高效农业发展的方向。

由此可以看出，一个国家要想实现农业现代化，就必须要加快农业标准化进程。农业标准化的实施将有助于降低交易成本和监督成本，有助于形成规模经济，催生工厂式的农业生产模式，对扩大农业规模经济的形成范围和提高农业生产效率具有巨大的推动作用。与此同时，在我国乡村振兴战略大背景下，我们必须意识到，要实现乡村的产业振兴，其重要抓手就在于农业标准化水平的提升。在此过程中，地方高校要充分发挥服务地方发展的职能，整合利用自身优势资源，根据国家和地区农业发展需要，制定和修订相关农业标准，加快完善和健全农业标准化体系建设。

6.1 农业标准对于产业兴旺、乡村治理的重要性与必要性

6.1.1 农业标准对于产业兴旺的重要性与必要性

我们知道，从农业定义上来说，狭义的农业仅仅指的是种植业，而从广义上来说，农业包含种植业、林业、畜牧业、渔业和相关副业，这些构成了我国乡村产业发展中占主导地位的第一产业。

国家要复兴，乡村必振兴。在乡村振兴战略二十字工作方针中，排在首位的便是产业兴旺。这也说明产业兴旺是乡村振兴的重中之重。而对于农业产业发展，唯有不断提升农业标准化水平，才能促进农业增效增收，推动乡村产业振兴。实施乡村振兴战略首先要提升农业产业素质，促进和保持农村产业兴旺，这既是乡村振兴战略的抓手，也是乡村振兴战略的动能。一般说来，能够持续提供受消费者欢迎的产品并稳定获得较高经济回报的产业才算是高素质产业。所以，要提升农业产业素质，就必须立足发掘发挥资源优势，顺应对农产品"优质、多样、个性"的消费需求，因地制宜发展多样性特色农业，通过品牌、品牌化引领农业标准化生产、区域化布局和产业化发展，大力发展绿色、安全、营养、健康和放心的"土字号""乡字号"等特色品牌农产品生产，不断提升优质农产品生产能力和市场竞争力，以获得市场回报，形成良性循环。这里，标准和标准化是基础。

农业产业振兴，现阶段最大的问题是标准化，最难的问题也是标准化。农业农村部相关人士指出，农业标准化一肩挑两端，在质量安全端，农业标准化是保障农产品和食品安全的重要举措；在产业发展端，农业标准化是推进农业高质量、可持续发展的有效途径。

近几年，在研究农业产业发展的相关文章中，关于农业高质量发展的关键词时常出现，其中质量兴农便是由此引申出的重要概念。2019 年 2 月 11 日，农业农村部等部门印发了《国家质量兴农战略规划（2018—2022 年）》，其中重点任务就安排了"推进农业全程标准化"。文件指出，"实施乡村振兴战略为质量兴农提供了重大历史机遇。要健全完善农业全产业链标准体系，引进转化国际先进农业标准，全面推进农业标准化生产。"推进质量兴农，为的是提升农产品供给的质量。今天的国人早已从要求"吃得饱"进阶至"吃得好""吃得放心"，也就是说，农业需要提供质量更优、安全性更高的产品，以满足消费者的新需求。要提升农产品的质量，特别需要推动农产品的标准化体系建设，制定和完善包括国家标准、行业标准、地方标准和企业标准在内的农业标准体系。不论是在农业生产的各个环节中，还是在农产品质量安全监管中，都需要严密的标准体系，确保舌尖上的美味和安全。

质量兴农是一个系统化、长期化的工程，需要更多的政策支持，也需要农业生产理念的不断改变，更需要统筹推进行业内各领域的协调发展。多管齐下，方能提升农产品供给的质量，让消费者享受到更安全、更美味的产品，让农民得以增收致富，让农业得以产业兴旺。

6.1.2　农业标准对于乡村治理的重要性与必要性

乡村治理体系建设是国家治理体系和治理能力现代化进程中的关键一环，是治理体系中最基本的治理单元，也是实现乡村振兴战略的基石。因此，加强乡村治理，健全自治、法治、德治相结合的乡村治理体系，对于巩固国家治理基础，加快构建中国特色乡村治理体系，更好地开创乡村振兴新局面，具有非常重要的现实意义。

乡村治理包括"四治"（治垃圾、治污水、治厕所、治村容村貌）和"三清一改"（清理农村生活垃圾、清理村内塘沟、清理畜禽养殖粪污等农业生产废弃物，改变影响农村人居环境的不良习惯）。我国不同地区针对乡村治理的做法多式多样，而取得的成效也各不相同。其成效不同的原因不仅包括各地区的资源禀赋等实际情况，此外还有一个重要因素，就是相关农业标准的制定与实施。

乡村振兴二十字工作方针中写到"治理有效"，而乡村治理现阶段亟待解决的一件事便是健全统一农业标准体系。2018 年 9 月 12 日，全国首个系统、综合、全面的乡村治理地方标准规范《乡村治理工作规范》在浙江省安吉县正式发布。标准回答了"乡村治理，谁来治理、怎么治理、治理什么、治理效果如何检验？"等一系列问题，为全国乡村治理工作提供了典型和示范。

2021 年 2 月 1 日，《农业农村部农村合作经济指导司 2021 年工作要点》正式发布。在乡村治理方面，文件明确要求，深入推进乡村治理体系建设，立足统筹协调、牵头抓总的职能定位，进一步完善机制，创新方式，加强试点示范，夯实工作基础，深入推进乡村治理决策部署在基层落实落地，不断提高乡村善治水平。文件提出，新创建一批全国乡村治理示范村镇，鼓励各地开展多层次的示范创建活动。2022 年的中央一号文件提出，突出实效改进乡村治理。为了贯彻落实这一部署，国家市场监督管理总局（标准委）于 3 月 9 日发布了《村务管理》系列国家标准，对村务管理事项的分类、村务事项运行流程等内容进行了规定，提出了实施村务流程化管理的有关具体要求。

从国家和地方这一系列的政策文件可以看出，农业标准化体系的建立和相关农业标准的制定修订对于提升乡村治理水平、促进国家治理体系和治理能力现代化都起着至关重要的作用。通过与世界农业现代化高度发达国家对比也可发现，农业标准的制定修订、农业标准化体系的加快构建迫在眉睫。

6.2 地方高校制定农业标准的现状分析

高校具有人才培养、科学研究、社会服务、文化传承与创新等四方面的职能。相较于教育部直属高校，地方高校有着不同的定位和使命。地方高校大多由地方政府承办，地方为其提供了经费、场地、人才等各方面的资源，因而地方高校的定位应当更加偏向于培养应用型人才，服务地方发展，正所谓"取之于地方，用之于地方"。

近年来，各地方高校充分发挥智力优势，配合各相关单位起草制定了多项农业类标准。长三角地区作为我国经济最具活力、开放程度最高、创新能力最强的区域之一，同时又是我国多种农产品的重要产区。按照《全国农业可持续发展规划（2015—2030年）》，长江三角洲三省一市（上海、江苏、浙江和安徽）均属于优化发展区，而且三省一市在"十四五"规划中均有提及发展现代农业，健全统一农业标准体系。因此，作为农业标准制定重要主体之一的地方高校对于农业标准的制定空前重视。本文对三省一市各大地方高校近年来制定农业标准现状做出了统计和分析。

6.2.1 制定标准以地方标准为主

从广义上进行划分，我国农业标准体系包含四个层次，即国家标准、行业标准、地方标准和企业标准。由于地方高校的主要职能在于结合地方发展实际服务地方，因此在农业标准制定方面的侧重点在于地方标准。

截至 2022 年 7 月，安徽地方高校共制定农业标准 538 项，其中国家标准 36 项，行业标准 22 项，地方标准 480 项；江苏地方高校共制定农业标准 572 项，其中国家标准 218 项，行业标准 137 项，地方标准 217 项；浙江地方高校共制定农业标准 68 项，其中国家标准 29 项，行业标准 18 项，地方标准 21 项；上海地方高校共制定农业标准 36 项，其中国家标准 30 项，行业标准 2 项，地方标准 4 项。

表 6-1 三省一市地方高校制定农业标准数量统计表

地区	国家标准数	行业标准数	地方标准数	共计
江苏省	218	137	217	572
安徽省	36	22	480	538
浙江省	29	18	21	68
上海市	30	2	4	36
合计	313	179	722	1214

数据来源：全国标准信息公共服务平台及作者筛查。

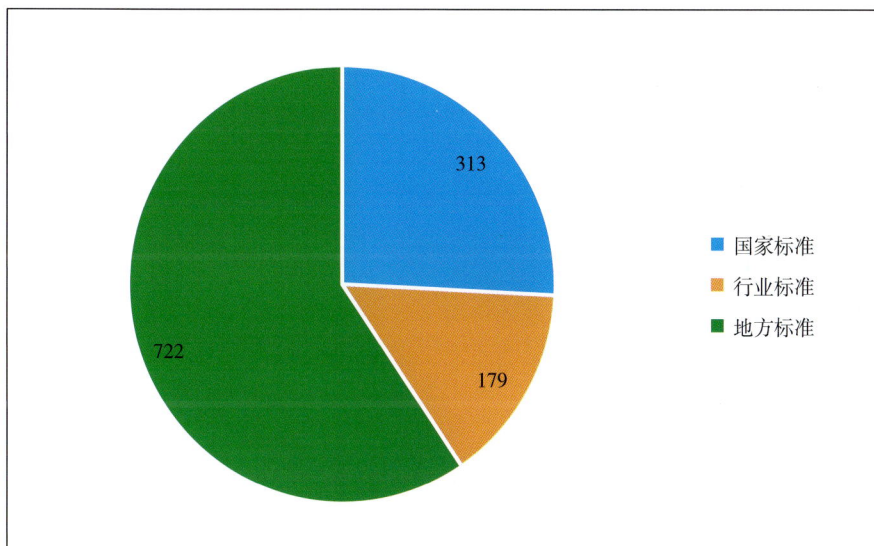

图 6-1 三省一市地方高校制定农业标准数量统计

根据统计，三省一市地方高校共制定农业标准 1214 项，其中国家标准 313 项，占比 25.8%；行业标准 179 项，占比 14.7%；地方标准 722 项，占比 59.5%。如表 6-1 和图 6-1 所示。由此可以看出，三省一市地方高校制定的农业标准以地方标准为主。

6.2.2 制定主体主要为涉农院校

表 6-2 安徽省地方高校制定农业标准数量统计表

地方高校名称	国家标准数	行业标准数	地方标准数	共计
安徽农业大学	31	9	374	414
安徽科技学院	3	0	32	35
皖西学院	0	3	24	27

地方高校名称	国家标准数	行业标准数	地方标准数	共计
安徽中医药大学	0	0	18	18
安徽财经大学	2	10	2	14
亳州学院	0	0	9	9
阜阳师范大学	0	0	6	6
黄山学院	0	0	5	5
安徽建筑大学	0	0	3	3
合肥师范学院	0	0	2	2
安徽师范大学	0	0	2	2
安徽医科大学	0	0	1	1
合肥学院	0	0	1	1
淮南师范学院	0	0	1	1
合计	36	22	480	538

数据来源：全国标准信息公共服务平台及作者筛查。

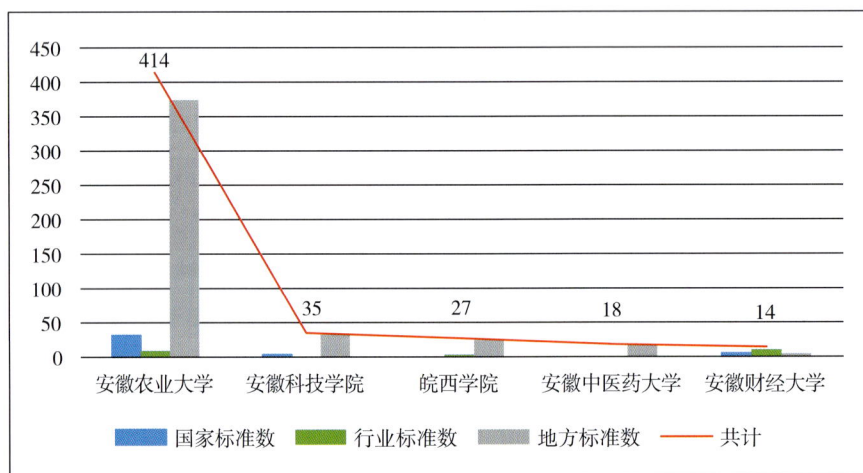

图 6-2　安徽省地方高校农业标准制定数量（前五）

如表 6-2 和图 6-2 所示，安徽农业大学作为地方农业高校，制定农业标准数量为 414 项，在安徽省内排名第一，占比为省内地方高校制定农业标准数量的 76.95%。而同样作为涉农地方高校的安徽科技学院制定农业标准数量为 35 项，在安徽省内排名第二，占比为 6.51%。可以看出，安徽农业大学和安徽科技学院作为省内仅有的两所涉农地方高校，在农业标准制定工作中做出了不可替代的贡献。

表 6-3　江苏省地方高校制定农业标准数量统计表

地方高校名称	国家标准数	行业标准数	地方标准数	共计
南京林业大学	90	105	29	224
南京农业大学	49	20	94	163
扬州大学	18	2	81	101
南京财经大学	37	7	0	44
江苏大学	11	0	2	13
苏州大学	11	0	2	13
河海大学	0	1	3	4
南京大学	1	1	1	3
南京理工大学	0	0	1	1
南京师范大学	0	0	1	1
南京信息工程大学	0	0	1	1
南京中医药大学	1	0	0	1
江苏师范大学	0	1	0	1
南通大学	0	0	1	1
江苏科技大学	0	0	1	1
合计	218	137	217	572

数据来源：全国标准信息公共服务平台及作者筛查。

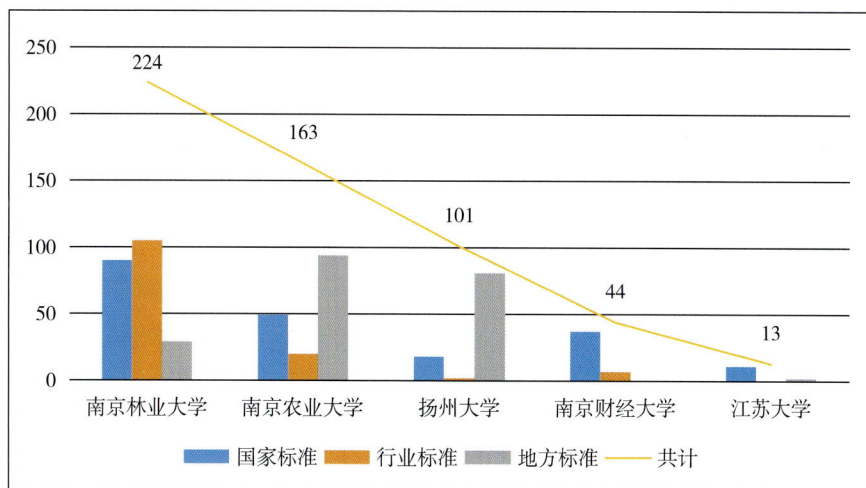

图 6-3　江苏省地方高校农业标准制定数量（前五）

　　同时，根据江苏省、浙江省、上海市的地方高校制定农业标准情况统计显示，江苏省农业标准制定数量排名前五的地方高校分别为南京林业大学（224 项）、南京农业大学（163项）、扬州大学（101项）、南京财经大学（44项）、江苏大学（13项），如表6-3和图6-3所示；浙江省农业标准制定数量排名前五的地方高校分别为浙江农林大学（32项）、浙江工商大学（10项）、宁波大学（10项）、中国计量大学（6项）、浙江科技学院（6项），如表6-4和图6-4所示。

表6-4　浙江省地方高校制定农业标准数量统计表

地方高校名称	国家标准数	行业标准数	地方标准数	共计
浙江农林大学	7	12	13	32
浙江工商大学	10	0	0	10
宁波大学	1	4	5	10
中国计量大学	5	0	1	6
浙江科技学院	4	2	0	6
浙江工业大学	1	0	0	1
浙江理工大学	0	0	2	2
浙江中医药大学	1	0	0	1
合计	29	18	21	68

数据来源：全国标准信息公共服务平台及作者筛查。

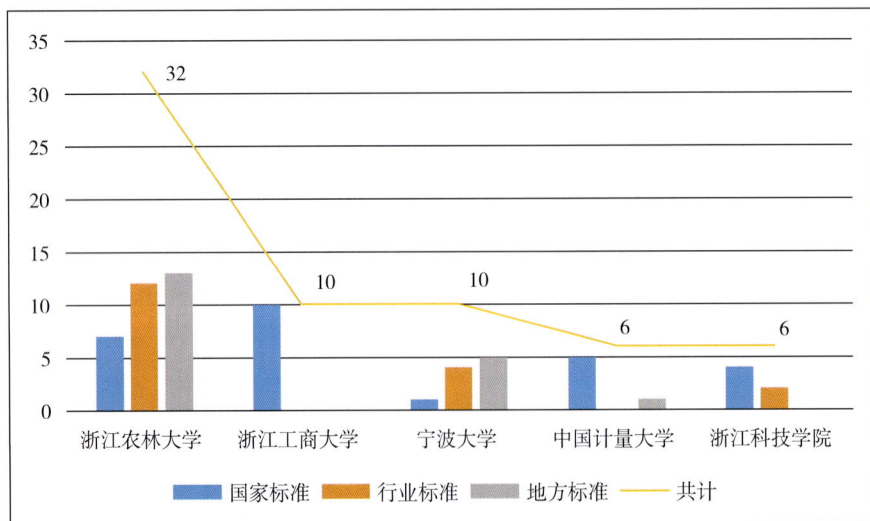

图6-4　浙江省地方高校农业标准制定数量（前五）

经过调研，上海市农业类标准主要由标准化研究院及农科院等相关研究机构组织制定修订，地方高校中仅上海海洋大学和上海海产大学几所为数不多的高校参与少量相关标准制定，这主要得因于上海市非农业大省，农业相关产业在生产总值中占比较低，而上海海洋大学和上海海产大学也是上海市仅有的两所涉农地方高校，见表6-5所列。

表6-5　上海市地方高校制定农业标准数量统计表

地方高校名称	国家标准数	行业标准数	地方标准数	共计
上海水产大学	17	2	0	19
上海海洋大学	13	0	4	17
合计	30	2	4	36

数据来源：全国标准信息公共服务平台及作者筛查。

因此可以得出结论，在长江三角洲三省一市地方高校中，制定农业标准的主体主要为涉农院校。

6.2.3　标准门类较为全面

通过全国标准信息公共服务平台进行查询和筛选，得出三省一市地方高校制定各门类农业标准数量统计表，见表6-6所列。

表6-6　三省一市地方高校制定各门类农业标准数量统计表

类别	安徽	江苏	浙江	上海	总计
蔬菜粮经	326	196	28	0	550
园林绿化	36	199	29	0	264
畜禽	87	73	3	3	166
水产	44	5	4	29	82
农机	16	40	0	0	56
能源生态	15	32	1	2	50
其他	14	27	3	2	46
小计	538	572	68	36	1214

数据来源：全国标准信息公共服务平台及作者筛查。

从标准内容方面来看，长江三角洲三省一市地方高校制定的农业标准中，排名前四位的依次是蔬菜粮经类（550项）、园林绿化类（264项）、畜禽类（166项）和水产类（82项），分别占地方标准总数的45.3％、21.7％、13.7％和6.8％。此外，标准中还包含农机类标准数目56项，能源生态类标准50项，其他类标准46项，分别占比4.6％、4.1％、3.8％。

由统计数据可以看出，江苏和浙江地方高校制定的农业标准以园林绿化类和蔬菜粮经类为主，安徽主要侧重蔬菜粮经类标准，而上海主要集中在水产类标准，如图6-5所示。因此可以得知，长江三角洲三省一市地方高校所制定的农业标准门类较为全面，基本涵盖了农、林、牧、渔等各个领域。

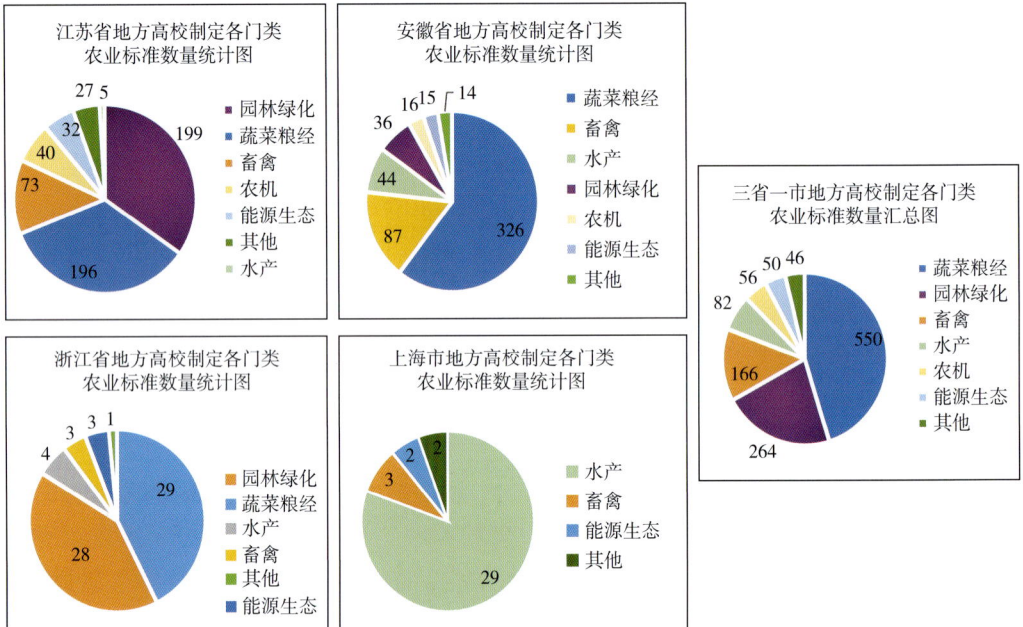

图 6-5　三省一市地方高校制定农业标准门类分布

6.3　地方高校制定农业标准存在的问题

我国农业标准化工作起步较晚，加之农业生产面积辽阔、气候等农业生产环境不一、农产品种类众多、农业人才较少、农业标准化观念淡薄等种种原因，我国当下的农业标准化的技术水平还是相对比较落后的。不管是与西欧、北美以及日本、以色列等世界农业先进地区和国家的发展现状相比，还是与我国农业发展新阶段的要求相比，都存在着非常明显的差距。

当前，我国农业标准化体系建设工作正在陆续进行，标准体系日趋完善的同时，也存在着诸多与现阶段我国农业生产不匹配的问题。众所周知，我国最新修订的《中华人民共和国标准化法》于 2018 年 1 月 1 日起正式实施。在该法律中，我国现有标准被划分为国家、行业、地方、团体、企业共 5 个级别。纵观我国现代农业发展趋势，很多农业标准不能很好地适应时代发展要求，虽然拥有着庞大的农业标准体系，但各类各级标准从前期调研到制定，再到应用、反馈、修订，各个环节的规范性都有待提高。

地方高校作为重要参与主体，为我国农业标准的制定修订做出了应有的贡献，也取得了大量的成果。但在参与制定农业标准的过程中，地方高校也常因标准制定相关条件的限制，现有标准内容撰写以及监督管理的不规范，导致农业标准技术推广体系、制定修订机制、保障机制、监督管理等各方面存在着或多或少的阻碍。比如农业经营主体标准化生产能力普遍偏弱，标准不配套、不统一，标准宣传贯彻实施不到位，标准制定人才匮乏、标准执法力量薄弱等等，都是农业标准制定修订工作中亟待解决的问题。

6.3.1　农业标准技术推广体系不够完善

1. 标准宣传贯彻不到位，普及程度低

由于各地的自然地理环境不同，导致相关农业标准在推广实施途径上就有所不同。农业生产者作为农业标准的受众群体和主要实施群体，广泛存在着"经验优先论""标准无用论"等错误思想，标准化意识不强，对于现阶段农业标准化生产和发展的重视程度不够。面对这些问题，很多农业标准监督实施部门思想站位不够高，针对大部分农业生产者文化程度较低、理解能力有限等困境，未能及时拿出针对性措施帮助农业标准更好地执行，在标准的宣传贯彻上出了问题。

2. 标准的可获得性较弱

根据现有标准信息推广渠道现状，标准信息下行渠道非常有限，大部分用户由于对互联网使用不熟练，无法及时查询到适用于当前农业技术发展和市场需求的最新标准，再加上没有专业人员的指导，在标准使用时往往效率极低。在标准制定过程中，由于部分标准需要综合考虑的多元化因素较多，对制定单位之间互联互通的要求较高，这就存在获取信息滞后，交流共享不及时的情况，最终造成查询难、实施难、更新难的"三难"困境。

6.3.2　农业标准制定修订机制不够健全

1. 农业标准制定缺乏顶层规划，缺少专门部门负责

农业标准的制定将直接影响到农业产业化和农业现代化的进程。在我国部分地区，农业标准的前期顶层规划较为片面，未能深入分析所制定标准的前沿发展情况和市场需求，在整个制修订过程中缺少专门部门对其进行统筹管理，对于各个环节和分项的要求不一，缺少对标准的整体把关。在当前现代化农业发展大背景下，许多现代农业新业态应运而生，针对这些新型农业发展体系，各级农业标准的配套显得尤为重要，尤其是产前、产中、产后等环节的配套标准都需要进行深入研究，需要加强对农业标准化工作的统筹，而现有农业标准制定的顶层规划的科学性还有待加强。

2. 农业标准制定缺乏系统性、全面性

农业标准是发展现代化农业产业的基础。只有建立一套完备、系统的农业标准体系，才能够加快农业产业化和现代化进程。现阶段，虽然农业标准体系正在日趋完善，但在制定标准和实际应用时仍然存在系统性、全面性不足的局面，主要体现在以下两

方面。一方面，标准制定修订人员的选定没有明确的目的性和专业性，相关部门的联动不够紧密，通常存在制定人员对于现代农业技术应用现状不够熟悉、考虑欠妥的情况，这不仅使标准制定与现实情况脱节，标准质量不佳，同时对于标准的实施应用也埋下了隐患。另一方面，在农业标准的制定过程中，农业标准制定修订单位缺乏对标准应用需求的深入分析，尚未将标准制定修订与实施效果评估较好地结合，以致部分标准与相关操作规定有所出入，做不到完美的衔接配套，也同样为标准的使用者带来了无所适从的疑惑。

3. 农业标准制定整体上具有盲目性

农业地方标准的制定在整体上呈现盲目性，没有长远的规划和思路，缺乏前瞻性，没有形成长远、发展的眼光来规划、制定农业标准，逐渐形成"重计划，轻落实"的弊端。农业标准的制定、修订周期较长，制定出的农业标准跟不上市场需求变化，在一定程度上导致了农业地方标准内容落后于农业技术的发展，未能很好地结合地方农业发展实际，所构建的标准指标体系很难适应农业参与市场竞争的需要。

6.3.3 农业标准制定修订相关保障不足

1. 人才匮乏

农业标准的制定者多是本领域的农业专家、技术人员。一方面，相关农业高校在人才培养方面很大程度上没有精细化管理，培养较笼统、不专业、不精深，目标导向性不强；另一方面，高校农业标准制定人员经常易受相关企业影响，以获取经济利益最大化出发，追求最大效益，往往在生态环境保护方面不重视。同时，参与意见征集反馈的农业生产经营者过于分散，经营规模小，人口受教育程度低，对标准制定工作也产生了一定的影响。由此便逐渐形成了重数量轻质量，重经济轻生态，重眼前轻长远的农业标准制定的不良格局。

2. 经费支持不足

地方高校制修订农业标准过程中需要包括调研反馈、理论转化、成效激励等一系列的经费用度。长期以来，农业标准制定修订的经费来源方式一般都是单位自筹或社会征集，一直没有开发出稳定的来源，尚未建立农业标准体系建设专项经费渠道，上级政策也未对农业标准的制定修订工作做出拨款支持。与此同时，对于筹集到的经费还存在着分布不均、管理不善等问题，进而使很多农业标准制定项目处于延期或停滞状态，制约了农业地方标准的制定修订速度和修订质量。

6.3.4 农业标准内容不够落地

1. 农业标准理论性过强，存在不易实践情况

农业标准多是由地方高校、农业企业等机构的相关专业人员来制定和推广普及，

其制定过程中多用理论性过强的专业化语言，富有浓烈的学术色彩，而真正落实的对象则是长期与土地打交道的农民群众。由于我国幅员辽阔，造就了不同的自然地理风貌，加之人口众多且不同地区农民素质不同，农业生产经营者过于分散，经营规模小，人口受教育程度低，因此对于标准之中专业化语言的理解能力极其有限，这使得农业标准在实践过程中面临着不同程度的障碍。

2. 农业标准制定缺乏市场活力

地方高校在制定农业标准过程中，对于农业标准的实用性和可操作性时而有所忽视。我国现有标准化体系中，由于团体标准和企业标准的较大局限性，农业类标准还是以国家、行业和地方标准为主。根据调研情况显示，我国大部分地区由于资源禀赋有所差异，一些标准的普适性不强，因此更加着重于地方标准的制定。纵观地方高校制定的多级标准，不管是国家、行业标准，还是地方农业标准，都有一个相通的问题，那就是其科技成果转化率普遍较低，无法很好地将多年积累的有效经验与新时代科技发展进行紧密结合，进而导致实际应用效果不佳，未能在新型农业标准体系构建中发挥很好的作用，市场活力有所缺乏。

3. 农业标准的适用性和可操作性还需加强

部分农业标准与生产实际脱节严重，在实际生产过程中操作者不知所措，由于农业标准的制定专业化明显，可操作性不强，需要有专人指导或系统化学习理论知识才可运用，因此不能很好地满足普通民众农业生产的需求。在农业标准实施过程中，大部分使用者文化程度普遍较低、接受能力较弱，而制定的农业标准语言通常偏官方和专业化，与其他规范性文件关联较多，由于不够熟悉，在一定程度上也给农业标准的执行带来了诸多的不便。农户在使用农业标准时，若涉及多个文件及其里面的引用时，需对引用标准熟知，如理解不当或不到位，会影响农业生产发展，且需承担由此造成的后果。

6.3.5　农业标准实施过程缺乏有效管理

1. 农业标准的实施缺乏有效性

近些年来，一些大型企业花费大量的财力、物力，逐渐规范化、专业化，相继取得了不少的产品认证或体系认证，逐渐形成了标准化、规模化生产。但与此同时，由于地方高校等制定机构重制定、轻管理，缺乏动态监管，在实施的过程中没有按照标准化生产，导致农业标准的适用性、先进性较差等一系列问题的产生，食品安全事件时有发生，严重时企业因此而破产清盘。造成这种不良局面的主要原因是，在农业标准实施的各个环节缺少监督，存在不同程度的漏洞，给不法分子以可乘之机。

2. 缺少农业标准信息化管理系统，追踪反馈不够紧密

标准发布后，未能及时地建立农业标准信息化管理系统以及农业标准体系专题数

据库，从而导致相关农业标准在实施的过程中，实施效果不理想却长期得不到及时的修订和完善，缺乏长效反馈机制，导致高校、企业与农户沟通脱节，农业标准落后于现实农业技术的需要，导致技术指标、实施方法等不同程度的问题出现。

6.4 地方高校制定农业标准助力乡村振兴的实现路径

6.4.1 完善农业标准技术推广体系

1. 加强农业标准普及、宣贯工作

各级政府、农业主管部门、农业科技人员应利用农业技术推广系统宣传、贯彻、实施农业标准的现有平台，加强对农业标准的普及、宣贯工作，进一步完善农业技术推广体系。如通过报纸、电视、小视频等各种媒体平台和不同的方式，大力向农业生产者、农业标准运用者宣传农业标准化的相关理论知识，不断提高农民的理论水平，同时转变观念，加强标准化知识培训。

2. 提高农业标准的可操作性和可获得性

建立农业标准化推广平台。充分利用现有农业技术推广体系，并与时俱进不断开拓新的普适的传播方法，同时充分发挥现有各级农业技术推广人员的作用。同时充分发挥龙头企业的积极性、带动性。适当扩大农业产业化经营力度和规模，充分利用龙头企业的积极带动作用，把众多农户尽可能地从原始的生产经营引导到农业标准化生产经营的道路上，进一步加快农业标准化进程。

6.4.2 建立健全农业标准制定修订机制

1. 加强农业标准制定的顶层规划，加强各部门的互联互通

各农业标准制定修订单位要加强顶层设计，发挥农业标准对农业科技创新的引领和带动作用，从长远利益出发，统筹全局，协调各方利益，不能只顾及眼前的蝇头小利，在发展经济利益的同时，兼顾生态环境的保护，贯彻"绿水青山就是金山银山"的绿色发展理念。要一以贯之农业标准的制定不是一时之计，是关乎我国农业健康发展的千秋大计，关系我国粮食安全的战略。

2. 逐步建立系统性、全面性的农业标准

通过实地调研和走访取证，并根据现有的国家及行业标准，结合各地特点，提高相关领域人员的参与度，调用社会力量，加大投入和研究力度逐步制定系统化、全面化的农业标准，以适应农民生产和农业发展最新要求，逐步制定农产品各环节相应标准，扩充标准内容，简化操作规程，弥补标准制定不均衡、不全面问题，从而加快制

定适应区域农业发展的各类标准，完善标准体系。

3. 农业标准的制定要具有科学性

农业地方标准的制定应当有长远的规划和思路，运用发展的、前进的眼光来科学规划、紧密筹划、严密实施，加强标准制定修订前沿理论的学习，在制定农业标准过程中定期实地调研，结合地方农业发展实际情况及时交流沟通，修订不合理指标，逐渐改变"重计划，轻落实"的不良模式。逐步改变农业标准制定、修订周期较长，制定出的农业标准跟不上市场需求变化的弊端，从而根本上改变农业标准内容落后于农业技术发展的局面，使标准指标体系逐步适应农业参与市场竞争的需要。

6.4.3　提供农业标准制定修订的充足保障

1. 构建高校战略高端智库

地方高校应当在围绕习近平新时代中国特色社会主义思想等重要精神内容的基础上，广泛发挥高校智力优势，搭建由校内外农业行业专家、标准化研究人员及专业调研团队所组成的沟通研讨团队，构建高校战略高端智库，以建立农业标准制定修订与调研反馈长效管理工作机制，保障地方高校农业标准制定修订顶层规划、统筹协调等工作，确保农业标准体系完善健全工作的顺利进行。

2. 完善人才培养与引进机制

各大高校、涉农企业以及农户加强互联互通、有效对接。重视人才的培养教育，给予人才以精神和物质支撑，让其没有后顾之忧。各大高校应当以自身实际出发，加强优势学科的科研教学，不断培养理论知识过硬、专业水平高、工作能力强的新型农业人才；涉农企业结合市场需求以及自身实际，充分吸纳农业类相关人才，不断加强自身团队建设，提高自身的科研实力。

3. 设立农业标准专项资金

各地政府要高度重视农业的生产发展，完善金融体系，设立农业发展专项资金，以弥补农业领域资金不足的现状，同时制定法规保障相关政策严格实施落地；各地涉农企业应广泛吸纳社会资本，不断壮大资金实力，增强抵御金融风险的能力，合法利用各种金融资本；农户除依靠自身集资外，还可通过建立合作社等方式来筹集资金，同时利用政府的专项资金平台来获取一定额度的财政补贴。

4. 完善健全相关激励机制

高质量农业标准的制定，不仅与参与农业标准制定人员的能力息息相关，完善健全相关激励机制也是必不可少的。加大高质量农业标准与出色贡献人员的激励奖励力度，能够使得农业标准的制定更加高效。一方面，在职称晋升相关管理规定中，可以将制定不同等级农业标准列为部分科研成果同等效力进行评价，消除参与农业标准制定"于己无用论"；另一方面，对在参与农业标准制定过程中有突出贡献人员，以及那些技术水平较高、效益显著的农业标准，应纳入科技进步奖励范围，予以一定的精神和物质奖励，提高农业标准制定人员的工作积极性，进而促进农业标准化体系良性发展和区域农业技术不断进步。

6.4.4 农业标准制定要实事求是

1. 相关理论制定要通俗易懂

由于我国的国情，无论是土地的经营类型，还是农业经营者的综合素质，均在很大程度上存在差异，所以农业标准的制定修订一定要结合当地的实际情况，从实际出发，注重实用性，相关理论的修订不可过分强调文字的高大上，要以通俗易懂、利于传播普及为准，以期带给农业从业者使用过程中的便利。

2. 农业标准制定要激发市场活力

农业标准的制定要以市场为导向，满足市场需求，充分发挥市场在资源配置中的决定性作用。由此充分激发相关农业团体、涉农企业以及农户的积极性、主动性和创造性，增强农业各大主体的参与感和获得感，不断激活市场的潜在活力，促进农业不断发展。

6.4.5 农业标准实施过程中形成严格规范的管理体系

1. 加强农业标准的动态监管

由于农业生产受市场影响较大，而市场具有盲目性和逐利性，所以非常有必要建立一套完善的农业标准动态监管系统。由专门机构内的监管人员负责对体系表中的标准进行跟踪，主要职责有：建立长效机制，对农业标准的检测、研判形成一套完整的体系；同时依托大数据平台，及时了解国家以及行业内新发布的农业标准，实现资源共享；收集行业标准动态发展情况，通过分析研判以此制订适合农业生产发展的修订计划。

2. 建立健全农业标准信息化管理系统

建立健全农业标准信息化管理系统，立足于长效发展机制，着眼于农业公共服务，通过整合各方资源，获取实时信息，建立农业标准执行监督的数据库，构建具有安全监测、预报、预警的完整系统，不断将农业标准信息透明化，提高信息可获取度，提高农业服务化水平，同时加强各大主体的互通互联，逐步将其建设成农业标准类的权威门户平台，为广大用户提供优质的农业服务。

参考文献

[1] 张吉国. 农产品质量管理与农业标准化 [D]. 泰安：山东农业大学，2004.

[2] 王赟. 实施农业标准化 促进现代农业又好又快发展 [J]. 现代农业科学，

2009，16（4）：246 - 248.

　　[3] 杨辉，栾昉，叶新太 . 新时期推进农业标准化的意义和任务 [J] . 农村·农业·农民（A 版），2019（4）：27 - 28.

　　[4] 陈静 . 共话标准破壁之道　共享标准实践之果 [N] . 中国市场监管报，2021 - 07 - 30（A4）.

　　[5] 中央农办等：开展村庄清洁行动 [J] . 中国农民合作社，2019（3）：5.

　　[6] 农业农村部农村合作经济指导司 2021 年工作要点 [J] . 中国农民合作社，2021（2）：12 - 15.

　　[7] 章家恩，陈建军，骆世明 . 我国农业标准化发展面临的机遇、挑战及其战略思考 [J] . 农业现代化研究，2004（2）：157 - 159.

　　[8] 魏鹏娟，王艳，刘香香，等 . 我国农业标准实施应用现状及对策分析 [J] . 农产品质量与安全，2015（2）：25 - 27.

　　[9] 陈芮婕，甘学斌 . 武汉市农业地方标准现状及发展方向浅析 [J] . 中国标准化，2020（10）：162 - 165.

　　[10] 冯磊，王磊，孟静，等 . 山东省农业地方标准现状及分析 [J] . 农村经济与科技，2021，32（1）：174 - 175，178.

　　[11] 徐建珍，马明 . 关于农业地方标准体系建设中若干问题的探讨 [J] . 世界标准化与质量管理，2006（9）：45 - 47.

第7章 地方高校助力乡村生态宜居的作用与实现路径

十八大以来，从"美丽乡村"到"乡村振兴"，无不显示出党中央对农村建设的日益重视。打造生态宜居的美丽乡村在乡村振兴战略规划中占有重要地位，生态宜居在乡村振兴中处于重中之重，改善农村人居环境是实施乡村振兴战略的当务之急。

十九大提出，要实现乡村振兴，必须按照产业兴旺、生态宜居、乡风文明、治理有效、生活富裕的总要求。生态宜居指的是根据生态文明的需要，因地制宜发展绿色农业，加强农村人居环境综合整治，尽快扭转污水、垃圾、秸秆等乱排乱扔乱烧的现象，进一步优化水电路气房讯等配套设施，推进山、水、林、田、湖、草保护建设，爱护好碧水青山和清爽惬意的乡村生态环境，促使乡村生产、生活、生态协调发展。

地方高校作为中国高等教育体系的重要组成部分，在培育大众化高等教育人才以及保障地方各项事业发展需求方面扮演着不可或缺的角色。乡村振兴是机遇，也是挑战。在政府政策的引导下，乡村振兴势必会激起一波新的建设热潮，而在绘制生态宜居美丽乡村这一鸿篇巨制过程中，难免会有举步维艰的境地。那么，如何破解乡村振兴发展中面临的种种困境，如何调动优势资源，提升服务乡村振兴的能力，助力乡村生态宜居已经成为当前地方高校所面临的一个严峻而迫切的研究课题。

7.1 相关文件的解读

为全面贯彻落实党的十九大和全国教育大会精神，响应党中央、国务院关于乡村振兴和农业农村优先发展的一系列号召，2018 年底，教育部发布了《高等学校乡村振兴科技创新行动计划（2018—2022 年）》，各高校与地方企事业单位广泛合作并探讨深耕乡村振兴这片广袤的土地。其间，以乡村振兴的战略研究为重心，围绕产业兴旺、生态宜居、乡风文明、治理有效、生活富裕等重大、热点、前瞻性问题开展战略与政策研究，为国家政策制定提供理论支撑。高校作为美丽乡村建设科技创新行动的重要载体，农村人居环境质量全面提升离不开各高校积极参与生态宜居的美丽乡村建设。支持高校开展加强美丽乡村建设等研究，支持高校以建设美丽宜居村庄为导向，对农村垃圾、污水治理和村容村貌提升中的关键科学问题开展研究，系统突破农村人居环境整治关键科学问题，助推农村人居环境质量全面提升。其中，关于生态宜居和宜居村镇的表述达到了五次之多，由此也能够看出对于推进乡村生态宜居建设的重视程度。

《中共中央　国务院关于实施乡村振兴战略的意见》中提到的目标任务是到2035年，乡村振兴取得决定性进展，农业农村现代化基本实现。乡风文明达到新高度，乡村治理体系更加完善；农村生态环境根本好转，美丽宜居乡村基本实现。其中，特别提到了要坚持人与自然和谐共生，牢固树立和践行绿水青山就是金山银山的理念，落实节约优先、保护优先、自然恢复为主的方针，统筹山水林田湖草系统治理，严守生态保护红线，以绿色发展引领乡村振兴等战略意见。生态宜居乡村建设是解决"三农"问题的有效途径，是实施乡村振兴战略的关键。

《乡村振兴战略规划（2018—2022年）》强调推进乡村绿色发展，打造人与自然和谐共生发展新格局。乡村振兴，生态宜居是关键。良好生态环境是农村最大优势和宝贵财富，必须尊重自然、顺应自然、保护自然，推动乡村自然资本加快增值，实现百姓富、生态美的统一。同时也要加强农村基层基础工作，构建乡村治理新体系。乡村振兴，治理有效是基础，把乡村建设成为幸福美丽新家园。随着乡村振兴战略的提出，生态宜居成为乡村治理和发展的关键，各地也开始积极响应并加快推进生态宜居乡村建设工作。生态宜居乡村是实现我国乡村振兴战略的重要条件，更是统筹城乡发展的内在要求。乡村生态宜居建设已上升至国家战略高度。

《中华人民共和国乡村振兴促进法》则是从法律层面对实施乡村振兴战略进行了顶层规划，并从产业发展、人才支撑、文化繁荣、生态保护、组织建设、城乡融合、扶持措施等方面分别制订了较为详细的要求，其中提到支持和鼓励高校设置涉农专业，加大农村专业人才培养力度，鼓励高校毕业生到农村就业创业。大力培育农业科技人才、经营管理人才、法律服务人才、社会工作人才，加强乡村文化人才队伍建设，培育乡村文化骨干力量，促进农村人才队伍建设，为推进乡村生态宜居建设所需的各类人才培养指明了方向。

综上所述，三个重量级文件中都提到了将建设生态宜居乡村作为重要任务和目标，特别是《高等学校乡村振兴科技创新行动计划（2018—2022年）》，将高校在乡村振兴中所承担的责任和要求进行了详细的界定，为高校助力乡村振兴找到了行动指南，而在《中华人民共和国乡村振兴促进法》中则突出了高校对培养农村人才队伍的重要作用。由此可见，乡村振兴需要高校深度参与，高校也应发挥自身优势助力乡村振兴，尤其是对于有着地理位置与资源优势的地方高校更是责无旁贷。目前，全国已有许多地方高校在乡村振兴中发挥了自身的重要作用，全面参与了乡村的产业规划、生态宜居、乡风文明、美丽乡村等方面的工作，也在实践中探索出了多种助力乡村振兴发展的有效途径，取得了非常不错的效果。生态宜居并不是一句简单的话语，它包含着深刻的内涵和宏大的范围，既包括绿色农业、人居环境整治、基础设施建设，也包括乡村垃圾与秸秆等废弃物的处理，以及乡村山、水、林、田、湖、草的保护与建设等方方面面，是一个庞大的系统工程，需要完成的任务还有很多，因此，也迫切需要地方高校的深度参与合作，为实现最终的乡村振兴目标贡献高校的智慧与力量。

7.2 地方高校助力乡村生态宜居的优势与意义

7.2.1 地方高校助力乡村生态宜居建设的优势

地方高校拥有丰富的教育资源和科技、人才、智力等优势，参与乡村振兴是发挥其服务社会职能的重要途径。地方高校作为高等教育的重要组成部分和培养服务地方经济社会发展人才的主阵地，肩负着人才培养、服务社会、科技创新等多种职能，应该主动融入乡村振兴工作之中，以实际行动彰显时代价值，诠释地方高校新时代的责任担当。

1. 为乡村生态宜居建设提供智力支持

地方高校助力乡村振兴大有可为，乡村振兴的基础动力是人力资本，而人才是地方高校最具特色、最为丰富的教育资源。从地理位置上看，地方高校拥有与乡村联系紧密的先天优势，且对乡村发展的特点、痛点及群众需求有更为详细和深入的了解，能够根据乡村特点及企业人才需求灵活调整专业设置与人才培养模式，为服务乡村振兴提供对口的专业人才。习近平总书记多次强调人才是乡村振兴的重中之重，没有人才的充实则现代农业和新农村建设就搞不好，产业兴旺、生态宜居、乡风文明、治理有效、生活富裕的美好愿景更离不开人才的引领和推动。地方高校应明确自身在实施乡村振兴战略中的价值定位，以主人翁的态度推动乡村振兴战略的落实，为实施乡村振兴战略提供专业人才、信息、科技与智力支撑。这不仅是地方高校的基本职责所在，同时也是各高校探索自身综合发展的机遇。乡村振兴的推力是地方人力资源，地方高校要积极参与培养具有实干精神的新型职业农民和农村本土人才。随着国家对"三农"人才的重视，许多地方高校都开展了对农民和乡土人才的培训工作，特别是为爱农业的新农人提供技术指导，持续不断地助力"三农"人才的培育和发展，为乡村振兴提供多种多样的人才和智力支持，为培养乡村产业振兴带头人、新型职业农民和农村本土人才做出了突出贡献。

2. 为乡村生态宜居建设提供服务保障

近年来，我国广大乡村基础设施不断完善，农民生产生活更加便利，农民生活水平得到了明显提高，但也出现了如农村人口减少、老龄化严重等空心村问题，环境污染、生态破坏、基础设施落后以及乡村文化消失等一系列关乎乡村生存发展的问题不断出现，这些问题严重阻碍了乡村的进一步发展，甚至威胁到了广大农民的身心健康，必须加以高度重视。改善乡村人居环境已成为实施乡村振兴战略的关键环节，关系到广大农民的切身利益，也关系到乡村社会文明的建设。习近平在指导乡村振兴战略时，指出了乡村生态环境的可持续发展的必要性，改善乡村人居环境是实现乡村振兴战略的内在要求。在《高等学校乡村振兴科技创新行动计划（2018—2022 年）》中也提出了把美丽宜居的理念融入村庄建设中，助推农村人居环境质量全面提升。生态宜居乡村建设是一个系统工程，需要全社会，尤其是地方高校积极参与和支持。地方高校作为高素质科技人才的主要阵地，在教育资源、人才供给、服务社会等方面具有较大优势，是乡村生态宜居规划与建设的重要支撑力量。特别是在乡村人居环境改善、公共空间优化以及传承和创新乡村文化等方面需要地方高校的大力帮助。由此可见，推动乡村生态宜居建设已经成为地方高校助力乡村振兴的重要任务之一，乡村也必将成为地方高校开展社会服务的重要阵地。

3. 为乡村生态宜居建设提供文化养分

传承文化是地方高校的基本职能，作为科技和人才资源的重要结合点，高校在推进文化传承与创新，助力乡村全面振兴战略中处于非常重要的地位。地方高校能够为乡村生态宜居建设提供精神动力、文化养分，让乡村文明焕发出灵动鲜活的新气象。一直以来，地方高校对挖掘乡村农耕文化、传承创新地方文化、繁荣发展乡村文化、全面推进乡村文明做出了重要贡献。在教育部印发的《加强和改进涉农高校耕读教育工作方案》中，对涉农高校加强和改进耕读教育作出了明确部署，要求将耕读教育相关课程作为涉农专业学生必修课，编写中华农耕文明等教材，强化有关中华农耕文明、乡土民俗文化、乡村治理等课程教学。生态宜居乡村建设的最终目的是满足广大村民舒适居住、绿色生产、健康生活的需求，同时又能够建成生态的、环保的、具有乡村传统文化特色的美丽乡村空间环境。建设生态宜居的美丽乡村需要坚持从群众中来到群众中去的工作方法，只有真正了解群众的所思所想、所需所求，才能正确解决当前乡村发展所面临的困境和难题。地方高校通过深入宣传党的惠农政策，扶持乡村建设以及持续不断地向乡村输送优秀文化，提升公共文化服务能力，在改善乡村环境的同时也改变了广大村民的精神面貌，从而进一步增强乡村的文化吸引力和感染力。

7.2.2 地方高校助力乡村生态宜居建设的意义

乡村生态宜居建设不仅需要国家和地方政府的政策支持，更需要地方高校的助力赋能。开展生态宜居乡村建设具有多方面的积极意义，不仅能够促进乡村经济发展，同时也有利于精神文明的提升，激发乡村发展活力，还可以有效改善乡村生态环境，提高人民群众的满意度。

1. 有利于提升乡村精神文明

党的十八大以来，习近平总书记高度重视乡村精神文明建设。在脱贫攻坚战取得全面胜利后，"三农"工作重心转变到全面推进乡村振兴上来，精神文明建设作为推动乡村振兴的精神动力更需要不断提升和建设。同时，由于广大村民的物质条件不断改善，人民群众对精神文化的需要越来越迫切，因此，在促进乡村社会发展的前提下，深入推进乡村精神文明建设已成为当务之急。开展乡村人居环境的规划与建设，加强对农村生态环境建设的探索与实践，可以有效提升广大农民的精神和文化水平，对推动社会主义核心价值观的实践具有重要意义。当然，建设生态宜居乡村不是搞面子工程，更不是喊喊口号、盖几栋房子、修几条道路那么简单，而是需要统筹规划、合理布局、全面动员、扎实推进，对农村的山、水、林、湖、田、草等生态系统进行综合整治，使其成为一个稳定的生态系统。这是一个复杂的系统工程，更是一项长期艰巨的任务，需要地方政府、高校、广大村民等多方力量共同参与、协调推进。当乡村生态环境变好了，乡村变美丽了，农民的精神面貌也会大有改观，从而也有利于推进精神文明建设的步伐。乡村振兴离不开文化的助力与引领，文化振兴是推动乡村全面振兴的重要支撑点和有效路径之一，地方高校应助力乡村特色文化与农业、乡村建设、制造业及旅游业的全面融合，真正实现乡村三产融合与协调发展，为乡村精神文明的建设贡献高校智慧与力量。

2. 有利于改善乡村生态环境

随着农民的收入增加和生活条件的不断改善，广大村民对美好居住环境的期盼与要求也随之提高。生态宜居乡村建设可以提升农民自身的环保意识和生态意识，促使其营造一个健康整洁的居住环境。当前，我们必须清醒地认识到农村地区生态环境所面临的严峻挑战，通过采取有效措施避免生态环境污染案例的发生，在保障村民身心健康的同时，也能够避免对环境特别是对土壤、地下水等造成进一步的污染。乡村生态环境的治理工作任重道远，需要多方齐抓共管、协同治理、持之以恒、久久为功。而在改善和治理乡村生态环境方面，一些地方农林类高校具有专业和技术上的优势，比如在农村废弃物处理、环境保护、环境绿化、乡村规划等方面均具有突出的优势。推进乡村生态宜居建设更离不开绿色发展，追求绿色、生态和可持续发展是乡村生态宜居建设的最终目的，而要想达到绿色发展则要从源头上减少污染的产生，需要转变发展方式，让循环理念融入农业农村的方方面面，实现绿色生产与生态环保的良性互动。比如，农作物的秸秆，可以用来回收利用，提高生产资料的利用率，也可以用来发展饲料用于畜牧业；动物废弃物的循环利用，可以在农业生产中降低肥料施用量。地方高校应围绕如何实现乡村更清洁、更宜居、更生态等课题，从实际出发，着力解决村民反映最强烈的突出问题，建设好生态宜居的美丽乡村，真正实现将绿水青山变成金山银山。

3. 有利于带动乡村经济发展

生态宜居建设最基本的要求是干净漂亮，村容村貌整洁有序，但这只是表面的要求。"生态"两个字一方面指美丽的乡村，但是更要看到它背后的真正寓意，就是生态所带来的效益。有了好的生态环境才能吸引人们过来居住或者投资创业，才会有更多的人才愿意来服务农村，企业才能带来好的产业项目，这样农村的经济才会持续不断的发展。开展乡村生态宜居建设固然需要投入大量的人力、物力以及财力，但是对于乡村农业与旅游业的发展均有显著的影响，所带来的成效也是长远和可持续的，能够有效促进当地乡村经济的快速发展。当然，生态宜居绝不只是做表面的工作，并不是说在农村把墙体刷白或者画上彩绘，把村庄的街道打扫干净就可以了，要做到真正的生态宜居，需要去发掘乡村内在的文化内涵和资源底蕴，统筹规划，有效治理，使乡村的水变得更清，山变得更绿，田变得更美，让人们能够望得见山、看得见水、记得住乡愁。通过全面打造整洁优美的乡村自然环境，让农民不再单纯地想着"靠山吃山，靠水吃水"，而是通过优越的乡村生态环境打造出全新的生态经济模式，为后续的工作创造良好条件，从而推动乡村经济持续蓬勃发展。

4. 有利于提高群众的满意度

开展生态宜居建设既要以提高农村的生态环境品质为目标，又要以提高广大村民对农村的生活幸福满意度为愿景，实践证明，村庄生态环境的改善能够显著提升村民生活幸福指数。当前，我国社会的主要矛盾已经从社会主义初级矛盾即人民日益增长的物质文化需要同落后的社会生产之间的矛盾转化为人民日益增长的美好生活需要和不平衡不充分的发展之间的矛盾。应该清楚认识到目前我国农村基础设施和公共服务体系还不健全，在环境建设方面还存在一些突出的短板和薄弱环节，与人民群众日益增长的美好生活需要还有一定差距。在具体实践中还是会出现一些不切实际的做法，如有些地方出现不允许老百姓在院子里种南瓜、丝瓜、葡萄等农作物，认为会给村容村貌带来不好的影响，应该种花、种树、种草。这种以生态的名义消灭生态文明的做法就没有考虑到因地制宜；还有将空心村整体拆迁打造田园综合体的形式，看似高端实则是将乡村文化的根和魂给移走了，没有了原来的乡村民居，新建的民居变成了没有灵魂的空壳。生态宜居乡村的建设能够为广大村民营造良好的工作、生活、学习和娱乐交往所需要的稳定的环境，因此，在具体建设过程中要遵守"生态优先、保护传承、因地制宜、乡土特色、天人合一"的原则和理念，最大限度地保留乡村的原始面貌，切忌千村一面、过度城市化、过度园林化、过度硬质化，确保乡村自然风貌和人文特色的保护与传承。乡村生态宜居建设是一场持久战，需要持续发力，要把提升和改善村民福祉作为根本目标，全面提升广大村民幸福指数。

5. 有利于激发乡村发展活力

近年来，城镇化快速发展带来的副作用使得我国许多乡村出现了空心化、人口流失等现象，特别是有些位于山区的乡村，自身生态资源丰富，也有着良好的生态宜居环境与自然条件，但是，这些地区往往由于缺少早期的整体规划，建筑布局较为凌乱，公共服务设施发展滞后，没有利用好原有的自然资源。随着城乡发展差距不断扩大，农村青壮年劳动力大多外出打工，农村人口以老年人和儿童为主，农村人口构成和村民素质发生了根本改变，这些现象的出现给乡村发展与治理带来了新的挑战，如何破解空心村问题已经成为阻碍乡村振兴战略实施的一道难题。

为了破解这道难题，许多地方也开展了以生态宜居乡村建设为抓手的实践探索，具体做法主要是对空心村进行升级改造规划，依据乡村地理位置、资源优势和乡情、人口等因素综合考虑。一种是异地合并搬迁，统一规划、统一建设新农村，此种方式能够有效盘活利用农村闲置宅基地和房屋资源，有利于激活农村土地，激发乡村活力；还有一种是对原有村庄进行改造升级，完善公路、水电和网络等基础设施，推动产业转型升级，重点打造乡村旅游产业，以此来缩小城乡的差距并减少人口流失。由此可见，开展生态宜居乡村建设既能够释放乡村土地存量、改善乡村人居环境，也有利于缓解城乡发展的不平衡、不充分等问题，激发乡村发展活力，提升广大村民的生活水平与质量，从而进一步激发乡村走向美好未来的发展动力，最终实现村民共同富裕。

6. 有利于践行生态文明思想

党的十八大以来，习近平总书记围绕生态文明建设提出了一系列新理念、新思想、新战略，成为新时代生态文明建设的根本遵循和行动指南。建设生态宜居乡村是习近平生态文明思想在乡村建设中的具体实践。生态宜居是实现乡村振兴的关键，是提升乡村发展质量的重要保证，也是提高广大村民生态福祉的重要基础和保障。坚持人与自然的协调发展，注重生态环境的保护，以美丽的乡村环境促进农村其他方面的发展，其中包含着保护自然、顺应自然、敬畏自然的生态文明理念，是贯彻落实习近平生态文明思想的重要体现。随着物质文化生活水平的不断提高，广大村民对良好人居生活环境的期望在日益增加。在新发展理念的指导下，生态宜居乡村建设能够提升乡村整体的舒适度，极大改善乡村人居环境，有效改善和解决广大农村地区的生态环境问题，让乡村变得更美丽，农民变得更幸福，对美丽中国的建设、全面实现乡村现代化战略具有重要而深远的意义。

7.3　地方高校助力乡村生态宜居的实现路径

乡村是以自然风光为主要特征、农业生产为主要经济基础、人口较分散的地方。"乡村"是相对城市而言的，乡村是一种地域的概念，是指城市以外的一切地域。乡村有别于城市，是因为乡村有独特特征，"分散"是乡村的基本特征，包括了人口、建筑、居住地、生产地等都有着不同的特点。

生态宜居乡村就是以绿色生态空间为基础，通过统筹整合山、水、林、田、园等自然要素，科学规划布局人类生产生活空间、完善基础服务设施而形成的具有便捷、舒适、整洁的乡居空间和绿色生态、环境优美、乡土特色突出的人居环境。

服务社会是高等教育的基本职能之一，高校服务乡村的主体为高校教师及学生，主要以科技成果转化、人才输送、引导毕业生投身农村就业与创业、融入乡村产业发展等方式服务乡村振兴。地方高校应积极探索提升服务乡村生态宜居建设的途径与方法，坚持农科主导，多学科交叉融合，促进乡村全面振兴；创新培养模式，突破人才瓶颈；转变观念，创新社会服务模式，推动校地校企深度融合。具体来说，地方高校助力乡村生态宜居建设的途径主要有以下五个方面：

7.3.1　推进乡村乡风文明的建设

乡村振兴战略20字方针内容是"产业兴旺、生态宜居、乡风文明、治理有效、生活富裕"，这是党的十九大报告中提出的实施乡村振兴战略的总要求，也是实施乡村振兴战略的方向。其中乡风文明是实施乡村振兴战略的"灵魂"，蕴含着丰富的文化内涵，同时也是实现乡村持续振兴的重要推动力量。乡风文明建设的目标就是促进广大村民的思想、文化、道德水平不断提高，文化素养和水平明显提升，在实现乡村振兴的同时，有效促进乡村精神文明的建设。推进乡风文明建设，主要是促进农村文化教育、医疗卫生等事业发展，推进移风易俗、文明进步、弘扬农耕文明和优良传统，使农民综合素质进一步提升、乡村文明程度进一步提高。那么，地方高校如何推进乡风文明建设呢？首先，应发挥地方高校的协同作用，持续推进定点帮扶村的文化教育与医疗卫生发展；其次，宣扬社会主义核心价值观，着力培育文明乡风、良好家风、淳朴民风；最后，坚持向乡村输送优质文化，不断提升高校公共文化服务能力。总之，良好乡风文明新格局离不开高校和乡村之间进行以构建美丽宜居乡村为目的的多层次的文化交流。

1. 推进乡村文教与医疗卫生发展

地方高校应发挥教育资源优势，助力乡村教育与医疗高质量均衡发展。可以采取通过定点帮扶建立对口协作关系，让学校相关课程的骨干教师与乡村教师一起交流课程教学的实践体验和教学经验，相互取长补短，达到教育资源的共享与互补，做到支援与扶智并举。具有医学背景的高校可以通过组建医疗卫生服务团的模式赴乡村开展义诊活动，利用健康咨询、健康知识宣传、专题健康宣讲、赠送药品等方式真正为农民排忧解难，弥补乡村医疗卫生条件的不足，具体案例见表 7-1 所列。

表 7-1 推进乡村文教与医疗卫生发展案例

序号	高校名称	具体途径、做法与效果	时间
1	宁夏师范学院、湖南师范大学	两校联合举办小学骨干教师培训班，为 42 名红寺堡区小学骨干教师提供以"立德树人、双减、核心素养"等为主题的培训。结合乡村小学教育教学工作实际，通过主题报告、专题讲座、案例分析、分组交流、户外拓展等形式开展有针对性的培训。积极帮助基层教师更新教育教学理念、拓宽工作视野，提高教育教学理论水平和实践能力，为助力乡村教育振兴、打造一批教育教学骨干教师，辐射和带动红寺堡区基础教育教学水平和教学质量提升起到了积极作用。	2022.08
2	山东中医药大学第二附属医院	通过创建"第一书记＋乡医培训"健康帮扶新模式、结合中医药区域性战略签约医疗资源薄弱地区医联体、创新一站式中医诊疗等举措积极打造基层卫生提升新模式，助力乡村振兴。	2022.02
3	安徽医科大学	开展"送医下乡 健康助力乡村振兴"大型义诊活动。组织人员义诊，进行卫生宣传，给对口单位捐赠资金及药品。专家们心系百姓需求、呵护人民健康、助力乡村振兴之举，深得当地政府和百姓的好评。	2021.10

注：本章文中表格内容是结合各高校网站信息进行整理的。

2. 弘扬社会主义核心价值观

弘扬社会主义核心价值观、开展社会主义核心价值观宣传教育是实施乡村振兴战略的急切需要。社会主义核心价值观的基本内容是倡导富强、民主、文明、和谐，倡导自由、平等、公正、法治，倡导爱国、敬业、诚信、友善。高校应将社会主义核心价值观作为人才培养与思想道德教育的重中之重，多渠道推动社会主义核心价值观进课堂、进家庭；把践行社会主义核心价值观融入村规民约、学生守则中，通过持续不断的思想道德建设，在农村形成文明、健康、科学的生活方式，崇尚文明与科学的良好社会风气，形成爱国爱乡、遵纪守法、家庭和睦、邻里团结、勤俭自强的崇高道德风尚。地方高校通过定期举办讲座、开展乡村培训班、实践团进村、大型公益活动等方式，真正与村民打成一片，让社会主义核心价值观在广大乡村中取得积极的效果，具体案例见表7-2所列。

表7-2　弘扬社会主义核心价值观案例

序号	高校名称	具体途径、做法与效果	时间
1	重庆交通大学旅游与传媒学院	"情系云阳　筑梦乡村"暑期三下乡实践团在重庆市云阳县龙角镇泉水村开展了"党建引领乡村振兴"主题系列活动。实践服务团指导老师黎安康从国家、社会、个人三个层面，结合具体实例通俗易懂地向泉水村村民介绍了社会主义核心价值观的内涵，用风趣幽默的语言和新颖生动的方式为村民们宣讲践行社会主义核心价值观的积极意义。	2022.07
2	曲阜师范大学团委	为弘扬社会主义核心价值观，助力乡村振兴，服务地方发展，践行"奉献、友爱、互助、进步"的志愿服务精神，曲阜师范大学团委组织开展"生命有爱，青春绽放"公益活动，为贫困儿童点亮希望，助力健康成长。学校将持续关注贫困儿童，开展爱心帮扶，竭尽所能地帮助他们克服困难茁壮成长，为乡村振兴贡献青春力量。	2022.05
3	北部湾大学陶瓷与设计学院	多次组织学生利用周末、暑期，前往钦州市钦南区青龙村、玉林市博白县多个村庄，开展艺术学生"以美润心　艺术赋能"助力乡村振兴墙体彩绘实践活动，让学生技能绽放在乡村，乡村也因学生的参与而更加迷人。学校将学生社会实践与专业教学特点相结合、与学生思想政治教育相结合、与地方经济和社会发展需求相结合，培育学生德智体美劳全面发展，把社会实践活动打造成学生素质教育和实践能力锻炼的重要平台。	2021.08

注：本章文中表格内容是结合各高校网站信息进行整理的。

3. 推进乡村公共文化设施建设

习近平总书记指出，要推动乡村文化振兴，加强农村思想道德建设和公共文化建设。中共中央办公厅、国务院办公厅印发的《乡村建设行动实施方案》也提出应推进乡村文化设施建设，建设文化礼堂、文化广场、乡村戏台、非遗传习场所等公共文化设施。当前，我国农村文化建设基础差、资金缺口大，基础设施建设不足，文化活动形式较为单一，农村文化建设人才队伍流失现象仍然严重。另一方面，乡村文化设施的建设仍存在布局不够合理、建设标准不高、运行机制不健全、区域发展不平衡、不充分等问题较为突出，应进一步发挥政府主导作用、激发社会力量参与积极性，加快完善乡村文化设施体系、扩大乡村公共文化服务供给，丰富村民群众精神文化生活，提高村民文化素养。在脱贫攻坚取得胜利、乡村振兴全面展开的良好局势下，高校图书馆作为文化主体，肩负着为乡村文化建设添砖加瓦的重要责任。助力乡村文化发展，高校图书馆可以开展形式多样、内容丰富的文化帮扶活动，推动乡村公共文化建设。许多高校学者对乡村公共文化设施建设进行了实地考察和广泛参与，对乡村公共文化设施建设中存在的难点、痛点、短板等问题进行深入研究，并提出了合理化的建议，如应尽快加强农村科普工作、科学制定乡村文化设施规划、加大对乡村的文化服务、提升农家书屋、大型文化活动下乡、文化队伍下基层等多种途径，共同帮助农村文化设施建设，提高村民文化素养，激发村民学习文化的动力，具体案例见表7-3所列。

表7-3 推进乡村公共文化设施建设案例

序号	高校名称	具体途径、做法与效果	时间
1	沈阳理工大学	图书馆助力朝阳县波罗赤镇文化建设，捐赠文献资源、开展专业培训，通过流动图书馆、流动图书车等形式，解决部分偏远地区读者因地理条件制约，利用文献资源困难的问题。选聘馆内人员分期、分批下乡，送知识、送技术，组织乡村书屋管理人员和文化工作者开展技能培训和研讨会。	2021.08
2	郑州商学院	坚持科研工作服务教学、服务学校、服务地方，制订了"企业（政府）出题、学校支持、院部作答、市场检验"的工作机制，围绕服务郑州巩义经济发展，成立了智能商业研究院、区域经济发展研究中心、黄河流域商文化研究中心、豫商文化研究中心等"两所两院十中心"科研平台，组成帮扶团驻村定点助力巩义15个乡镇发展，全方位助力乡村振兴。从乡村治理、乡村教育、乡村农业、乡村文化、乡村人口等多个方面为乡村振兴科学发展提供智力支持。	2021.06
3	西藏民族大学	自2014年开展对口扶贫张咀村工作至今，一直非常重视张咀村文化建设，除了为张咀村建设乡村图书室外，定期开展文化、医疗、卫生三下乡，为村民提供免费体检及药物发放，提高村民的健康意识及医疗卫生知识；开展法律知识宣讲及咨询，提升村民的遵法守法意识及自主权益维护意识；开展文化展演活动，开拓村民眼界，提升村民的文化热情。	2018.03

注：本章文中表格内容是结合各高校网站信息进行整理的。

7.3.2 服务乡村生态环境的治理

建设生态宜居的美丽乡村，最终极的目标就是要让广大村民获得幸福感。将农村打造成生态优、生活富、环境美的宜居乡村是乡村振兴战略的重要理念,在这个过程中需要始终关注农村人居环境,关注农民生活环境,始终以人民的需求为中心。高校应充分发挥自身专家智库、学科和人才等资源优势,推动建设一批乡村规划、环境治理、污染防治等领域的学科,同时利用学校在环境治理、环境污染控制、污染溯源、生态环境修复等技术上的优势和丰富经验主动对接地方乡村,为乡村生态环境的治理贡献高校智慧。

1. 推进乡村生活垃圾处理

高校通过主动参与乡村污染环境的治理与整治,特别是涉及农村废弃物处理、面源污染、秸秆焚烧等较为严重的问题,地方高校拥有较为成熟的技术手段和丰富的治理经验,能够满足乡村垃圾污染防范与治理等技术咨询需求。具体途径如可以组建以高校人才为主的乡村垃圾污染治理团队,对村民及相关保洁收集人员开展环境治理的相关讲座或培训,让村民明确垃圾处理的意义与处理流程,制订乡村环境综合治理宣传方案并抓好组织实施,通过多种形式进行宣传,唤起村民对垃圾危害的重新认知;打造一批乡村治理示范村,稳步推进乡村生活垃圾分类试点工作,健全农村生活垃圾治理长效管理机制,提高乡村保洁标准,提升垃圾收集转运能力,健全"户分类、组保洁、村收集、街转运、市区集中处理"的生活垃圾收运处理体系;最终目标是使农村环境污染问题得到有效改善,自然破坏得到缓解,农村生态宜居建设工作稳步推进,为乡村振兴提供有利基础条件,具体案例见表7-4所列。

表7-4 推进乡村生活垃圾处理案例

序号	高校名称	具体途径、做法与效果	时间
1	华中农业大学资源与环境学院	学院研究生积极响应号召,借助专业知识,围绕"助力乡村振兴""助力乡村生态文明治理"等主题开展社会实践。学院生态环境政策与管理课题组研究生社会实践团分组走进湖北省4市8县12村,全面、客观地调查了解农村生活垃圾处理现状,对生活垃圾处理实践提供指导意见,同时因地制宜为农户、村集体、乡镇政府等制定相关政策提供意见建议,为农村生活垃圾管理系统、美丽乡村建设、碳减排策略实施提供支持。科普了垃圾分类知识,传播了生态文明理念,为乡村生态文明治理贡献智慧。	2021.07
2	岭南师范学院化学化工学院	"锄禾"实践队经过详细地探讨后展开了问卷调查走访的进程。实践队根据问卷调查和走访得知农村主要产生的垃圾有厨余垃圾、废纸、塑料瓶等,目前大部分人处理生活垃圾的方式都是回收可利用垃圾,其余的垃圾则扔垃圾箱,但是也存在着少数就地焚烧垃圾的情况。科普了垃圾分类知识及其危害。	2020.08

（续表）

序号	高校名称	具体途径、做法与效果	时间
3	华南农业大学资源环境学院	组建"农村垃圾分类调研科普队"在潮汕第一大村——莲塘村进行调研，对村民进行了问卷调查，并对村委会工作人员代表进行了访谈。特别关注固体废弃物处理以及有毒有害垃圾处理方法，尝试设计农村垃圾分类处理流程。通过印发纸质材料向村民宣传，提高了村民的环保意识。	2020.07

注：本章文中表格内容是结合各高校网站信息进行整理的。

2. 推进乡村人居环境整治

乡村人居环境的整治离不开党中央统一的决策部署，建设生态乡村是实施乡村振兴战略的重点任务。为深入开展整治工作，建设美丽宜人的生态乡村环境，地方高校应主动对接地方乡村，签订合作帮扶协议，将相关科研和技术落到实处，调动更多的师生脚踏实地助力乡村治理，实现高等院校与乡村之间合作共赢，全面提升村容村貌，共同探索符合新时代发展需求的人居环境治理新模式。高校应加强产教融合，拓展高校实践教学的第二课堂，以乡村及农业产业经济管理部门为平台和空间，开展学生素质拓展、乡村风土人情旅游宣传策划、农产品和服务的网络营销，从而发挥农业的环境生态、旅游、宜居、文化等多项功能。

具体途径如组建大学生志愿者服务队，引导青年大学生积极投身乡村人居环境整治工作中来。不仅能够加强返乡大学生志愿者们之间的联系，培养社会责任感，提升社会实践技能，同时也为大学生参与家乡志愿服务活动，主动投身服务工作打下良好的基础；通过驻村工作队开展人居环境集中整治行动，充分调动群众积极性，引导群众树立维护乡村环境的主人翁意识，养成良好生活习惯，实现乡村文明提升与环境整治互促互进；借助大创项目研究，助力乡村人居环境整治，组织大学生收集人居环境整治成功案例，通过实地走访、发放问卷，现场调研等方式，获取第一手资料，了解掌握人居环境整治状况，分析成功的原因，总结推广成功经验，具体案例见表7-5所列。

表7-5 推进乡村人居环境整治案例

序号	高校名称	具体途径、做法与效果	时间
1	长沙学院艺术设计学院	环境设计专业的"人居环境优化实践团队"在老师指导下，赴怀化市辰溪县孝坪镇中溪村开展了为期八天的公共空间改造与人居环境优化实践活动。此次活动不仅是一次改造环境的活动，更是一次学习的过程，实践团队以艺术的手法提升村庄人居环境，践行学校智慧服务社会的理念，为乡村振兴贡献力量。通过这次活动，助力人与自然和谐共生，持续推动乡村振兴"生态宜居"战略的实施。	2022.07

（续表）

序号	高校名称	具体途径、做法与效果	时间
2	成都理工大学工程技术学院	艺术设计系环境设计专业开设"旧房改造设计"课，引导学生提取当地文化特色并运用其精髓进行创作，多次带领学生参与旧房改造实际项目，紧跟时事政策并实践，积攒了较丰富的落地经验。并联合村民进行废旧物品再利用艺术创作设计，让高校带动村民共同参与美育教育活动的设计与实践。积攒了宝贵的乡村振兴实践经验，提高了学生们的社会综合实践能力、社会责任感和爱乡情怀。	2021.08
3	安徽建筑大学建筑与规划学院	充分发挥产学研紧密结合的办学特色和建筑规划学科优势，用好安徽省乡村振兴研究院平台，开展规划师下乡行动，实施庐江县县域村庄科学规划，推动乡村振兴战略实施。学校组建起由规划建筑、环境艺术、市政道路等多专业、跨学科专家组成的规划编制团队。遴选18位教授、专家作为乡村责任规划师，带领学生组成规划编制团队。20多位教授、专家等组合成乡村规划服务团队，为庐江县人居环境整治和村庄规划编制工作提供全过程、全方位、陪伴式技术服务。	2019.11

注：本章文中表格内容是结合各高校网站信息进行整理的。

3. 推进乡村生态环境修复

曾经粗放式发展虽然短期内能够看到收益，但却使得乡村生态环境遭到了严重的破坏，只重短期利益而轻视长远规划的资源开发，最终留给我们的只有满目疮痍的环境，因此，这种粗放式经济发展模式严重制约着乡村经济的良性发展。在乡村振兴背景下，地方高校应发挥专业优势，为地方乡村提供技术支持，积极参与乡村生态环境修复工作，加快乡村生态环境治理进程，促进生态文明和社会文明同向同行。高校作为人才、学科、科研和文化高地，应当义不容辞地服务国家战略，为生态文明建设提供强大的智力支持。

无数实践证明，通过生态环境修复，既能美化百姓的生活环境，又能增加农民收入，提升农民幸福指数，可以说是一件真正实现经济、社会、生态效益三赢的好事，也能够让农村的生态资源真正转变为生态收益。高校开展此项工作时应制定并明确乡村生态环境修复的指导思想、工作原则、总体目标、重点任务等内容，并坚持以"绿水青山就是金山银山"为根本理念，在保障措施上，可以同地方乡镇探索建立长效合作机制。

具体途径如高校应积极全面开展污染溯源工作，对农村的水体污染、土壤污染、大气污染及种养业等造成的环境污染进行研究分析，找出污染源，并采取有针对性的修复和防治措施。对造成农村环境严重破坏的采矿区则通过科学规划采取植被修复的方式进行，减少水土流失，尽快提高矿区植被覆盖率，恢复矿区自然生态系统，具体案例见表 7-6 所列。

表 7-6　推进乡村生态环境修复案例

序号	高校名称	具体途径、做法与效果	时间
1	浙江农林大学	对常山县辉埠镇实施矿山生态修复项目 7 个，修复面积达到 2895 亩。当地村庄环境得到了极大改善，将曾经的废弃矿山改造成了网红打卡地，曾经的"泥水镇"变成了一座"生态城"。通过矿山地质生态环境综合治理，完成废弃矿山治理面积 676 亩，提高了矿区植被覆盖率和该区域自然生态系统固碳增汇能力。真正实现了天更蓝、水更绿的治理效果。	2022.05
2	三峡大学 水利与环境学院	组建生态水利科研团队制定了水体治理方案，采用自主研发的"黑臭水体原位 GCR 生态修复技术"，自筹经费在万水桥村实施的乡村污水诊治——乡村堰塘水生态修复技术推广应用，效果显著。该项目从进场到完毕共 20 天时间，完成了从黑臭到清澈见底的彻底改变，把两塘臭水变成两池清水。此次污水治理活动得到了宜昌市各单位的广泛关注，并给予了高度评价。	2022.04
3	四川农业大学 资源环境学院	"鱼洞街道"调研小队实践团抵达金田村开展了生态修复调研活动，探寻金田村矿山开发区的生态修复情况，为政府进一步治理提供意见。队员们分工明确，抽样、取样、检验、分析，为进一步寻找解决方法提供了新思路。此次活动有助于倡导群众保护环境，共同助力生态修复，解决环境问题，为金田村的生态修复作出贡献。	2021.08

注：本章文中表格内容是结合各高校网站信息进行整理的。

7.3.3　助力美丽乡村规划与建设

许多地方高校都设置有设计类专业，而此类专业与乡村规划与建设密切关联，如建筑学、城乡规划、风景园林、园林、环境艺术、艺术设计、地理信息、旅游规划等专业，这些专业在乡村规划、乡村景观设计、建筑设计、旅游产品开发、乡村旅游规划等方面有着丰富的技术经验与实践能力，随着国家对乡村发展越来越重视，规划设计类专业助力乡村发展大有可为。

1. 参与美丽乡村规划编制

创造适合人类居住、生态平衡健康并具有美学价值的乡村人居是未来乡村建设与发展的一个理想趋势。乡村之美，不在于一时，而在于可持续发展。因此，要想营造理想的生态宜居乡村则必须要对其进行规划。地方高校规划设计类专业在美丽乡村规划、乡村景观设计方面具有明显的优势，特别是随着乡村振兴的深入推进，关于乡村生态宜居建设方面的项目越来越多，也为高校参与乡村规划与发展提供了更多机遇。

地方高校应主动与政府、企业合作，成立乡村振兴研究院、美丽乡村规划研究所等机构形式，充分发挥高校服务地方的科技能力，以教师指导学生参与并与教师一起完成相关项目的规划，这种模式在很多高校早已付诸实践。学生在校期间可以参与真实的落地项目，能够深入了解乡村建设中真实存在的问题和发展思路。不仅使学生得到了很好的锻炼，同时也为高校复合型人才培养提供了高质量的保证，做到毕业与就业无缝衔接，具体案例见表7-7所列。

表7-7　参与美丽乡村规划编制案例

序号	高校名称	具体途径、做法与效果	时间
1	湖南文理学院土木建筑工程学院	组织39名"驻村规划师"助力地方美丽乡村规划建设，文理团队针对沅澧乡村制订了明确的工作目标和详细的工作计划，采用"屋场会""夜话会""诸葛会"等形式，深入了解村民真实诉求，积极与村民沟通营建智慧，向基层领导干部和村民宣传规划，讲解规划，引导村民树立规划意识，收集规划"诉求"，帮助村民实现规划梦想。对规划建设实施提供技术支持和工作指导，努力实现从"外推"到"自发"的转变，建设产业兴旺、生态宜居、乡风文明、治理有效、生活富裕的新时期社会主义美丽乡村。	2020.06
2	武汉华夏理工学院土木建筑工程学院	开设了"美丽乡村建筑与规划"工作室，充分发挥高校人才资源优势，主动对接乡镇、村落，与政府合作规划，助力美丽乡村建设发展。截至目前，该工作室先后完成通城县13个美丽乡村规划、1个镇总体规划，湖南省道县5个村庄规划，江夏李家店村旅游概念性规划，荆州市5个村村庄规划等多个乡村规划项目，取得了良好的社会效应。	2019.04
3	西安建筑科技大学建筑学院	段德罡带领北斗乡建团队师生40余人，通过"设计下乡、驻村建设"的方式完成了杨凌示范区5个重点村、8个提升村的规划、设计与建设，并开展全过程"陪伴式乡建"，为关中地区探索出一条乡村发展之路，为实现乡村全面振兴贡献了"建大智慧"。师生们不仅把论文写在杨凌示范区乡村的大地上，更写在了每个老百姓的心里。	2019.03

注：本章文中表格内容是结合各高校网站信息进行整理的。

2. 参与乡村旅游发展规划

近年来，随着旅游市场的快速发展，美丽乡村与乡村旅游融合发展成了研究热点，旅游与休闲、旅游与乡村、乡村与景观、田园综合体等更是成了研究热词。但要想把乡村旅游发展好，需要诸多条件，如美丽的乡村生态环境、独特的乡村地域文化、能够吸引游人的民俗体验以及独具特色的地方产业等等。对于乡村旅游发展规划而言，能够为游客提供主题鲜明、内涵丰富的旅行体验是需要重点考虑的内容，地方高校在这方面可以说既有技术也有相关的经验，能够为乡村旅游规划建言献策，利用相关规划设计类专业所学服务乡村旅游产业，更是通过乡村旅游规划改变了许多贫困乡村落后的现状。

地方高校在服务乡村旅游规划的过程中，应注意引导学生深入农村，扎根乡村，具备服务乡村的意愿和能力，注重参与各种乡村规划实战训练。尤其是对于生态宜居乡村的建设类项目，可以利用所服务的项目在实践中探索如何培养具有较强创新能力和综合能力的应用型设计类人才。在推进乡村旅游发展规划中，高校规划设计类专业应深度挖掘乡村地域文化和自然资源符号，充分利用当地历史文化资源，围绕乡村旅游发展、经济文化发展，因地制宜地进行规划，将地域文化和产业、生态等资源整合，充分展现乡村旅游文化魅力，具体案例见表7-8所列。

表7-8 参与乡村旅游发展规划案例

序号	高校名称	具体途径、做法与效果	时间
1	武汉工商学院艺术与设计学院	环境设计系走进秭归县九畹溪镇穿心店村，开展旅游规划设计前期的实地测量和调研，助力穿心店村旅游规划设计。通过实地勘察和走访，对村庄自然资源、基础设施、道路交通、老旧房屋、种植园区的现状进行深入调查，为后期的规划设计做好资料和信息收集，并与当地干部群众深入交流。此次规划既是以专业所学服务乡村振兴，也是从中探索如何培养具有创新能力和实践能力的应用型设计人才。	2021.12
2	湖南科技学院土木与环境工程学院	三下乡调研团前往羊毛岭滑翔伞基地开展"三下乡"社会实践活动，助力乡村旅游发展。滑翔伞基地项目依托乡村振兴战略，以此为契机推动全域旅游、特色农产品产业等全面发展，壮大实体经济，提升群众收入，促进全镇高质量发展。调研团在了解完滑翔伞基地现况后，一致认为该景区可依托天然的地理优势，继续开发山地越野车、极限攀岩等旅游项目，注重加强游客安全管理，推动旅游产业多元化发展。	2021.07
3	山东女子学院旅游学院	旅游学院党政负责人带领学院"兴鲁乡村旅游党员服务队"的部分专业教师到山东女子学院省派"第一书记"工作组驻地——菏泽市定陶区冉堌镇部分村庄进行旅游规划调研，助力当地乡村旅游发展。运用专业知识对何庄村、马楼村、十里铺村的当地旅游资源进行细致调研，希望通过对当地田园风光和人文环境的规划设计，打造精品乡居生活环境，创造独具特色的乡村旅游景点，为当地经济发展贡献一份力量。	2019.10

注：本章文中表格内容是结合各高校网站信息进行整理的。

3. 举办乡村规划设计竞赛

通过举办各类乡村规划设计竞赛，搭建起高校与乡村对接的桥梁和平台，为学生了解和服务乡村提供了一条捷径。同时，举办竞赛还能够促进高校多学科间学术交流、提升规划设计类专业办学水平、创新思想碰撞、激活乡村活力，为多方共同探讨解决乡村生态宜居建设和发展问题提供有效路径。目前各省乡村规划设计竞赛的举办频次逐年增加，影响也越来越大，参与的高校与学生越来越多，参赛规模逐年扩大，参赛作品水平明显提升。举办乡村规划设计竞赛能够从多角度探讨未来乡村发展的模式，同时也可以借鉴一些典型案例的经验做法，为调动社会各界投入到乡村生态宜居建设，形成全社会关心和支持乡村的全面发展提供了一个很好的平台；另一方面，也为进一步加强各方合作，充分发挥高校的智力资源优势，培养乡村建设应用型人才打下坚实基础，具体案例见表 7-9 所列。

表 7-9　举办乡村规划设计竞赛案例

序号	省份名称	具体途径、做法与效果	次数
1	浙江省	浙江省通过每年举办的大学生乡村振兴创意大赛"美丽庭院专项赛"开创了"政校企村"协同共建美丽乡村人居环境的浙江模式，在高校实践育人、乡村生态环境建设等方面提供了浙江样板。通过承接乡村建筑、景观等规划设计工程，积极服务于乡村生态宜居建设，取得了良好的社会反响。	4 届
2	安徽省	已经举办五届"安徽省高等院校大学生乡村规划建设方案竞赛"，有力推动了安徽省内开设城乡规划专业及相关专业的高校在乡村规划建设领域的研究与交流，推动了学科建设良好发展，取得了社会各界的广泛关注。除了举办省级比赛，国家级赛事——"全国高等院校大学生乡村规划方案竞赛"也已经举办了五届，不仅锻炼和提高了当代大学生的专业综合能力，也为乡村生态宜居规划提供了许多新奇的思路和先进的方案。	5 届
3	江苏省	南京农业大学目前已经连续举办了 15 届新农村建设规划设计大赛，此大赛为帮扶地贵州省麻江县咸宁村提供乡村振兴未来方案的同时，也帮助广大农科学子熟悉当代新农村发展趋势，提升大学生对社会主义新农村现状和未来的关注，激发大学生关注"三农"、服务"三农"的热情。	15 届

注：本章文中表格内容是结合各高校网站信息进行整理的。

7.3.4　助推乡村产业规划与升级

《国务院关于促进乡村产业振兴的指导意见》指出，产业兴旺是乡村振兴的重要基础，是解决农村一切问题的前提。乡村产业包含多种类别，是乡村经济结构的重要组成部分,乡村产业类型特点直接影响和制约着乡村经济的运行机制和发展。当前,在乡村振兴全面推进时期和后疫情时代,做好乡村产业振兴工作显得尤为重要。地方高校应充分发挥资源优势,按照产业兴旺、生态宜居、乡风文明、治理有效、生活富裕的总要求,积极推进农业领域政产学研的协同合作,把新技术、新成果、新业态和新模式引入乡村产业发展,实现产业链延伸、价值链提升、供应链贯通,不断提高农业发展质量和效益。

1. 助力乡村地方特色产业规划

特色产业在一个地区发展过程中具有重要作用,一方水土养一方人,由于我国地大物博,地方文化与特色资源丰富,因此在发展中容易形成一些特色产业,从而带动整个地区的经济发展。在乡村振兴过程中,更应该珍惜和充分利用好乡村的自然资源和文化资源,将特色产业打造成真正具有自然和文化意义上的独特品牌。发展乡村产业是一项综合性工程,只有发挥统筹协调、规划引领的"指挥棒"作用,扎实做好落实工作,不断完善农业产业化的利益联结机制,实事求是,不搞"一刀切",才能加快推动相关产业发展和相关政策的精准落地,促进产业发展转型升级,真正起到"提升农业、繁荣农村、富裕农民"。地方高校应该积极发挥产学研资源为乡村产业发展提供持续动能,围绕如何增强农村产业、美化乡村环境、促进村民富裕的总体目标,积极参与和推动乡村特色农业发展规划,依托学校学科与人才优势,广泛调研乡村产业经济现状,通过定点帮扶、校企合作与校地合作等方式帮助乡村发展特色产业,积极探索"一村一产业,一村一特色"的产业发展模式。帮助地方建设一批乡村振兴产业基地,示范带动周边地区的乡村振兴建设,具体案例见表 7-10 所列。

表 7-10　助力乡村地方特色产业规划案例

序号	高校名称	具体途径、做法与效果	时间
1	广西大学	持续发挥高校科技、人才优势,以特色产业发展为龙头,帮扶百色口角村发展特色产业,助力乡村振兴。2021年,口角村发展为地方乡村振兴示范村、乡村振兴改革集成试点村,重点打造县域集中规模桑蚕示范园区,已建立600亩的"顶胜山桑园示范基地"。在广西大学精准帮扶下,通过找准产业方向、找准带头人、找准帮扶模式,改变了口角村落后的面貌。如今,口角村的村民增收了,村集体经济发展了,村容整洁了,环境更加宜居。	2022.03
2	宿州学院	建好应用专业群、精准对接地方产业链、校地联合打好科创牌、培育发展新动能、校地共筑人才"蓄水池"、积蓄创新"动力源"等多个层面阐述了校地合作"共赢"新模式。为做好下一步深化校企合作、助力乡村振兴等工作做好布局与谋划。进一步提高宿州市羊肚菌、大球盖菇的种植水平、规模及市场竞争力,有利于培养一批懂技术、会经营的菌菇种植实用人才,推动埇桥区特色产业发展,为深化校企合作、乡村振兴注入新的动能。	2021.11

序号	高校名称	具体途径、做法与效果	时间
3	西南大学	充分发挥大学优势，对口帮扶丰都县三建乡，通过整合校内科技、平台、人才资源，全面对接地方需求，深度服务地方经济社会发展。通过电商平台，将蔡森坝、三建乡、丰都县的农产品推向市场，进而带动村民积极发展种植业、养殖业和特色产业。协调项目落地、完善基础设施、打造电商平台、指导产业发展、参与消费扶贫等方面发挥自身优势。推动全乡所有贫困村实现整村出列，全乡整体脱贫，乡村面貌也发生了巨大变化。	2021.01

注：本章文中表格内容是结合各高校网站信息进行整理的。

2. 成立乡村振兴研究机构

地方高校的科研优势体现在产品开发、技术升级、自主研发等方面，产学研的深入推进使得地方高校能够聚集各个价值链的产业要素。以科技创新推动农村产业要素升级，以要素升级促进资源附加值提升，是地方高校在乡村振兴领域努力的重要方向之一。目前，许多地方高校纷纷成立了乡村振兴研究院、规划设计院等机构，以期更为明确地、精准地、长久地助推乡村振兴，在推动乡村产业规划升级、新品种研发、农产品加工、新技术应用及新成果转化等方面取得了良好的实质效果，使广大村民真正得到了实惠。具体案例见表7-11所列。

表 7-11　成立乡村振兴研究机构案例

序号	高校名称	具体途径、做法与效果	时间
1	武汉工程科技学院乡村振兴学院	利用学科优势，在省内对口帮扶地区建立党的创新理论传播基地、乡村振兴带头人培养基地、乡村振兴创新创业基地、乡村振兴文化科技实践基地等多个实践基地，助力乡村振兴人才孵化工程，助推乡村创新创业成果落地。着力打造乡村振兴十大基地，同时因地制宜、深度融合和精准对接，加强战略规划、产业设计和人才培育，为乡村振兴事业高质量发展提供科技与人才保障。	2022.01
2	山东临沂大学临沂农科规划设计院	先后为山东省、河北省、河南省、安徽省、江西省、四川省、青海省、内蒙古自治区、新疆维吾尔自治区等十余个省份编制各类农业科技园区、农业产业园区、田园综合体、乡村振兴、美丽乡村等规划一百余项，成功助推临沂、青州、滨城、商河、绵阳等地获批国家级农业园区，助力东阿、兰陵、岚山、莘县、邹城、牡丹、栖霞获批省级农高区，助力费县、峄城、沂南获批省级现代农业产业园，为委托单位争取到各类资金数十亿元，产生了巨大的社会效益。	2021.12

（续表）

序号	高校名称	具体途径、做法与效果	时间
3	安徽农业大学新农村发展研究院	助力大许村产业发展与乡村振兴，通过调研乡村振兴和产业发展，帮助大许村进行种养殖产业发展规划。调研组考察了大许村农民专业合作社蔬菜种植基地，查看了白菜、芹菜等绿叶蔬菜生长情况，与蔬菜种植从业人员进行了深入交谈。将派专家为大许村制定中长期产业发展规划，定期帮助大许村培训农业科技人才、提供科学种养殖技术指导。承诺以农业产业项目为切入点，加强对接交流，达成合作意向，促进校地融合发展，建立安农大产学研基地，在实施乡村振兴战略上共同努力，探索新路子，创造新特色。	2021.12

注：本章文中表格内容是结合各高校网站信息进行整理的。

3. 为乡村振兴培养人才

地方高校担负着培养乡村振兴人才的重要使命。推进乡村振兴，人才是关键，乡村振兴的重点在经济、难点在文化、关键在人才，乡村振兴的发展离不开强有力的人才支撑。地方高校应充分认识时代赋予的使命，加强创新创业型人才培养，着眼于培养"下得去、用得上、留得住"的高素质复合型人才，提高"三农"领域人才工作队伍水平，为推进农业农村现代化建设提供重要的人才支持。

地方高校应积极探索，拓宽振兴领域，打造科技特派员制度升级版，配合科技特派员在基层做好科技政策宣讲、产业农技需求征集、科技成果对接等工作。另一方面，还可以加大对农村现有人员的技能培训，以点带面，实现新技术的推广与应用。新时代赋予了科技特派员制度新的要求，面临当前新的形式，科技特派员制度亟须从产业全面升级的角度进行拓展，从原来的科技扶贫到现在的美丽乡村、现代"三农"、乡村振兴。高校应积极探索适应新时代要求的"产学研用"人才培养模式，将专业教育与社会需求紧密结合，拓宽科技特派员人才队伍的构成，不只局限在校内跨学科、跨部门选拔优秀人才组建科技特派员团队，既要有农业技术领域方面的专家，也要有文化、社会治理、城乡规划、环境绿化建设等方面的专家，实现对乡村振兴服务领域全覆盖。充分发挥多学科、多部门的协同作战优势，通过产学研合作，创新高校与地方合作新模式。大力培育"懂农业、爱农村、爱农民"的创新型、复合型人才，唯有如此，才能适应乡村经济发展形式，促进农民增收、助推乡村振兴战略的顺利实施，具体案例见表7-12所列。

表7-12 为乡村振兴培养人才案例

序号	高校名称	具体途径、做法与效果	时间
1	安徽农业大学	"一村一名大学生"人才培养工程在"2021高校服务乡村振兴优秀案例"评选中荣获"时代先锋奖"。自"一村一名大学生"	

（续表）

序号	高校名称	具体途径、做法与效果	时间
1	安徽农业大学	人才培养工程实施以来，紧紧围绕国家重大战略，紧跟时代步伐，聚焦农业农村人才队伍建设，不断提升人才培养层次，完善人才培养方案，知名专家培养模式，提高人才培养质量，为乡村振兴培养了近3万名留得住、用得上的本土人才，也为新时代高校继续教育赋能乡村人才振兴贡献了"安农方案"。得到了省委组织部、省教育厅等主管部门高度肯定，该人才培养工程还荣获2020年安徽省和国家"终身学习品牌项目"。	2021.12
2	延安大学	成立乡村发展研究院，在西安市乡村发展公益慈善基金会的资金支持下，围绕农村创新创业、乡村企业管理、农户生产技术、农村经济社会管理提升等需求，探索建立集科学研究、社会服务、人才培养等三位一体的综合服务模式，为实现"两个一百年"奋斗目标，特别是为陕北革命老区乡村全面振兴、实现"农业强、农村美、农民富"的目标作出贡献。主要围绕理论与政策研究、学生培养以及在职培训三大方面进行，着力培养服务乡村振兴战略的高素质复合型人才。	2019.09
3	山西农业大学	针对山西基层一线"三农"工作队伍农业专业背景的人才奇缺现状，学校积极推动开展了面向涉农专业的"选调生"公务员专项招录。2018年山西省招录涉农专业学生充实乡镇公务员队伍的"选调生"比例为13%；2019年山西省公务员招录涉农专业学生比例达到15%。培养造就"一懂两爱"人才，服务乡村振兴和生态文明建设，山西农业大学作为一所实力远超排名的百年老校，正朝着建设特色鲜明、全国知名的高水平大学奋力迈进。	2019.05

注：本章文中表格内容是结合各高校网站信息进行整理的。

7.3.5　推动乡村科普与文化传播

据中国青年报最新中国公民科学素质抽样调查结果显示，2020年中国公民具备科学素质比例达10.56%。从人群看，中国不同分类人群科学素质水平均有大幅提升。城镇居民和农村居民具备科学素质的比例分别达到13.75%和6.45%，其中城镇居民和农村居民的公民科学素质水平差距达到7.3个百分点，由此可见，发展不平衡问题依然存在，城乡差距依然明显。

1. 推动科普资源走进乡村

通过开展科普资源走进乡村活动，能够充分发挥地方高校在科学普及、提升农民科学素质方面的重要作用，同时也可以普及科学知识和科学方法，进一步引导广大村民崇尚科学、文明、健康的生产生活方式，推动农村地区文明乡风、良好家风、淳朴民风良好氛围的形成。高校可以依托全国科普日等重要主题日开展农技协联合行动等科普活动，立足乡村实际情况，谋划落实科普工作方案，力争把科普推广融入乡村治理的科教、文化及精神文明建设的方方面面。

在具体实践过程中应加大对少数民族群众、农村留守儿童、留守妇女和留守老人的科普服务力度，优先扶持边远地区科普基础设施建设。激发青少年从事科学研究的好奇心，满足青少年对科学知识的渴望，弥补乡村学校基础教育薄弱的不足。具体做法主要有开展科技教育、科普讲座、科普实践体验等方式。还可以以图文形式生动地向村民群众普及农业科技、气候气象以及防疫防灾等方面的科学知识。此外，科普人员还应结合实际，将科普与日常生活有机结合，具体可以开展以生态环境保护、绿色农业、疫情防控、卫生健康、防灾减灾、应急避险、移风易俗、垃圾分类、禁毒防艾、畜牧养殖、生态环境保护等主题的科普宣传活动。弘扬科学精神，传播科学思想，普及科学文化知识，帮助村民群众进一步开拓视野，提高村民科学文化素养，共同助力乡村振兴，具体案例见表 7-13 所列。

表 7-13 推动科普资源走进乡村案例

序号	高校名称	具体途径、做法与效果	时间
1	西南民族大学	第六届"格桑花"研究生支教团和红原县中学 22 名学生组成科普实践团，在学校位于红原县的青藏高原生态保护与畜牧业高科技研究示范基地开展科普课堂实践活动。活动通过知识讲解、模型演示、互动体验等方式，围绕高原畜牧养殖、生态环境保护、民族医药开发等内容，讲授实用知识，推广创新技术，展示科技带动牧民致富和产业提升成果，引导学生充分认识高原的地理特征和自然文化资源，形成良好的生态保护意识，树立科技观念，立志为推动家乡振兴发展贡献力量。	2021.10
2	湖南工商大学	组建"慧湘村科普实践团"开展科普实践活动，实践团走进平江县的 6 所乡村学校，采取"讲、玩、做"相结合的方式，开展了科学家精神讲述、人工智能产品体验、模型制作等科普活动，为同学们的暑期生活增添了许多乐趣。科普活动激发了乡村青少年的好奇心和想象力，为乡村振兴增添新的活力。实践团将积极探索乡村科普新模式，助力乡村振兴。同学们纷纷表示，爱国科学家们的感人事迹给了自己极大的鼓励和鞭策，一定要传承和弘扬伟大的科学家精神，做新时代爱国奋进的追梦人。	2021.08
3	郑州大学物理学院	前往驻马店市泌阳县双庙街乡中心学校开展"传播科技文化助力乡村振兴"科普宣讲活动。科普作品展示包括科研实物、科研装置、科普知识等，涵盖物理应用于工程应用、材料科学、基础研究、科普实验、产业发展，以及学生应用物理进行科技创新等六大门类。活动起到了普及科学知识、弘扬科学精神、助力乡村振兴的作用，进一步提升了学校和学院在当地的影响力，反响热烈。	2020.12

注：本章文中表格内容是结合各高校网站信息进行整理的。

2. 培养乡村科普人才队伍

新的时代对科普工作提出了新的要求，即如何以围绕全面推进乡村振兴战略开展好科普工作。通过调研发现，当前我国农村科普人才队伍建设亟待加强，以农村专业技术协会这一农村科普重要载体为例，近年来，无论是数量还是会员人数都在逐步缩减，除了人才短缺的问题外，还存在队伍年龄结构老化、断层严重等现象。习近平总书记指出"科技创新、科学普及是实现创新发展的两翼，要把科学普及放在与科技创新同等重要的位置。"在当下，高校应当承担起科普工作的重任，成为培养科普人才后备军的主阵地，勇于尝试有利于科普人才脱颖而出和后备力量源源不断的体制机制建设，探索对乡村科普人才的定向招录机制和就业优惠政策，激励和引导高校毕业生到乡村科普一线工作。高校可以利用在寒暑假实行的"科技、文化、卫生"三下乡活动及各类社会实践活动培育和锻炼科普后备人才，为乡村振兴培育面向未来的科普后备力量，具体案例见表 7-14 所列。

表 7-14　培养乡村科普人才队伍案例

序号	高校名称	具体途径、做法与效果	时间
1	福建农林大学	组织大学生暑期文化卫生科技"三下乡"社会实践活动，校团委《金山青年》特刊联合校融媒体中心校报记者团共同推出"行走的青春力量·福建农林大学2022年大学生暑期文化卫生科技'三下乡'社会实践活动纪实"系列专题报道，记录150支校级重点队及各院级队伍的上千名农林大学学子深入基层一线、投身社会实践的点点滴滴，真实刻画青年学子响应时代号召、怀抱家国情志、奉献青春力量、让青春之花在祖国大地上绚烂绽放的生动故事。	2022.07
2	昆明学院	组建医学院、经济管理学院等11支社会实践团队分赴曲靖市、普洱市、寻甸县、禄劝县、丘北县等地区的乡村社区开展社会实践。社会实践突出实践育人，加强统筹协调，注重因势利导，做好结合转化，引导青年学生深入了解国情省情社情民情，充分发挥青年学生的专业优势，将社会观察、知识积累、实践思考等成果转化为实实在在的建设性意见和举措。	2022.06
3	南京邮电大学	通过线上、线下相结合的方式组织开展暑期文化科技卫生"三下乡"社会实践活动。南邮学子立足家乡，开展了各类具有特色的实践活动，以上好一堂最大的实践教育课程和一堂最大的国情社情思政课为目标，在实践中了解社会、增长才干。在暑假期间深入家乡企业，通过实地考察、座谈交流、网络平台等方式，累计调研企业近6000个，在观城乡新貌、看身边变化、听亲身故事中提升就业认知，对照社会需求完善自身素养，为未来就业做好准备。前往广西、内蒙古、甘肃、四川和江苏省示范村等地，着眼于倡导文明生活风尚，宣传主流价值，开展乡村振兴、基础教育、服务"三农"、防疫和防汛等工作，取得了良好的社会反响。	2020.09

注：本章文中表格内容是结合各高校网站信息进行整理的。

3.推动乡村特色文化传播

长期以来，我国乡村建设中存在着重经济发展、轻文化建设的倾向，在一定程度上导致乡村在经济发展取得成效的同时，乡村社会的"空心化"问题逐渐凸显。习近平总书记强调："文化自信，是更基础、更广泛、更深厚的自信，是更基本、更深沉、更持久的力量。"在存留乡村优良文化传统的同时，要将传统乡村文化与现代城市文化相互融合，不断创新和丰富乡村文化的内涵，实现乡村文化的创造性转化，重塑乡村文化生态，树立乡村文化自信，以文化的力量涵养乡村社会的内生性发展动力。乡村文化振兴是乡村振兴的重要内容，高校则是乡村文化振兴理论研究的主要学术阵地。地方高校应充分发挥在推动乡村文化振兴中的"思想库""信息库"和"人才库"作用，致力于创建集科学研究、决策咨询、学术交流、人才培训、成果运用于一体的全国高校乡村文化振兴研究机构，这也是当前国家全面推进乡村振兴战略的有效举措。

具体途径如可以利用高校的师资将乡村传统民俗资源进行升华，做好地方文化的可持续发展，整合校地资源，探索乡村文化立体传播的新路径，用先进的文化传播理念，助力乡村的特色文化的传承与发展，具体案例以表7-15所列。

表7-15 推动乡村特色文化传播案例

序号	高校名称	具体途径、做法与效果	时间
1	吉首大学音乐舞蹈学院	发挥团队优势，组织研究生"青年红色筑梦之旅"暑期专业实践团队，对湘西十八洞村、捞车村展开了为期14天的田野考察，探寻多彩湘西文化，用实际行动助力乡村振兴。团队录制省级以上非物质文化传承人口述资料30份，可视化数据材料1800份，整理文字材料10万字，为传播民族地域文化夯实了理论基础。	2022.07
2	山东青年政治学院	助力房干村，通过为40位村民拍摄口述影像纪录片、利用VR等技术打造房干数字博物馆、撰写房干村史料图书等方式，实现了乡村文化立体传播，走出了一条"田野调查、研究转化、立体传播、赋能振兴"的新路径。	2021.11
3	安徽建筑大学	建筑与规划学院城乡规划专业学生党支部联合逗留工作室，对接学校定点帮扶单位舒城县汤池镇汤池村，以文化富能特色产品，徽韵助力地方产业，提炼汤池地方特色产业，打造原生IP形象"汤小栗"，推出天生"栗"质、"栗"精图治、大吉大"栗"等系列形象，并结合IP形象推出"栗栗在目"系列包装，融合环保理念，推出棉麻系列包装，引入盲盒概念，推出神秘盲盒系列产品。系列产品形象及包装设计受到汤池村干部、村民一致好评，普遍认为有助于提高产品的普及率和使用率，让汤池特色产品深入人心。将服务于更多的助乡发展者、体验农趣者、学习实践者、文化探索者，用文创营造文化氛围，为非遗文化助力乡村振兴谋求更深远的发展增添了成功的案例。	2021.11

注：本章文中表格内容是结合各高校网站信息进行整理的。

参考文献

[1] 中国市长协会小城市（镇）发展专业委员会，阡陌智库，城脉研究院.解码乡村振兴［M］.北京：中国农业出版社，2018：180-182.

[2] 教育部.教育部关于印发《高等学校乡村振兴科技创新行动计划（2018—2022年）》的通知［EB/OL］.（2019-01-04）［2022-08-02］.http：//www.moe.gov.cn/srcsite/A16/moe_784/201901/t20190103_365858.html.

[3] 中共中央 国务院.中共中央 国务院关于实施乡村振兴战略的意见［EB/OL］.（2018-02-04）［2022-08-11］.http：//www.gov.cn/zhengce/2018-02/04/content_5263807.htm.

[4] 中共中央国务院印发《乡村振兴战略规划（2018—2022年）》［N］.人民日报，2018-09-27（1）.

[5] 中华人民共和国中央人民政府.《中华人民共和国乡村振兴促进法》［EB/OL］.（2021-04-30）［2022-08-14］.http：//www.gov.cn/xinwen/2021-04/30/content_5604050.htm.

[6] 韩嵩，张宝歌.地方高校服务乡村振兴战略：三个重要向度［J］.河北农业大学学报（社会科学版），2019，21（2）：86-91.

[7] 张素杰.新时代地方高校助力乡村振兴战略的着力点探析［J］.北京农业职业学院学报，2019，33（2）：69-73.

[8] 张英彦，周冲.地方高校服务乡村振兴战略的思考［J］.安徽农业科学，2021，49（8）：280-282.

[9] 韩嵩，张宝歌.地方高校服务乡村振兴战略的路径探析——以辽宁省为例［J］.河北农业大学学报（农林教育版），2018，20（5）：116-120.

[10] 王宜伦.乡村振兴战略·生态宜居篇［M］.北京：中国农业出版社，2018：36-38.

[11] 何妍妍.地方高校服务乡村"五个振兴"战略的现状与路径［J］.长春师范大学学报，2020，39（1）：88-90.

[12] 赵倩，陈金凤."双一流"建设背景下涉农高校服务乡村振兴战略的路径与思考——以西南大学为例［J］.中国农业教育，2020，21（1）：28-34.

[13] 李松山.高校图书馆助力乡村文化振兴策略研究——以沈阳理工大学图书馆助力朝阳县波罗赤镇文化建设为例［J］.图书馆学刊，2021，43（8）：63-66.

[14] 米振生，王闯，孙晓慧，等.乡村振兴战略下地方高职院校涉农专业人才培养路径的探究［J］.安徽农学通报，2020，26（16）：194-195.

[15] 曹继军，任鹏.发挥高校优势 参与生态文明建设——访上海交通大学党委书记杨振斌委员［N］.光明日报，2021-03-08（6）.

［16］钟春果，郑常鳅．地方高校创新创业教育助力乡村振兴的思考与对策［J］．宁德师范学院学报（哲学社会科学版），2022，（1）：117－122．

［17］单一峰．高校科技特派员助力乡村振兴存在的问题及对策——以塔里木大学为例［J］．农村经济与科技，2021，32（17）：292－294．

［18］魏玲玲，童再康，罗黎敏，等．从乡村振兴视角谈科技特派员制度创新：以浙江省为例［J］．浙江农业学报，2020，32（7）：1311－1316．

［19］邹慧明．推动乡村学校教育 融入乡村文化振兴［N］．中国教育报，2021－10－21（7）．

［20］王勇超．发挥高校我在乡村文化振兴中的作用［N］．中国社会科学报，2022－03－07（A2）．

第 3 部分
社 会 实 践

第8章　村级实践
——以涡阳县王桥村为例

8.1　涡阳县王桥村脱贫攻坚实施概况

8.1.1　涡阳县王桥村基本情况

王桥村是安徽省亳州市涡阳县西阳镇两个贫困村之一，地处西阳镇西北方，距涡阳县城22公里，距西阳镇镇政府所在地8公里，村东部、北部有涡河十里长湾流过，南邻307省道，西部和王庙村接壤，共后园、前王、腰庄、郑圩、李圩、后王、马圩、五座楼、朱庄、郑庄、兰庄、小李庄、时庄、姚庄、瓦房等15个自然庄，998户4720人，耕地面积6900余亩，农业生产以小麦和大豆为主，特色产业有果树种植和山羊养殖。

自2014年底以来，王桥村共精准识别建档立卡贫困户126户451人，占全村总人口的9.6％。在各级党委领导下，在社会各界扶贫力量的帮扶下，王桥村于2017年底，贫困人口降至1.0％以下，实现了村出列，2020年初通过脱贫攻坚验收，实现贫困人口全部清零，彻底打赢了脱贫攻坚战。

2018年成立王桥村村党委，下辖三个党支部，共有党员134名，村党委委员5人，其中村党委书记1人，副书记1人，委员3人；村委会共有委员5名，村委会主任由书记兼任，村"两委"干部平均年龄45岁。

8.1.2　王桥村致贫原因分析

通过对王桥村基本情况的了解识别，王桥村同时具备"一高一低一无"三个条件，"一高"即该村的贫困发生率要比全省的贫困发生率高一倍以上；"一低"就是农民人均纯收入要低于安徽省平均水平的60％，2013年全省农村居民人均纯收入是8098元，而王桥村农民人均纯收入不足4800元，其中贫困人口纯收入2400元，低于全省平均水平的 60%；"一无"就是该村没有一分钱的集体经济收入。基于以上原因，王桥村被认定为涡阳县西阳镇的贫困村。

分析王桥村的致贫原因，主要有以下几个方面。

1. 缺少支柱产业

在实施精准脱贫之前，王桥村虽然拥有近 7000 亩土地，但均以自营的小农经济为主，村集体没有任何产业，村集体从未对村产业进行统一合理规划。中青年农民大量外出打工，少量中青年和大部分老年农民留村务农，农业生产主要靠种植传统的麦子、玉米和大豆为主，产业结构单一，粮食作物产量少，村中零星有果蔬种植和畜类养殖，规模普遍很小，以上经济收入均为农民自营。集约化、规模化、机械化水平都不高，人力成本却很高。安徽科技学院驻村工作队初期摸排发现，王桥村年产小麦 3000 吨，大豆 150 吨，玉米 3500 吨，油菜籽 20 吨；年出栏鸡 3000 只，羊 800 头，猪 60 头；产值约 1400 万元，其他作物收入约 100 万元，合计 1500 万元。这些产出平均到 5000 多农民身上，实在少得可怜，究其原因，主要在于村中没有支柱产业。

2. 缺少现代农业技术

现代农业的一些标志性技术，如节水灌溉技术、测土配方施肥技术、减灾技术、农产品深加工技术、现代畜禽养殖技术等，王桥村都存在短板。首先是高标准农田建设不够到位。高标准农田是指在划定的基本农田保护区范围内，建成集中连片、设施配套、高产稳产、生态良好、抗灾能力强、与现代农业生产和经营方式相适应的高标准基本农田。属于"田成方、土成型、渠成网、路相通、沟相连、土壤肥、旱能灌、涝能排、无污染、产量高"的稳定保量的粮田。王桥村虽然地处黄淮平原，有着建设高标准农田的条件和潜力，但是农业设施比较落后，尤其是灌溉设施不完备，基本上是靠天吃饭，部分沟渠堵塞，下大雨时兰庄、前王等村庄积水排泄不畅，经常造成作物涝害减产。其次是作物品种不够优良，小麦、玉米、大豆种子良莠不齐，田地之间作物生长参差不一，产量、品相不同，统一收购存在障碍。再次是农业深加工技术缺乏，在仅有的小片果蔬种植土地上种植了桃子、梨等水果和洋葱、大蒜等经济作物，还基本维持在卖鲜果的业态，大量可以用于制作果脯、果酒、果肉罐头的原材料浪费。最后是村里的养殖户文化水平较低，以传统养殖方式开展畜禽养殖，效益不高。

3. 缺少足够劳动力

王桥村除了农业之外没有其他产业，传统的农业生产不足以让王桥村摆脱贫困状态，村中大部分青壮年劳动力选择外出打工，外出务工人数占全村人口 1/4 以上。老人、儿童以及部分妇女留守农村，俗称"386061 部队"，从事现代农业生产的能力极弱，造成王桥村发展现代农业的优质劳动力短缺。

4. 缺少坚强的领导核心

2013 年，王桥村被认定为贫困村。在此之前，村党支部和村委会涣散无序，工作基本处于得过且过状态。其次村"两委"干部平均年龄超过 55 周岁，干部文化水平比较低，只有村支部书记为高中水平；村"两委"干部由于来自不同的村民组，带有宗族观念，矛盾重重，每次开会都会相互掣肘，大多数情况下都无法达成统一意见。王桥村一直以来都被认定为"软弱涣散村"。

5. 条件设施落后

15 个自然庄只有马圩、前王、后王、后园等少数几个村组实现了组组通，其他村组道路崎岖不平，尤其是下雨的时候，泥泞不堪，无入村道路；危房连片，部分房屋房龄超过 40 年，安全隐患极大；大部分村组在 2014 年还没有自来水，安全饮水存在问题；村民活动中心和党员活动室远未达到标准，村民缺乏文化娱乐场所。

8.1.3 王桥村贫困人口分析

王桥村作为西阳镇两个贫困村之一，通过逐户摸底、建档立卡，2014 年，按照国家划定农民人均纯收入 2736 元的贫困标准计算，王桥村建档立卡贫困户 126 户 451 人，占总人口的 9.6%。到 2017 年 6 月，由于精准识别和个别贫困户死亡等特殊原因，国务院建档立卡贫困户还有 117 户 426 人。这些贫困人口呈现出以下 4 个方面的特征。

1. 从贫困人口收入水平来看

在 117 户贫困户中，人均年现金收入在 1500～2000 元（不含 1500 元）的有 45 户，占贫困户总数的 38.5%；2000～3000 元（不含 2000 元）的有 31 户，占贫困户总数的 26.5%；3000～5000 元（不含 3000 元）的有 33 户，占贫困户总数的 28.2%；5000 元以上的有 8 户，占贫困户总数的 6.8%。

2. 从贫困人口致贫原因来看

在 117 户贫困户中，因病致贫的贫困户 43 户，占贫困户总数的 36.8%；因残致贫的贫困户 25 户，占贫困户总数的 21.4%；因缺技术致贫的贫困户 23 户，占贫困户总数的 19.7%；因缺资金致贫的贫困户 13 户，占贫困户总数的 11.1%；因缺劳动力致贫的贫困户 7 户，占贫困户总数的 6.0%；因灾致贫的贫困户 4 户，占贫困户总数的 3.4%；因缺土地致贫的贫困户 2 户，占贫困户总数的 1.7%。

3. 从贫困人口文化水平来分析

在 117 户贫困户 426 名贫困人口中，在校生 88 名，其中大专及以上的 2 名，高中生 3 名，义务教育阶段 58 名，幼儿园阶段 25 名；在 338 名非在校生中，大专及以上 1 人，高中 12 人，初中 193 人，小学文化程度 84 人，文盲 47 人，学龄前儿童 1 人。

4. 从贫困户属性来分析

117 户贫困户中，享受低保的 17 户，享受五保的 1 户，一般贫困户为 99 户。

通过以上对王桥村贫困人口的分析，王桥村贫困户大体分为三种类型：第一类为暂时型贫困户（因灾、因病、因学和多子女等）。这类群体一般经过 3～5 年的时间，通过政府帮扶和自身的努力可实现脱贫。第二类为资源能力型贫困户（缺土地、资金、技术等），这类群体通过政府帮扶可以较快实现脱贫。第三类为特殊型贫困户（伤残、智障、无后续劳动力资源等），这类群体无法通过帮扶实现脱贫，只有通过政府救助或纳入低保才能保障基本生活水平。

8.1.4　王桥村脱贫攻坚进程

安徽科技学院 2013 年被确定为对口帮扶涡阳县单位，2014 年选派驻村工作队定点帮扶王桥村，在各级党委的带领下，王桥村党委团结广大干群，结合王桥村实际情况，遵从群众发展意愿，因户施策，因地制宜，采取了一系列的举措，不断推动脱贫攻坚各项任务顺利完成。具体来说主要有六项举措。一是以"三精准、三落实"为工作要求，公平公正地做好建档立卡人群中的动态调整和扶贫十大工程的落实工作；二是以农村党建为抓手，双培双带，扶智扶志，促进脱贫攻坚和乡村振兴战略的实施；三是以发展产业和扩大就业为主要途径，变"输血"为"造血"，努力实现贫困人口的稳定脱贫和持续增收；四是加强农村基础设施建设和农村基本公共服务水平，不断改善农村人居环境和群众干事创业能力；五是充分利用安徽科技学院科技和人才优势，深化校地合作，促进村各项产业实现可持续发展；六是实施消费扶贫工程，开启在贫困村的面向采购，并逐步增加采购金额，为贫困村发展产业开拓稳定市场。

1. 贫困人口持续减少

2014 年脱贫 10 户 47 人，2015 年脱贫 10 户 47 人，2016 年脱贫 13 户 58 人，2017 年脱贫 72 户 245 人，2018 年脱贫 7 户 23 人，2019 年脱贫 11 户 23 人，2020 年脱贫 3 户 9 人，实现贫困人口清零。

2. 贫困村成功出列

王桥村在 2017 年通过省第三方评估，村集体产业收入达到 30 万元，村有了光伏电站和涡阳大豆支柱产业，贫困人口收入超过 4000 元，王桥村顺利出列，摘掉了贫困村的帽子。

3. 双基建设取得长足进步

建成了高标准农田 4000 多亩，农村水电网路实现了全覆盖，农村组组通公路向着户户通挺进，完成了 40 户家庭的危房改造；推动农村环境、污水、厕所三大革命，为全部贫困户家庭通上了自来水，完成全村的旱厕改造，建设了村民活动广场，为主干路架设了路灯，农村人居环境得到了极大改善。

4. 产业发展取得新突破

制定了"赶着山羊奔小康"和"栽上果树寻致富"种养殖业双向驱动产业发展模式，大力发展果蔬种植业，依托"伟侠果蔬种植专业合作社"建立"安徽科技学院科技扶贫示范基地"，充分发挥安徽科技学院技术优势，在种养殖业给予技术支持，建成

"一村一品"示范村，鼓励农户养殖山羊，养殖业初具规模；几年来，发展果树种植1000 余亩，大棚蔬菜 200 余亩，山羊养殖达标户超过 30 户，存栏量 200 余头。

5. 贫困户脱贫内生动力不断增强

实施扶贫与扶智扶志相结合，大力开展贫困劳动者技能培训，实现贫困劳动者技能培训全覆盖，贫困户持续增收能力不断增加。每年开展一期脱贫攻坚培训班，讲政策、讲技术，主要在产业发展方面提供成熟技术，"授人以渔"，贫困人口对教育重视程度不断增加，贫困学生本科率实现零的突破。

6. 村集体收入不断增加

通过建设村级光伏电站、温室养殖大棚、一村一品建设、振兴农业发展公司、草莓阳光大棚、生产车间扶贫项目等九大产业项目的实施，村集体收入逐年攀升，截止到 2020 年 6 月，村集体产业收入超过 60 万元。

8.2　安徽科技学院定点帮扶主要措施

2014 年 10 月，根据省委省政府要求，各高校要积极承担驻村帮扶任务，选派优秀干部驻村担任第一书记和扶贫工作队长。安徽科技学院的驻村帮扶点为亳州市涡阳县西阳镇王桥村。在之后的七年里，学校始终贯彻落实中央和省委脱贫攻坚精神，把定点扶贫工作作为学校年度重点工作之一，尽锐出战，由学校主要领导担任扶贫工作领导组长，由科研处牵头定点帮扶工作，由党委组织部协调扶贫干部，由有技术、懂管理的干部担任驻村扶贫工作队，层层抓落实，动用学校师生、广大校友，撬动各类社会资源，帮助王桥村彻底打赢了脱贫攻坚战，出色地完成了定点帮扶任务。

学校主要通过产业扶贫、智力扶贫、消费扶贫、组织扶贫、文化扶贫等有针对性地开展定点帮扶工作。定点帮扶工作卓有成效，学校 2019 年、2020 年连续两年在安徽省定点帮扶成效考核中获得"好"的等次；王桥村所在的西阳镇获评全国脱贫攻坚先进集体，驻村工作队获批亳州市 2020 年"三大攻坚战"先进集体；驻村扶贫干部张海亮获批安徽省脱贫攻坚先进个人，余维发获评省脱贫攻坚标兵，谷凯获批亳州市脱贫攻坚先进个人，丁景良获批涡阳县脱贫攻坚先进个人。

8.2.1　加强扶贫工作组织领导

学校党委高度重视定点帮扶工作，成立由党委书记、院长为双组长的扶贫工作领导组，统筹全校扶贫工作。由专门负责科研工作的副校长具体负责，由科研处牵头具体开展点帮扶工作，由党委组织部协调扶贫干部，由有技术、懂管理的干部组成驻村扶贫工作队承担驻村帮扶任务，做到工作明确、要求明确、责任明确。

1. 领导靠前指挥，解决实际问题

自承担定点帮扶任务以来，学校党委组织校领导班子和相关二级单位负责人深入学习贯彻近平总书记关于扶贫工作的重要论述及重要指示批示精神，将定点帮扶作为一项重要政治任务加以贯彻落实。6 年来，学校主要领导及班子成员先后 20 余次赴定点帮扶县、帮扶村调研考察，现场研究解决问题。如 2020 年，在脱贫攻坚最关键时刻，学校主要领导先后四次赴涡阳县王桥村实地调研指导精准扶贫工作，解决了产业文化发展专项资金、扩大消费扶贫内容、选派科技特派员、联系社会扶贫等四项问题，通过校级领导靠前指挥，冲在一线，协调解决很多困难问题。

2. 善于听取汇报，研究部署方案

自 2014 年以来，党委每学期都召开扶贫工作专题会议，听取驻村扶贫干部汇报，上半年根据汇报制订年度定点帮扶计划，下半年根据汇报推进帮扶计划完成。此外，利用实地走访机会，召开贫困村干群座谈会，了解贫困村和群众实际需求，了解干群对定点帮扶和驻村帮扶工作的满意度。以 2020 年为例，根据定点帮扶工作实际情况和发展需求，学校党委先后 3 次听取了选派干部定点帮扶工作汇报，研究部署定点帮扶工作，并研究如何做好脱贫攻坚与乡村振兴两大战略的有效链接。11 月 16 日，在第三次会议上，听取了科研处处长肖新关于向涡阳县王桥村选派科技特派员相关情况的汇报，会议原则同意科研处提出的《向涡阳县王桥村选派科技特派员工作方案》，向王桥村选派科技特派员 2 名，工作经费每年 2 万元标准，现场服务时间每年不少于 50 天。会议要求科研处会同有关学员尽快做好选派工作，加强工作考核，充分发挥科技特派员作用。

3. 执行省委部署，落实各项任务

主要从五个方面落实上级各项决策部署，出色完成各项工作。

（1）认真筹划爱心捐赠活动

根据省委省政府要求，学校先后举办了 4 次扶贫认捐献爱心活动，由校工会和科研处牵头，动员全体教职工参与扶贫认捐献爱心活动，以实际行动为决战决胜脱贫攻坚贡献力量，共计收到教职工捐款二十余万元。校关工委开展"奉献爱心，助力王桥五座楼小学"活动，号召全体大学生为王桥的教育事业助力加油。全校学生积极参与，共计捐助 17500 元，用于更换王桥村五座楼小学桌椅。

（2）精心组织扶贫日活动

根据安徽省历年扶贫日活动方案要求，结合学校和定点帮扶村实际情况，详细制定了扶贫项目认领、农产品展销会、扶贫干部家访、扶贫政策宣传等活动方案，扶贫日当日组织了农产品进校园展销会活动，共帮助贫困地区销售农产品超过 6 万元。

（3）积极开展科技特派员选派

根据《关于组织开展科技特派员与贫困村结对服务工作通知》（皖科农〔2019〕19

号）文件精神，发挥学校农科优势，更好地做好定点帮扶工作，学校积极响应号召，出台《安徽科技学院关于遴选涡阳县王桥村科技特派员的通知》（校科〔2020〕142号），确定选派原则和服务模式，明确服务要求和服务期限，出台管理办法和保障措施，最终遴选 2 名博士赴村开展技术帮扶工作。

（4）协助完成全省脱贫攻坚成果展暨农展会工作

学校派党委委员、副校长黄远友赴合肥参加农展会现场签约活动，与涡阳县企业代表伟侠果蔬种植专业合作社签订了农产品采购意向书，要求扶贫干部认真撰写"脱贫攻坚与乡村振兴有效衔接"论坛的发言材料。

（5）积极配合牵头单位完成任务

每年主要领导参加由本组牵头单位安徽省卫健委在涡阳县召开的脱贫攻坚座谈会，介绍经验，总结不足，发现问题，提出下一阶段帮扶工作思路，强调按照"摘帽四不摘"工作要求，发挥自身优势，强化帮扶举措，并重点研究做好脱贫攻坚和乡村振兴的有效衔接。

8.2.2　发挥人力优势，选派优秀驻村扶贫干部

自 2014 年以来，学校向王桥村选派了 2 任共 5 名优秀干部驻村扶贫，2 名科技特派员，16 名处级干部联系帮户。这些扶贫干部认真履行定点帮扶责任，出色完成了脱贫任务。

1. 驻村扶贫干部认真履行职责

（1）帮助贫困村科学制订计划

驻村扶贫工作队每年初制订王桥村年度精准扶贫工作计划，确定年度村脱贫攻坚的总体要求、目标要求和具体措施，并严格按照计划实施。协助学校根据王桥村实际情况，制订出安徽科技学院定点帮扶涡阳县王桥村工作计划，充分发挥安徽科技学院人才和智力优势，设计并完成包括产业扶贫、消费扶贫、教育扶贫、健康扶贫在内的具体措施；指导王桥村根据产业现状和群众发展意愿，制定《王桥村集体经济发展规划》；为壮大集体经济提供可行思路，帮助农民大户制定合作社发展规划，为之发展提供了科学依据。

（2）及时发现解决贫困人口各项问题

结合五级书记遍访、中央脱贫攻坚专项巡视问题整改、"四季攻势"等扎实开展排查走访活动。指导各个自然村开展"两册一审"活动；开展"两不愁三保障及安全饮水"大排查活动；对王桥村四类人群（建档立卡户、低保户、五保户、重残户）的房屋进行全面摸排，对其房屋进行了初步鉴定；对 56 户参与小额贷款的贫困户以及 39 户参与公益岗位的建档立卡户进行了全覆盖的核查和政策宣传；进行贫困户信息走访核查工作，对户内信息做详细比对修改。根据省第三方评估和市际互检的要求，做好政策宣传和走访教育工作；根据中央巡视整改回头看、国家第三方、省际

交叉互检、省脱贫攻坚项目资金成效考核等要求，对全体建档立卡贫困户，进行全面的走访排查；对以上走访排查出的问题立行立改，确保扶贫政策全面落实，如对王伟、郑生产、李汉红提供桌椅床柜、衣服被褥等用品；对发展产业的郑文化、李建、李建云、李品一、郑文亮等多次指导农业生产，力所能及地帮助他们解决生产生活实际困难。

（3）监管项目资金精准到位

全面推动落实脱贫攻坚十大工程，扶贫项目和资金精准到位，让全体贫困户做到了政策应享尽享，不落一人。在教育扶贫方面，进行雨露计划申报、对义务教育阶段学生发放寄宿生补贴；在产业方面，实施林业项目补贴、种养殖补贴；就业扶贫方面，按照要求设立公益岗位，并发放公益岗位工资；社会兜底扶贫方面，为贫困人口办理低保和五保，为残障人士办理重残补助或护理补贴；帮助危房户实施了危房改造。此外，工作队参与温氏养猪大棚、"一村一品"项目、村级光伏电站、村集体资产收益项目等项目的二次分配，做好各类扶贫资金使用的监管工作。

（4）指导村户发展特色产业持续增收

6年来，工作队重要的任务就是发展贫困村集体经济和指导贫困户发展特色产业。先后帮助王桥村实施了60千瓦光伏电站项目、温氏养猪大棚、"一村一品"项目、村集体资产收益项目、生产车间大棚项目、中央财政专项扶持项目、农业振兴发展公司项目、草莓大棚项目、养禽大棚项目等九个产业项目。2020年王桥村村集体收益超过60万元。针对贫困户，共指导了20户有劳动力的贫困户发展山羊养殖，每户平均年增收10000元；动员了90户贫困家庭发展果树种植，每亩土地增收300元。

（5）协助做好消费扶贫和智力扶贫工作

主要是做好校地合作对接的准备工作。从2017年开始实施面向采购以来，工作队利用往返贫困村和学校的机会，多次利用交通工具帮助贫困户销售土鸡蛋、桃子、杂粮、咸鸭蛋等产品，"小小土鸡蛋"做足了"扶贫大文章"。通过扶贫工作队努力，还把王桥村的"扶贫桃"卖进了省城。这些工作产生了积极的社会效应。2017年至2018年，工作队策划了科技扶贫培训班，为全镇的贫困户开展了技能培训；2019年、2020年连续两年为西阳镇党委设计了西阳镇镇村干部能力素质提升大讲堂活动，邀请学校专家赴地方授课，促进了校地之间的交流。

（6）助力农村基层党建工作顺利达标登高

2014年以来，驻村扶贫干部协助西阳镇党委考察了村"两委"干部，为选强配齐村"两委"干部提出很多可行性强、有价值的建议，得到了西阳镇党委的采纳。工作队利用乡村大讲堂、党员活动日等机会为全体党员上党课，对王桥村"两委"干部开展教育，努力打造一支政治过硬、作风优良的干部队伍。2017年，实施基层党组织达标计划；2020年实施党组织登高计划，使王桥村党委成为亳州市五星级基层党组织和五星级远程党员教育基地。

（7）多方联系社会力量助力脱贫攻坚

2017 年利用"百企帮百村"活动，联系地方房地产企业到王桥村资助贫困大学生；2020 年驻村工作队丁景良、张海亮 9 月底赴上海，联系上海日精物流有限公司来村开展爱心助困活动，争取社会扶贫资金 5 万元用于支持王桥村脱贫攻坚事业，为王桥村李雪莉等 15 名建档立卡学生提供了 1.85 万元的"圆梦"助学金，为王桥村爱心超市补充了价值 1.5 万元的爱心物资，并在贫困户改善生活条件方面提供资助，爱心捐款总计 5 万元。涡阳县本地企业佳源星港城公司也为王桥村的环境改善提供了 1.5 万元的爱心捐款。同年 12 月，涡阳县审计局、安徽科技学院管理学院分别为爱心超市补充 3000 元和 5000 元物资。

（8）总结帮扶经验宣传驻村帮扶典型事迹

2017 年以来，撰写定点帮扶系列报道二十余篇，充分展示了学校驻村帮扶的措施和贫困村脱贫攻坚取得的显著成就。总结扶贫工作经验精心拍摄"科技扶贫铺就产业兴旺之路"视频，参与亳州市评比，受到广泛好评；研究脱贫攻坚与乡村振兴战略，撰写了《全力打赢脱贫攻坚战，为乡村振兴战略奠定坚实基础》的文章；总结贫困村产业发展规律，撰写了《抓好产业扶贫　促进扶贫攻坚》的报道；撰写了郑文化、李建云等脱贫户的脱贫之星先进典型材料；驻村帮扶工作得到了各界的高度肯定，工作队先进事迹受到安徽日报（2020 年 5 月 25 日）、中新网（2020 年 5 月 25 日）、合肥晚报（2020 年 7 月 22 日）、安徽新闻联播（2020 年 11 月 29 日）等媒体报道。

2. 科技特派员和处级干部联系人发挥积极作用

2020 年，学校选派了 2 名博士赴王桥村担任科技特派员，一位为养殖业专家，一位为种植业专家。他们每年驻村不少于 50 天，他们的到岗，为王桥村的产业发展提供了坚实的技术支持，在作物栽培、山羊养殖、家禽养殖等方面为村民解惑答疑，深受地方干群好评。16 名处级干部联系人每年至少赴贫困村开展一次帮扶活动，他们积极献爱心，为解决贫困户的"微心愿"作出积极贡献。两支队伍汇聚在王桥村，拧成一股绳，进一步巩固脱贫攻坚的成果，续写王桥村乡村振兴的新篇章。

8.2.3 发挥科技优势，大力实施智力扶贫

2014 年以来，学校领导亲赴贫困村讲授党课 6 次，处级干部赴村讲授党课 12 次，驻村工作队讲授党课 23 次；共策划并协助地方举办脱贫攻坚贫困人口技能培训两期，联合西阳镇党委举办镇村干部能力素质提升大讲堂两期；先后派出农业技术专家超过 100 人次赴王桥村开展农业技术指导工作；选派的 2 名科技特派员驻村时间超过 100 天，为王桥村打赢脱贫攻坚战提供了智力支持。

1. 领导讲党课，解读国家政策

学校党委书记蒋德勤、校长李震、副校长李升和、副校长黄远友等校级领导多次来村调研指导脱贫攻坚工作，并为当地干群讲党课。2020 年 8 月 7 日，在王桥村讲授

党课时，安徽科技学院党委书记蒋德勤深情地回顾2014年以来学校对王桥村定点帮扶工作开展情况，解读了国家脱贫攻坚的总体目标和基本方略，介绍了脱贫攻坚的制度体系建设情况和十八大以来国家和我省脱贫攻坚工作所取得的成绩。他希望王桥村在打赢脱贫攻坚战后，要做好与乡村振兴有效衔接。安徽科技学院将在国家大政方针指导下，一如既往地支持王桥村的建设与发展，助力王桥村早日迈入乡村振兴的康庄大道。

2. 组织大学堂，提升干部素质

2019年7月，安徽科技学院选派学者专家为西阳镇举办了首期干部能力素质提升大讲堂活动。培训人员为西阳镇全体村镇干部、种养殖大户、企业负责人，培训为期两天半，内容涉及脱贫攻坚、乡村振兴、乡村治理、农业技术、农产品营销等内容，取得良好效果。除集中培训外，利用调研走访机会，对贫困人口进行扶智扶志教育。2020年6月，安徽科技学院组织管理、法律、农学、畜牧等专业四位专家教授赴西阳镇开展第二期干部能力素质提升大讲堂活动。西阳镇全体村镇干部、农民合作社负责人、家庭农场负责人、种养殖大户、致富带头人、特色种养殖达标户以及部分建档立卡贫困户共计200余人参加培训。四位专家分别讲授了"乡村矛盾化解有效途径""加强文化振兴，夯实乡村振兴精神基础""现代果蔬种植技术""畜禽特色养殖技术"，内容直击目前农村社会中产业发展，文化传承和现实矛盾解决等实际问题，不仅内容接地气，专家授课也生动有趣，得到了学员们的一致好评。

3. 开班送技术，提升致富能力

依托伟侠果蔬种植专业合作社，成立安徽科技学院科技扶贫示范基地，开展多元化种植试验，并依托基地对贫困人口开展技能培训。分别于2017年和2018年开展了果树栽培、蔬菜种植两期贫困劳动者技能培训，集中授课30学时，实践教学10学时，96人通过培训成为具有一技之长的新型农民。工作队谷业理、谷凯、张海亮根据各自专业分别讲授了果树栽培、市场营销、农产品加工等课程，并且长期接受农户咨询，为他们的生产活动提供技术指导。

除了集中培训之外，6年来，胡月英、王立克、鲍方印、谷业理、柳卫国、翟立功、张国宝等学校专家教授先后多次来村指导农业生产、农作物深加工和农产品营销等致富技术。

8.2.4 开放高校市场，开展消费扶贫

安徽科技学院面向王桥村采购起始于2017年9月，根据《安徽省人民政府办公厅关于指导支持高校食堂面向贫困县（市、区）采购农产品的意见》（皖政办秘〔2017〕299号）文件精神，学校要求食堂开展面向贫困地区的农产品采购工程。王桥村依托伟侠果蔬种植专业合作社，将贫困户的农产品组织起来，分门别类运输到学校食堂。之后，学校在此基础上发展出三种消费扶贫的模式。

1. 面向采购

这是消费扶贫的主要方式,学校购买王桥村的蔬菜,每次补贴运费 1000 元,蔬菜价格按照市价购买,保底销售。自 2017 年 9 月底,第一批王桥村的农产品运进安徽科技学院食堂,到当年底共采购 7 次,蔬菜 12.7 吨,销售额 30851.9 元,虽然销量不大,但为消费扶贫带了好头。2020 年 9 月 28 日,校领导带队赴合肥参加农产品展销会,在主席台和涡阳县西阳镇伟侠果蔬种植专业合作社一次性签署了 64.9 万元的扶贫产品购销意向书。截止到 2020 年 10 月 17 日,学校累计面向采购 258.4 万元。

2. 农产品展销

活动全称为"对口扶贫农副产品进校园展销会",在 2019 年扶贫日首次发起,2019 年共举办两次,2020 年举办两次。每次展销活动由学校科研处、工会等部门共同筹备,展销剩余的农产品由食堂兜底购买。以 2020 年 10 月 17 日为例,来自涡阳县的山羊肉、草鸡蛋、蔬菜、粉丝、杂粮等十几种特色农产品,两天时间在安徽科技学院凤阳校区共计销售 13.3 万元。

3. 员工福利采购

2019 年,学校集中采购鲜桃 4.0 万余斤,合计销售 15.0 万元;2020 年端午前夕,学校工会和学校后勤负责人来村考察,确定采购物品用于发放员工福利,共购买涡阳县小磨香油和绿豆,总价值 14.7 万元。此外驻村工作队还积极联系其他单位帮助销售桃子,向省高院销售桃子 3000 斤,价值 2.0 万元。

8.2.5 投入帮扶资金,推动产业发展

表 8-1 安徽科技学院助力涡阳县王桥村脱贫攻坚项目资金一览

时间	金额/万元	用途及实际花费/万元
2014 年 11 月	10.2	7.5 万元用于村级光伏电站
2015 年 11 月	5.4	2.7 万元用于党员活动室改造升级,0.8 万元用于贫困户房屋改造
2017 年 4 月	12.1	村委会装修、贫困户入户道路铺设,村部改造,贫困户微心愿所购桌、椅、板凳、风扇,旱厕改造等项目共花费 12.2 万元
2018 年 4 月	5.4	5.0 万元用于建设村民健身广场地面硬化及购置器材
2019 年 1 月	10.0	7.0 万元用于村卫生室扩建,4 万元用于村部门窗及外墙改造
2019 年 10 月	5.0	5.4 万元用于建设村公厕
2020 年 1 月	10.0	6.7 万元用于村文化广场建设,5.0 万元用于建设禽类养殖大棚
合计	58.1	56.3

自 2014 年以来，学校先后投入近 60 万元用于支持王桥村产业发展，涉及王桥村光伏电站、村室改造、改水改厕、文化建设、养殖大棚等项目，为王桥村脱贫攻坚的最后胜利，提供了资金支持。具体情况见表 8-1 所列。

8.2.6 培养年轻干部，实施组织扶贫

抓好党建促脱贫攻坚，是贫困地区脱贫致富的重要法宝。2014 年以来，分别实施了王桥村党建达标和提升计划，从硬件和软件全方位提升党建工作水平，王桥村实现了村"两委"干部年轻化；党员教育常态化；党员活动场所标准化；党员发展规范化，获得亳州市五星级基层党组织和五星级远程教育站点。

1. 开展基层党组织达标建设

2015 年，投入 2.7 万元资金用于党员活动室改造升级，实现基层党组织硬件达标；2017 年上半年，工作队指导村"两委"换届选举，一批年轻有干劲的干部被吸收到村"两委"中，形成坚强的村领导核心。

2. 开展党建提升计划

2019 年，实施王桥村党建提升计划，从硬件和软件全方位提升党建工作水平。上半年学校投入 5 万元，按照县委组织部要求对王桥村党群服务中心进行全方位装修，添置净水机、空调等设备，办公场所进一步优化；下半年继续对村室的地面、墙面、卫生间、公告栏等进行了升级改造，顺利通过五星级基层党组织验收。

3. 加强对干部教育培养

驻村工作队先后带领村"两委"干部赴蒙城县葛寒寨和戴尧村参观，学习先进管理方法与发展经验。协助镇党委指导王桥村完成支部换届工作；组织带领村干部和党员认真参加"不忘初心牢记使命"主题教育活动，定期为党员和干部上党课，不断提升干部政治素质。

8.2.7 弘扬耕读文化，提升文明素质

除完成定点帮扶村既定任务，学校确定每年一个帮扶主题。如 2017 年帮扶主题为"整村出列年"；2018 年帮扶主题为"产业发展年"；2019 年帮扶主题为"党建提升年"；2020 年帮扶主题为"文化提升年"，定点帮扶工作主打文化建设。投入 21 万元，改建村民 1000 平方米文化广场，村头伫立文化石，搭起乡村大舞台，建起文化长廊，石碾石磨盘上刻有社会主义核心价值观，傍晚响起广场舞的歌曲，村民文化生活得到极大丰富。2021 年，学校计划提出的帮扶主题"振兴衔接年"，进一步巩固脱贫成效，提高脱贫成色，做好脱贫攻坚与乡村振兴的有效衔接。

8.2.8 其他扶贫模式的开展

主要指社会和个人扶贫模式，鼓励广大师生、校友为脱贫攻坚贡献力量，例如校

党委书记为贫困户提供 3000 元的危房改造尾款；学校李府食堂经理为郑生产提供了现金资助，谷业理为岳宋夫老人赠送慰问金等等。

8.3　接续助力乡村振兴新征程

乡村振兴战略是习近平总书记 2017 年在党的十九大报告中提出的国家战略。十九大报告指出，农业农村农民问题是关系国计民生的根本性问题，必须始终把解决好"三农"问题作为全党工作重中之重，实施乡村振兴战略。2018 年 9 月，中共中央、国务院印发了《乡村振兴战略规划（2018—2022 年）》，并发出通知，要求各地区各部门结合实际认真贯彻落实。2021 年 1 月 4 日，《中共中央　国务院关于全面推进乡村振兴加快农业农村现代化的意见》发布。这是 21 世纪以来第 18 个指导"三农"工作的中央一号文件。

单纯从时间维度看，脱贫攻坚从 2013 年开始，到 2020 年结束；乡村振兴从 2018 年开始，计划到 2050 年结束，需要 32 年时间。两者之间存在时间的交叉重叠。从实施对象来看，脱贫攻坚主要针对贫困地区，乡村振兴覆盖所有农村区域和农村人口。双方之间存在包含关系。从目标上看，脱贫攻坚主要解决绝对贫困问题，重点解决贫困人口"两不愁三保障"问题，乡村振兴缓解相对贫困、缩小收入差距，要实现农业农村现代化，全体人民走向共同富裕。

2018 年 5 月 31 日，中共中央政治局召开会议，审议通过《乡村振兴战略规划（2018—2022 年）》。规划明确指出"推动脱贫与乡村振兴有机结合相互促进"。2020 年的《政府工作报告》指出"接续推进脱贫与乡村振兴有效衔接，全力让脱贫群众迈向富裕"。做好两大战略的有效衔接，是确保如期实现脱贫攻坚目标、顺利实施乡村振兴战略的关键。

在党的十九大精神指引下，安徽科技学院助力王桥村脱贫攻坚迈入新征程。按照"产业兴旺、生态宜居、乡风文明、治理有效、生活富裕"的乡村发展总体要求，在产业发展、人才队伍、精神文化、生态环境、治理能力等方面精准发力，促进了王桥村脱贫攻坚与乡村振兴工作的有效衔接。

8.3.1　王桥村实施乡村振兴战略的短板

王桥村在脱贫攻坚中取得了骄人成绩，为实施乡村振兴战略打下了一定的基础。但是客观地分析，王桥村离乡村振兴"产业兴旺、生态宜居、乡风文明、治理有效、生活富裕"的乡村发展总体要求还有很大差距。

1. 产业发展仍然十分脆弱

主要是地方产业基础相对薄弱，规模效应尚未形成，地域特色不鲜明，同质化现象普遍；初级加工产品多，精深加工产品少，产业链条短，产品附加值不高；村集体经济比较薄弱，抵抗风险的能力较差，固定投资收益率较低，成本回收困难。龙头企业和致富能手较少，辐射带动作用还不够，尤其是土地流转困难，地块小且分散，农户多为一家一户的小规模经营，暂时不能形成集中连片生产的规模效应。

2. 文明素养成为制约因素

主要在于移风易俗做得不够彻底。受到农民自身文化素质相对低下和城乡二元结构的影响，农民的思想观念相对落后。红白事大操大办，礼金过重，彩礼层层加码，一婚贫十年现象大有所在，在城市的吸力作用下，年轻人普遍外出务工，乡土情结日益淡化，子女不愿意赡养老人的现象较多。虽然九年义务教育已全面普及，但是农民对文化知识的重视还远远不够，当地教育资源不强，师资力量薄弱，接受高等教育的人数偏少。

3. 人居环境需大力改善

主要是未被划入征迁范围的村组，基础设施相对薄弱，改水改厕还不够彻底，监管力度不到位，违章建筑屡禁不止，文化娱乐设施乏善可陈，村民自觉维护居住环境的意识有待提升，村内街道路面脏乱差现象普遍存在，沟塘河坝管理还存在漏洞等。

4. 治理体系还不够完善

干部队伍年龄结构不够合理，思想相对僵化，对于政策的理解有时会存在偏差，创新能力不足，还存在一些乡村陋习，在日常管理方面暴露出较多问题。乡贤多出于大家族，在村内具有一定的社会影响力，但是村干部在对其的正确引导方面稍显不足，导致乡贤的模范带头作用难以充分发挥，甚至还存在负面影响。有时法和理之间不能做到统一，村级治理体系偏颇在一定程度上制约了村民自治的公平性。

8.3.2 助力王桥村乡村振兴的实践路径

1. 发展产业，为乡村振兴夯实了物质基础

发展壮大产业是及时打赢脱贫攻坚战的重要举措，也是乡村振兴的首要目标任务。安徽科技学院工作队定点帮扶六年来，采取四项措施，推动村产业发展，壮大村集体经济，为彻底打赢脱贫攻坚战，实施乡村振兴战略夯实了物质基础。

（1）因地制宜，着力发展特色种植养殖业

工作队在调研基础上，根据王桥村的特点，制定了"赶着山羊奔小康""栽上果树寻致富"双轮产业发展思路，并为果蔬种植和山羊养殖提供技术帮扶。对于果蔬种植业，邀请学校农业专家作为村产业技术顾问，定期来村指导农业生产；大力宣传林业扶贫政策，鼓励贫困户发展果蔬种植。2020年，王桥村已发展果树种植700余亩，大棚蔬菜200余亩，建成了"一村一品"达标村，年产各类水果超过800吨，蔬菜超过

300 吨。对于养殖业，依托安徽科技学院组建的安徽省牛羊实验研究中心，邀请专家来村举办养羊培训班，鼓励全村有劳动能力农民养殖安徽白山羊。2019 年王桥村养羊的贫困户占贫困户总数的 60％以上；养殖超过 6 头山羊的达标户已达到 20 家。

（2）建设基地，大力扶持农民合作社创业

充分发挥安徽科技学院人才和技术优势，依托伟侠果蔬种植专业合作社，成立"安徽科技学院科技扶贫示范基地"，指导合作社走三产融合发展之路。六年来，王桥村"一村一品"发展项目、"集体资产收益"项目、"阳光草莓大棚"项目、"禽类养殖大棚"项目等四个项目共计 102.6 万元经费，投入伟侠果蔬种植专业合作社；帮助合作社引进"五月鲜""夏甜""白如玉"等优质水果，注册了"伟侠""晓侠"两个商标，实施水果蔬菜的无公害认证，申请亳州市"现代农业产业示范园"，一二三产融合发展的现代产业园已经成型。

（3）争取项目，不断增加村集体经济收入

王桥村 2016 年以前，村集体经济收入为零。近几年，王桥村积极争取并合理利用各级扶贫资金，发展产业，村集体收入取得较快增长。其中，2017 年，投资 100 万元建设村级 60 千瓦光伏电站，150 万元建设两座温氏标准养猪大棚，实现村集体年增收 21 万元；2018 年争取"一村一品"和"集体资产收益"项目资金 47.6 万元，在伟侠果蔬种植专业合作社建设果蔬大棚（含冷库），村集体稳定增收 3.5 万元；投入 20 万元建设 300 平方米生产车间，租赁给千湖禽蛋厂，每年收益 0.5 万元；2019 年、2020年每年争取中央扶贫专项资金 50 万元发展生态养猪项目，年收益各自为 5 万元；争取阳光草莓大棚项目资金 50 万元，入股伟侠果蔬种植专业合作社，年收益 3.6 万元；投资 68 万元成立王桥村振兴农业发展有限公司，年收益 6.8 万元；争取安徽科技学院脱贫攻坚资金 5 万元建设养禽大棚，年收益 0.3 万元。王桥村集体经济从无到有，年收益现已超过 60 万元。

（4）驱动消费，拓宽渠道助力产业升级

消费扶贫金额逐年递增，从 2017 年的 10 万元，2018 年的 50 万元，再到 2019 年的 104 万元，2020 年的 150 万。销售的农产品由单一的蔬菜到食用油、山羊肉、土鸡蛋、面粉，种类得到了不断扩展。除了面向采购外，通过举办农产品校园展销会，微商直播带货等形式开拓农产品市场。销路畅通了，利润上升了，农产品的品质也提升了，王桥的产业也逐渐做大做强。伟侠果蔬种植专业合作社正在申请无公害蔬菜认证，未来将以更优质的农产品满足城乡居民日益增长的美好生活需求。

2. 培养干部，为乡村振兴打造过硬队伍

习近平总书记指出，抓好党建促脱贫攻坚，是贫困地区脱贫致富的重要经验。"帮钱帮物，不如帮助建个好支部"。要把夯实农村基层党组织同脱贫攻坚有机结合起来。基层干部作为国家政策执行者，不但是脱贫攻坚的中坚力量，还承担着乡村振兴的历史重任。在打赢脱贫攻坚这场艰苦卓绝的战役中，我们收获的最宝贵的是优秀的农村干部，他们从乡村实际情况出发，"扎根"乡村、"深入"乡村，"了解"乡村，"适应"乡村，是乡村振兴工作"领路羊"。

（1）支部换届遴选优秀干部

2017年以前，王桥村的村干部呈现年龄大、知识水平低、办事效率低三大特点，不能胜任脱贫攻坚工作的需要。2018年初，驻村工作队协助西阳镇党委完成了王桥村支部换届，遴选了王杰、王伟、郑文江、李木强、田桂娟、赵慧、李建魁等九名村干部和三名后备干部，干部队伍实现年轻化，学历层次得到显著提高。在脱贫攻坚中，他们以身作则，敢想敢干，发挥了极其重要的作用，各项任务都能很好地完成。

（2）"双培双带"培养致富能人

把党员培养成致富带头人，把致富带头人中的先进分子培养成党员，党员带领群众共同发展，党组织带领致富带头人不断进步。王桥村2016年邀请在新疆发展的共产党员王伟回乡创业，联合7户农户，承包900余亩土地，成立伟侠果蔬种植专业合作社，成为村产业发展的带头人，在换届改选中王伟被选为王桥村党委副书记；会计郑文江是王桥村的种粮大户；村扶贫专干李木强2017年入党，创办恒丰养羊场，是附近闻名的养羊专业户。此外，李建魁、年毛毛在退伍之后被吸收为村"两委"干部，在村发展中都起到了重要的作用。

（3）扶贫实践提高干部素质

在伟大的脱贫攻坚战役中，干部在学中做，在做中学，不断地磨炼意志，增长本领，作风更加务实严谨，尤其是在党员"两学一做"、"不忘初心、牢记使命"、党史学习教育中，政治理论素质和党性修养进一步提升，宗旨意识和人民情怀进一步加强，干事创业能力和为民服务意识不断高涨。

3. 生态改善，为乡村振兴创建优美环境

脱贫攻坚战役打响以来，王桥村村居环境实现了翻天覆地的变化，从破旧的村庄逐渐向建设成美丽的新农村，逐渐由"住房安全保障"向"生态宜居"发生转变。其基本成效主要体现在以下三点。

（1）群众住房安全得到了保障

王桥村进行了农村危房改造80余户，全村实现了无人住危房；通过"两不愁三保障及饮水安全大排查"，户内主房、偏房的安全隐患得到发现并整改；在干部的指导下，贫困家庭实现了"五净一规范"，人均环境得到极大改善，卫生习惯逐渐改变，文明卫生的生活方式逐渐为群众接受。

（2）公共服务功能趋于齐全

几年来，王桥村对党群活动中心和为民办事大厅进行改造升级，修建王桥文化广场和乡村大舞台，扩建村卫生室，兴修农田水利项目，硬化农村道路，植树造林，通过一系列的双基建设和惠民措施，村公共服务能力实现质的提升。

（3）农村环境卫生极大改善

在实施脱贫攻坚十大工程中，王桥村打响农村环境三大革命，开展"垃圾、污水、厕所"专项整治。王桥村为贫困劳动者设立 40 个公益岗位，组织他们从事秸秆禁烧员、护路员、护塘员、护林员、保洁员等工作，每个自然组都规划设置垃圾回收站，都有专门的保洁人员定期清理；分年度采伐村内杨树，减少了困扰群众生活的杨絮。截至 2021 年底，全村改厕 200 余户，厕所革命进展顺利。

4. 重视文化，为乡村振兴树立文明新风

乡风文明是乡村振兴的内在要求，根据马斯洛需求理论分析，群众的文明程度和经济水平总体呈现正比态势，只有群众"两不愁三保障"等基本生存问题解决了，他们才会上升到更高的精神层面去考虑生活是否优雅的问题。彻底打赢脱贫攻坚战，消灭绝对贫困，就意味着人们对更美好生活的向往和追求的需求得到激发。王桥村在精准扶贫中，注重"扶贫与扶志扶智"相结合，突出文化引领，弘扬中国特色社会主义文化和社会主义核心价值观。

（1）开展移风易俗行动

全面开展乡风文明建设，大力推进婚丧嫁娶等改革，提倡文明、俭朴、节约办事礼俗，提倡尊老孝亲，举办"五好家庭""最美婆媳"等评选活动，建立和谐的家庭人际关系，发挥基层领导干部的先锋带头作用，引领村民自觉抵制社会不良风气，弘扬社会新风尚。

（2）重视培训开启民智

先后举办 4 期农民技能培训班和 2 期干部能力素质提升大讲堂，通过集中教育传播先进知识，从思想层面鼓励农民接受并主动寻求新技术，自觉提升科学文化素质水平，变"输血"为"造血"，激发农民内生动力。

（3）凝练村规民约，传承耕读文化

建设具有王桥特色的文明符号，如王桥村文化广场的幸福亭、乡村舞台、文化长廊，文化石等让村民有了更好的文化认同，进一步引导农民利用文化打造"人无我有"的地域特色品牌，打破同质性壁垒，进一步推动乡村文化振兴。

（4）倡导文明健康的生活方式

如鼓励留守妇女跳广场舞，留守儿童打篮球等，以政府为主导，联合学校在农村搭建"智慧书屋"，为村民提供种类丰富的图书，营造闲暇时光自主阅读的学习氛围。

5. 增加收入，为乡村振兴提供人心保障

通过脱贫攻坚的实施，我省贫困地区农村居民人均可支配收入由 2013 年的 6788 元增至 2020 年的 14763 元，翻了一番多，贫困人口年人均纯收入由 2013 年的 2132 元增至 2020 年的 11659 元，王桥村和全省水平持平，贫困人口 2020 年人均收入也超过了 11000 元。更多的收入，让农民有了更多的获得感和幸福感，对党的领导有了更加坚定

的信念,党的威信在农村中空前提高,乡村振兴战略的实施团结了力量,凝聚了人心,增添了希望。

无论是脱贫攻坚还是乡村振兴,两大战略的实施都离不开地方高校的支持,社会服务是高等学校职能之一,地方高校在服务乡村振兴战略中具有独特的优势。地方高校服务脱贫攻坚和乡村振兴战略既是落实国家政策的需要,又是履行社会服务职能的体现,有利于促进高等教育长远发展。而地方高校由于地缘的优势,可以更亲密地接近乡村,以独特的视角细致地"近距离地"观察乡村,在助力乡村振兴方面具有不可替代的、强大的作用。由于村庄是实施精准扶贫和乡村振兴政策的主要场域,所以地方高校可以从自下而上的村庄视角来思考脱贫攻坚与乡村振兴的衔接显得十分有意义。从村庄来看,我们不仅能看到政策实施的具体场景和效果,而且能了解农村和农民对政策的感知与回应,更能理解村庄内部的行为逻辑,如乡村建设的逻辑、贫困文化的逻辑和村干部的资源分配逻辑。

近 10 年来,安徽科技学院将涡阳县王桥村作为探索"三农"问题的前沿哨所,作为服务地方经济社会发展的示范基地,尤其是在脱贫攻坚的正面战场上,敢打敢冲,奋发作为,尽锐出战,务求实效,形成了许多可圈可点的宝贵经验,确保王桥村按时打赢了脱贫攻坚战。而今,在校党委的坚强领导下,安徽科技学院的师生们正昂首阔步,坚定地走在接续王桥村乡村振兴的康庄大道上,继续保持艰苦奋斗的优良作风,保持"咬定青山不放松"和"不破楼兰终不还"的战斗精神,不忘初心,牢记使命,为乡村振兴战略的顺利实施和最终实现贡献力量。

参考文献

[1] 宋泽玺. 新发展阶段高标准农田建设项目绩效审计评价指标体系研究 [D]. 兰州:兰州财经大学,2022.

[2] 陈兴. 孝昌县实施精准扶贫的问题与成效 [J]. 党政干部论坛,2015 (11):12-13.

[3] 佚名. 安徽科技学院:十里长湾 春风拂面 [N]. 安徽青年报,2020-10-30 (22).

[4] 王富君. 改革创新 稳步推进高质量发展 [J]. 农业发展与金融,2019 (4):20-21.

[5] 田毅鹏. 脱贫攻坚与乡村振兴有效衔接的社会基础 [J]. 山东大学学报(哲学社会科学版),2022 (1):62-71.

[6] 王向阳. 国家如何引领私人生活的变革——基于近年来农民生活治理实践的考察 [J]. 上海行政学院学报,2021,22 (5):14-23.

[7] 陈凯. 吉首市巩固拓展脱贫攻坚成果与乡村振兴有效衔接对策研究 [J]. 湖南行政学院学报,2022 (2):137-144.

[8] 刘书侠. 浅谈脱贫攻坚与乡村振兴有效衔接实现途径 [J]. 基层农技推广，2020，8 (9)：40 - 43.

[9] 涂圣伟. 聚力脱贫攻坚和乡村振兴的统筹衔接 [J]. 智慧中国，2019 (9)：80 - 82.

[10] 鹿心社. 精准脱贫调研手记 [J]. 当代广西，2019 (9)：11 - 14.

[11] 刘斌. 探索基层党建新思路　打赢精准脱贫攻坚战 [N]. 榆林日报，2017 - 09 - 14 (A5).

第9章　县域实践
——以安徽省界首市为例

　　脱贫攻坚与乡村振兴之间存在着密切的内在联系，两者均是以为人民谋幸福为出发点，以解决长期困扰我国经济发展的"三农"问题为目标而提出的国家级战略。但相对来讲，乡村振兴的时间阶段更长，服务对象范围也更广。脱贫攻坚属于一种局部的短期阶段性任务，主要针对贫困地区和贫困人口。而乡村振兴属于一种广域的长期性任务，针对全体农村居民。总之，脱贫攻坚阶段取得的成果为乡村实现全面振兴奠定了基础和前提，乡村振兴也为脱贫攻坚实现纵深发展创造了机遇和条件。现阶段脱贫攻坚已取得全面胜利，"三农"工作的重心也得到了历史性的转移，做好巩固脱贫成果与乡村振兴有效衔接工作的意义重大。地方高校凭借人才资源丰富、科研水平先进、基础设施齐全等天然优势，在促进两者衔接中发挥了主力军的作用。本章以界首市为例，详细论述了地方高校在助力脱贫攻坚与乡村振兴中的效用发挥，并为高校进一步服务农村提供了经验启示。

9.1　地方高校助力脱贫攻坚与乡村振兴有效衔接的优势

　　新中国成立以来，党和政府始终高度重视贫困问题，经历了救济式扶贫、以工代赈式扶贫、区域式扶贫、八七扶贫攻坚、整村推进式扶贫、集中连片特困区式扶贫、精准扶贫、深度扶贫八个阶段。脱贫攻坚战随着《中共中央　国务院关于打赢脱贫攻坚战的决定》的颁布，于2015年正式拉开序幕，文件明确提出了总体目标，到2020年，稳定实现农村贫困人口不愁吃、不愁穿，义务教育、基本医疗和住房安全有保障。实现贫困地区农民人均可支配收入增长幅度高于全国平均水平，基本公共服务主要领域指标接近全国平均水平。确保我国现行标准下农村贫困人口实现脱贫，贫困县全部摘帽，解决区域性整体贫困。

　　2017年十九大会议首次提出乡村振兴战略，目标是按照产业兴旺、生态宜居、乡风文明、治理有效、生活富裕的总要求，建立健全城乡融合发展体制机制和政策体系，加快推进农业农村现代化。借助产业发展农村经济，掌握引人育人技巧，充分发挥人才对农村建设的引领作用，继承和发扬乡村的优秀传统文化，摒弃乡村文化陋习，保护农村生态环境，强化农村基层党组织建设。力争在 2035 年基本实现农业农村现代化，2050 年在产业、人才、文化、生态、组织五大方面实现全面振兴，建成社会主义现代化强国。

与脱贫攻坚相比，乡村振兴的时间阶段更长，一直持续到 2050 年。服务对象更广，从贫困人口扩大到了全体农民。服务范围也更大，从贫困地区扩大到了所有农村地区。脱贫攻坚为实现乡村全面振兴奠定了坚实的基础，乡村振兴也为巩固脱贫攻坚成果提供了重要保障。2018 年起，国家不断从政策层面对脱贫攻坚与乡村振兴有机衔接做出新要求。《中共中央　国务院关于实施乡村振兴战略的意见》正式提出"做好实施乡村振兴战略与打好精准脱贫攻坚战的有机衔接"的要求。《中共中央　国务院关于打赢脱贫攻坚战三年行动的指导意见》再次提出"统筹衔接脱贫攻坚与乡村振兴"的要求。《乡村振兴战略规划（2018—2022 年)》进一步提出"把打好精准脱贫攻坚战作为实施乡村振兴战略的优先任务，推动脱贫攻坚与乡村振兴有机结合相互促进"的要求。直到 2020 年脱贫攻坚战取得全面胜利，"三农"工作的重心也由此得到了历史性的转移，中共中央、国务院发布了《中共中央　国务院关于实现巩固拓展脱贫攻坚成果同乡村振兴有效衔接的意见》，要求建立健全巩固拓展脱贫攻坚成果长效机制，防止出现返贫。同时从领导体制、政策、规划、监督考察机制上做好两者的衔接工作，巩固拓展脱贫成果，促进乡村全面振兴。

基于以上现实背景，促进脱贫攻坚与乡村振兴有效衔接工作需要多方社会主体共同参与，其中高校发挥了关键作用。在脱贫攻坚时期，充分认识到实现由"输血式扶贫"向"造血式扶贫"的转变重在扶智，激发农民的内生动力。将地方高校定点帮扶贫困地区作为实施教育扶贫的重要手段之一，充分发挥高校的资源优势，因地制宜地探索高校扶贫模式，激发贫困群体脱贫的主体意识。2018 年底，教育部对高校提出了更高层次的要求，印发了《高等学校乡村振兴科技创新行动计划（2018—2022 年)》，明确高校要坚持立德树人，提升乡村振兴创新人才培养能力，以高校为依托，加强协同合作，致力于解决乡村振兴中的重大关键性难题，按照农村现实需求调整优化教学学科结构，站在更高的视角审视国际大环境，为国家提供智慧方案。与其他服务主体相比，高校具备多重优势。首先，我国高校数量多且分布广，共计 3012 所，其中普通高等学校 2756 所，成人高等学校 256 所，学科门类丰富。地方高校尤其是涉农类高校所涉及的学科内容能够包含促进农村经济发展所需的方方面面，学科之间交叉融合，能够精准贴合新时期农村地区的现实需求。其次，农村经济的发展离不开人才的带动，高校为培养"一懂二爱"农业技术人才队伍和培育新型职业农民提供了主要阵地，发挥着人才培养的主要功能。作为人才资源的聚集地，为农村地区输送了源源不断的人才力量。这类人才不仅仅包括校内各专业的教师和学生，毕业校友、合作企业也属于从高校外延出来的人才资源，在服务社会过程中均发挥着重要作用。而且部分高校建设了将专家教授、研究生、本科生汇集在一体的科技小院和乡村振兴学院，能够点对点的为农村提供科技和文化等服务。高校能够带来更高的社会效益，通过与帮扶村建立结对关系，根据当地发展情况按需选派高校专家进行指导，在产业发展、乡村旅游、文化宣传、组织建设等方面提供技术支持和保障，因地制宜地提出发展方案，带领研究生等学生在村内开展实践活动，既培育学生的动手实践能力，又为农村带来大批人才队伍，实现双赢。最后，高校站在时代发展的最前沿，掌握着最新的信息和政策，具备先进的科研资源，汇聚了全国 80％的科研力量，拥有一批重点学科、重点研究室和重大科研项目，创新氛围浓厚，每年产出大量科研成果。而且校内科研基础设施完善，仪器和实验设备齐全，设有国家级和省部级重点实验室、国家工程研究中心、博士学科点、博士后流动站等研究开发基地，为专家教授和学生进行科研工作提供了必要的基础和保障。

9.2 地方高校助力界首市脱贫攻坚与乡村振兴有效衔接的成效

9.2.1 界首市情况介绍

界首市历史悠久，地理位置优越，处于河南与安徽两省交界处，全市面积 667.3平方公里，人口 82.6 万，其中农业户籍人口 65.9 万人，辖 18 个乡镇街道、159 个村。凭借其优越的地理位置经济得到迅速发展，曾被称为"小上海"。然而自九十年代后期开始，经济发展每况愈下，最终 2012 年 4 月被列为省级贫困县，当年贫困人口 40824户 113831 人，贫困发生率 14％。摸底盘查后，确定该市共计 45 个贫困村，其中有 1个村被列为省级深度贫困村。

从界首市贫困户致贫原因来看，农村由于医疗卫生条件差，经济发展水平低，看病难看病贵的现象普遍存在，大部分贫困户都是由于患病或残疾导致贫困，通过健康扶贫和政策保障可以得到解决。将 2013—2019 年贫困人口的致贫原因进行纵向比较（图 9-1），可以发现因病致贫的比例在逐年下降，这得益于我国对农村实行的医疗保险、医疗补助等优惠政策和医疗卫生条件的改善。在各类服务主体的帮扶下，向农村地区不断输入人才、资金、技术等现代生产要素，因学、因缺技术、因缺资金致贫的比率逐年降低，农民的自身发展动力得到显著提升。经过八年的精准扶贫、五年的脱贫攻坚战，界首市贯彻落实精准扶贫政策，积极组织建档立卡工作，同时结合信息化技术手段，使脱贫攻坚的政务工作过程向透明化趋势发展，利用全国扶贫开发信息系统手机 App 对贫困户进行信息采集、信息普及和线上帮扶，线上线下齐发力，助力贫困户摆脱贫困。尤其是在疫情下，线上扶贫发挥了重要作用。通过 App 精准掌握了贫困户的动态信息，实现了无接触式扶贫。2020 年底贫困户建档立卡手机 App 累计注册 22385 户，帮扶责任人注册 7840 人，总用户量已超过 3 万。在党和国家的共同努力下，建档立卡贫困户逐年减少，如期实现了全部脱贫，且连续四年界首市在脱贫攻坚考核中取得了好的等级。全市脱贫人口累计达到 27403 户 62055 人，45 个贫困村全部出列，2019 年退出省级贫困县序列。贫困人口人均纯收入由 2014 年底的 2589 元增长到 2020 年的 10857 元，年均增长 27%。交通、饮水、医疗、教育、文娱等基础设施得到明显改善，农民的生活幸福感显著提升。

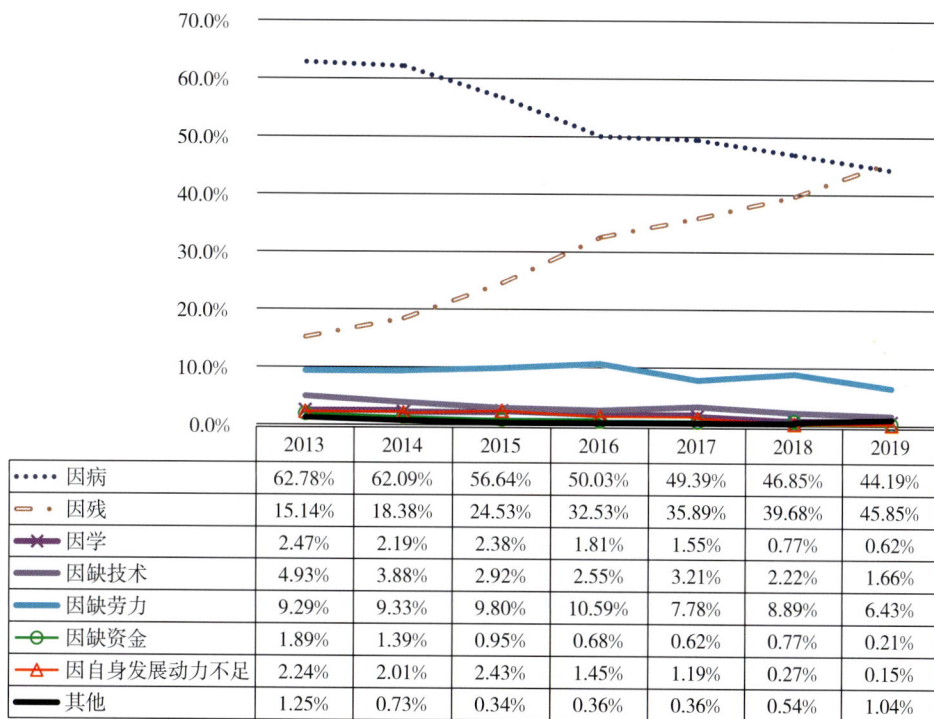

	2013	2014	2015	2016	2017	2018	2019
因病	62.78%	62.09%	56.64%	50.03%	49.39%	46.85%	44.19%
因残	15.14%	18.38%	24.53%	32.53%	35.89%	39.68%	45.85%
因学	2.47%	2.19%	2.38%	1.81%	1.55%	0.77%	0.62%
因缺技术	4.93%	3.88%	2.92%	2.55%	3.21%	2.22%	1.66%
因缺劳力	9.29%	9.33%	9.80%	10.59%	7.78%	8.89%	6.43%
因缺资金	1.89%	1.39%	0.95%	0.68%	0.62%	0.77%	0.21%
因自身发展动力不足	2.24%	2.01%	2.43%	1.45%	1.19%	0.27%	0.15%
其他	1.25%	0.73%	0.34%	0.36%	0.36%	0.54%	1.04%

图 9-1 2013—2019 年界首市贫困户致贫原因

9.2.2 高校助力界首市产业扶贫与产业振兴有效衔接

产业兴则经济兴，产业强则经济强，发展农村产业是促进农村经济的主要途径。界首市拥有"马铃薯""彩叶树""淮山羊"三大特色主导产业，始终坚持以三大主导产业为主线，推进"四带一自"产业扶贫模式，聚焦产业扶贫，巩固壮大产业。高校教师作为脱贫攻坚工作的主力军，以科技特派员、驻村干部等身份加入"三农"服务中，深入农村基层调研，挖掘地方特色产业，全方位、多视角地了解贫困户、各类农业生产经营主体、基层干部的农业生产及服务需求，从而制定有针对性的产业扶贫方案，实现精准扶贫的目标。对贫困户的劳动力数量、产业生产条件、发展意愿进行摸底调查，有针对性地落实自种自养项目，借助"分段式"奖补手段对贫困户的产业选取和生产规模等方面进行指导，帮助贫困户围绕当地主导产业适度扩大生产规模，激发其发展产业的内生动力，提升了产业稳步脱贫的效果。

高校助力地方产业发展的途径以输送和培育人才为主，贫困户自主发展产业必须借助人才持续发挥引领带动作用，利用开办培训班的形式指导农民学习运用现代的农业生产方式和技术手段发展自身产业，积极参加技能培训，激发贫困户发展的内生动力，实现"造血式"扶贫，促进产业发展的可持续性。与直接向农村投入资金等生产要素不同，高校提供的技能培训能够帮助农民获得稳定发展的能力。充分发挥高校教师在技能培训方面拥有的天然绝对优势，结合教学经验和自身专业技能更好地帮助贫困户迅速熟练掌握适应于现代农业生产的技能，提升农户自身科学素质和市场竞争意识，加速普通农户向新型职业农民转变的进程，为产业发展提供"带不走、留得住"的当地人才支撑。当前全市累计完成职业农民培训4108人，其中702人被认定为新型职业农民。同时，产业发展平台的搭建也能够对产业发展提供必要的基础支撑。地方高校通过助力巩固界首市104个产业扶贫基地，为推进三园一体（农业产业园、科技园、创业园、田园综合体）建设奠定了基础。昆明理工大学与界首市政府签订战略合作协议，界首借助高校科技园区努力创建国家级高新产业园区和国家生态工业示范园区。其次，高校与农业经营主体搭建利益联结机制，打造农产品品牌助力产业发展。目前，新型农业经营主体与安徽农业大学、安徽科技学院之间建立了密切的产学研关系，依托学校的教师、科研资源向龙头企业、家庭农场等新型农业经营主体传授新技术、新理念，培养其品牌意识，提高专业化水平，以三大产业为主线，延长产业链条，发展精深加工产品，在产品质量和食品安全上下功夫，迎合新时代的消费者需求。在高校帮扶下，当前界首市已有39家新型农业经营主体建立了完善的农产品质量追溯系统，"三品一标"建设颇具成效，其中"界首马铃薯"被认定为农产品地理标志产品，"界首淮山羊""界首马铃薯"均被纳入全国名特优新农产品名录之中，全市共有无公害农产品23个，绿色食品87个，有机农产品1个。"三品一标"认证面积已达31万余亩，覆盖率超50%。随着互联网在农村的普及，农村电子商务发展迅猛，电商产业迅速崛起。高校电子商务专业为农村电商产业的发展提供了智力支撑和技术支持，积极培育电商主体，鼓励大学毕业生返乡创业，开直播做电商，带动农民就业创业，拓宽增收渠道。2020年界首市电商市场经营主体共计501家，网络销售额达到23.9亿元。农村电商网点实现了村级全覆盖，为村民提供了便捷的快递代收、代发、生活缴费、信息收集等服务，帮助农民向生活富裕的目标迈进了一大步。

9.2.3　高校助力界首市智力扶贫与人才振兴有效衔接

人才是带动农民群体共同推动农村经济发展的动力之源，产前、产中、产后的各个环节都需要专业人才进行指导，实现脱贫攻坚与乡村振兴的每一步都离不开人才的带动。高校拥有一流的教师和教学资源，具备人才培养、科学研究、社会服务、文化传承与创新、国际交流与合作五大职能，其中人才培养是高校的核心职能。通过开展教学活动培养学生的专业知识技能，可以向农村源源不断地输送人才力量。与传统农业不同，新时期的农业发展对人才的需求更加多元化，高校作为走在时代前沿的机构，能够更好地贴合现阶段时代需求为农村培养专业人才。

学校作为教书育人的主要阵地，界首市高度重视农村居民受教育的问题。按照不同的年龄阶段针对性地对农村居民开展教育普及工作，从娃娃抓起，将教育资源不断向幼儿园和中小学倾斜，优化教学设施，改善教学条件，打造智慧课堂，使学前三年毛入园率达到了 91.92%。为确保每位孩子都能接受教育，政府对贫困户实施了精准资助。2013 年以来，界首市累计资助贫困家庭学生 12.72 万人次，资助资金 1.05 亿元；办理助学贷款 3.45 万人次，贷款资金 2.45 亿元。高中是义务教育结束后学生价值观进一步养成的关键时期，也是决定学生成才的重要阶段。界首市新建、改扩建高中阶段学校 4 所，高中阶段毛入学率达 92.70%。对于有意愿接受教育的成年人也设置了专门的职业教育培训，培训内容丰富，包含电子商务、家政服务、残疾人电动车维修、新型职业农民等，累计培养毕业生 10142 名，累计培训 11148 人次。与中小学相比，高校培养的人才专业性更明确。大学毕业生、研究生能够弥补农村地方金融、电子商务、市场营销等专业领域的人才空缺，提出符合现阶段市场需求的销售策略，利用所学知识在农村创新创业，促进农村经济发展。除了人才培养外，社会服务是高校的基本职能之一，高校教师在脱贫攻坚和乡村振兴中发挥着主力军的作用。界首市联合高校、科研院所，与 75 名省级选派的具有中高级职称的科技人才签订服务协议，对 60 个企业、15 个贫困村进行结对帮扶工作。科技人才成为企业与贫困户之间进行沟通的桥梁和纽带，借助科技项目和相关载体平台发展农村产业，高校技术人员带技术和科研成果进入企业，对企业进行生产技术指导，研发新品种，推广新技术，提升企业科技创新能力，加速科技成果快速转化，实现产学研融合。其中阜阳师范大学积极举办"教授·博士企业行"活动，组织生物与食品工程学院、物理与电子工程学院、计算机与信息工程学院、化学与材料工程学院、经济学院、商学院等 6 个学院选派 20 多名教师与界首市 70 余家企业进行了创新要素对接。同时企业与贫困户之间通过入股等形式搭建起利益共同体，参与分红，在高校科技人才的带动下，企业与贫困户的经济效益大幅提升。聚焦界首市三大主导产业，面向地方和企业开办培训班，普及农业生产知识，传授科学技术使用技巧，推广新技术、新品种，培养一批懂技术、擅经营的专业人才，推动农民向新型职业农民转变。

9.2.4　高校助力界首市文化扶贫与文化振兴有效衔接

高校具有深厚的文化底蕴，同时承担着文化传承与创新的职责。作为承载知识与文化的最高殿堂，高校在社会中具有很高的影响力，能够通过教育教学从思想上直接影响人类价值观的养成。界首市从思想根源开始挖掘，针对小学生进行思想引领，积极组织学院开展帮扶村小学生夏令营暨大学生"三下乡"社会实践活动，连续两年组织 50 余名小学生走进大学校园，在体验中学习科技知识。面向有意愿参加继续教育的农民开办培训班，通过普及宣传科技和文化知识提升自身素养，辐射带动农村其他群众参与文化学习。

在民风民俗等传统文化方面，高校主要利用宣传和教育从思想上转变农民对待文化的态度，引导村民保留继承优秀传统民俗，批判去除乡村不良文化风气。界首市历史文化悠久，史称养城，历年来始终坚持传承"养"文化，以文化人、以文扶志、创新思变。积极组织开展"送戏进万村"工作且连续三年获得全省先进，丰富了村民的日常生活。为传统文化产品塑造品牌，传承界首文化，其中"界首彩陶"荣获国家地理标志产品，"刀马人"被认定为中国驰名商标。帮助强化地方文化类基础设施建设，在各个乡镇街道开办图书阅览室，捐赠书籍，搭建市、乡、村三级公共文化服务体系，结合地方特色打造个性化的文化基地，培养村民主动学习的意识。将文化与品牌建设融合，弘扬地方彩陶等传统工艺，借助新媒体宣传，让地方文化得到更大范围的传承，同时获得更多的经济效益，实现农民增收的目标。

9.2.5　高校助力界首市生态保护脱贫与生态振兴有效衔接

绿水青山就是金山银山，在高校、政府等多方参与主体的宣传下，农民的生态环保意识得到了显著提高。从人居环境来看，高校组织的卫生安全知识普及活动使农民的不良卫生习惯得到了改善，各村庄开始重视垃圾分类、污水处理、厕所改革工作，进行"垃圾革命""污水革命""厕所革命"。农村一改往日垃圾乱堆乱放的景象，2020年界首市新建垃圾分类收集站 5 座，新建垃圾分类收集点 100 处，共清运农村垃圾166465 吨，实现生活垃圾分类村级全覆盖。新建 11 座污水处理厂和 4 座一体化提升泵站，实现了全市所有乡镇驻地生活污水处理设施建设运行全覆盖。始终坚持以农民为中心，鼓励农民积极参与，在自愿的原则下进行厕所改革，优化农村环境。配合运用激励手段，每月开展农户卫生环境评比活动，在农户间形成了良性的竞争氛围，齐心协力共同打造环境优美、干净整洁的文明村庄。

从产业发展环境来看，第一产业中，发展林业产业是最直接的生态扶贫途径，能够同时发挥生态效益和经济效益的双重效应。高校专家从种植技术、管理方法、品种选择等方面指导贫困户发展彩叶树、山核桃、花卉等产业，彩叶树产业带动 161个贫困人员增收 140.88 万元，山核桃产业带动贫困村集体 4 个、贫困人员 2668 个，花卉产业带动 14 个贫困人员增收 1.45 万元。通过发展林业产业不仅带动了贫困户脱贫，也为实现生态振兴奠定了基础。除了生态保护外，高校也在污染防治方面作出了贡献。与生活垃圾相比，工业生产和农业生产所产生的垃圾更是不可小觑。界首市瞄准中南大学的有色冶金、材料、重金属污染防治等学科方向、成果同本市再生金属产业发展高度融合对接，密切产学研合作，设立了国家重金属污染防治中心界首分中心，监控治理工业生产环境。在高校提供的技术支持下，产后阶段的农业垃圾处理也得到了改善。针对畜禽粪污等养殖类垃圾，高校在配套设施研发和技术指导上作出了突出贡献。全市共 159 家畜禽规模养殖场进行了粪污资源化利用设施配套、升级、改造，规模养殖场粪污处理设施配套率达到 100%、畜禽粪污资源化利用率达到 99.25%。

9.2.6 高校助力界首市社会扶贫与组织振兴有效衔接

完善的社会保障是吸引人才回流，重构农村基层组织建设的必备条件。在基础设施建设方面，界首市牢牢把握经济要发展，交通须先行的原则，大力发展交通运输道路建设。修建了长达 1160 公里的公路网，其中"四好农村路"长达 760 公里，公路密度达到 174 公里/百平方公里，稳居阜阳市第一的宝座，为界首市发展农村电子商务和旅游产业提供了基础保障，使特色农产品得以被运输到更远的范围，打通了农产品上行的通道。同时便捷紧密的公路网将各个景区串联起来，形成了独具特色的旅游路线，为乡村旅游的发展也创造了条件。当然，电力也是农村生产生活的必要基础保障，脱贫攻坚期间界首市对全市所有贫困村进行电网升级改造，进村到户了解贫困户的用电需求，实现了村村通动力电，全市供电可靠率达 99.891%，电压合格率达 99.965%，户均容量达 2.66 千伏安/户，台区线路绝缘化率达 100%。联合电信、联通、移动三方通信行业巨头强化农村信息化基础设施建设，开展光纤网络进村活动，针对贫困户推出优惠套餐，鼓励贫困户触网，借助网络了解最新农业政策，丰富日常生活。最后，医疗卫生服务是关系到生命健康安全的最重要的保障措施，自脱贫攻坚战打响，高校附属医院每年开展"送医送药"活动，为村卫生室捐赠医疗器械、药品，派专家到村问诊，为农村妇女、老人、儿童做免费体检，在医疗方面提供了可靠的保障，有效降低了村民因病返贫的风险。

高校具有社会服务的职能，选派驻村干部能够促进基层党组织发挥党建引领作用。在脱贫攻坚战中，与贫困村建立了定点扶贫联系，帮助贫困村摆脱贫困。界首市共 11 家省级定点帮扶单位中包含三所高校，分别是国防科技大学电子对抗学院、安徽林业职业技术学院、安徽艺术职业学院。高校负责在全体教职工内组织选拔出一批政治素养过硬、思想先进、志愿服务意识强、清正廉洁的优秀中青年教师作为定点服务村的精准扶贫驻村干部，加强农村基层党组织建设，与当地村干部通力合作，优化村内原有的领导班子结构，改善基层乡村管理队伍老龄化的现状。同时组织当地基层干部到大学进修，利用培训加强理论知识学习，激发党员干部的学习动力，打破了农村领导干部思想观念陈旧落后的僵局。扶贫期间，高校驻村干部负责组织引领贫困户参加讲座，宣传新思想、新政策，为贫困户创造发展的新机遇，讲述典型地区脱贫案例，提升贫困户脱贫的自信心，从思想层面鼓动贫困户提升自主脱贫的积极性，发挥基层党组织的引领作用。除基层党组织建设外，鼓励农村发展村集体经济，加强群众组织建设，也是推动乡村组织振兴的可靠路径。高校专家根据界首市地方资源优势，挖掘特色产品，引进培育新品种，打造"一村一品"的产业特色，发展林下经济。村集体通过建设种养殖基地为贫困户创造了可靠的增收路径，贫困户通过入股分红等形式获得收益，实现脱贫。

9.3 地方高校助力脱贫攻坚与乡村振兴有效衔接的启示

脱贫攻坚已取得了全面胜利，现阶段的主要目标是巩固拓展脱贫攻坚成果，全面推进乡村振兴，高校作为助力巩固脱贫攻坚成果与乡村振兴有效衔接的重要参与主体，在思想引领、壮大产业、提供人才、改善生态环境和巩固成果方面作出了突出的贡献。

9.3.1 强化思想引领，助力乡村振兴

在城乡二元结构下，农村教育教学水平低，农民的思想意识相对僵化落后，需要从多方面对其进行引领。首先，最重要的是对农户自主发展意识的引领，思想决定行动，农村地区发展缓慢的根本原因在于农民思想落后，缺乏发展产业的积极性和自主致富的精神动力。高校应该积极举办宣传讲座和参观活动，利用广播、电视、微博、宣传标语等形式鼓励农户参加讲座，培养农户的科学素养和自身素质，从思想上实现由过去的"等靠要"向自主脱贫转变，聚焦于发展农村产业。在线上利用播放视频的形式宣传展示优秀典型地区样板案例，或带领一批有发展意愿的农民进行实地参观，进一步激发农户的自主发展意愿。其次，是对农民接受技术意愿的引领，技术在农业生产过程中发挥着关键作用，是促进农村经济发展的源动力。当农民的发展意愿被初步建立起来，就需要进一步引导农户使用先进的生产技术提升质量和效益，从思想上自觉寻求和接受技术。充分发挥高校的科研技术及人才优势，借助高校科技特派员宣传新品种、新技术、新装备、新思想、新模式，促进产学研结合，加速科技成果落地转化。最后，是对农民创新和绿色发展意识的引领，鼓励引导农户向纵深方向发展，对现有产业链条进行创新，从原始的初级加工向深加工、精深加工转变。随着消费者对食品安全的重视程度提升，高校应该注重加强引导农民走绿色发展道路，通过在村内贴宣传标语、开办讲座、监督巡查等形式从思想层面引领农民在进行农业生产的过程中始终贯穿绿色发展的理念，强化农民的生态保护意识，重视农村生态环境的保护，确保食品质量安全，生产健康绿色的农产品。

9.3.2　发展壮大农村产业，提升农业经济效益

产业振兴是乡村振兴的重点，发展农村产业是带动农民增收、吸引人才回流的主要手段。在脱贫攻坚战中，大部分贫困户是依托产业实现脱贫的，但由于农村经济基础相对落后，普遍存在根基不稳的问题。因此，高校要重点结合农业科技园区带动、农业科技计划项目实施及科技创新平台等资源，开展产业扶持行动。巩固拓展现有脱贫攻坚成果，发展壮大现有产业，发挥产业的带动作用，组织选派专家对现有产业进行技术指导，培养发家致富的带头人，辐射带动其他农户参与，确保产业发展的可持续性。鼓励农户土地流转，扩大产业规模，扶持龙头企业，发挥产业的规模效应、聚集效应和集约效应。对待地方优势产业要进一步加强，按照"人有我优、人优我特、人特我精"的原则进行创新，与当地龙头企业合作，助力优势特色产业实现转型升级，借助高校专业人才对初级产品进行精深加工，延长产业链条，提升产品附加值。同时更要注重对新型特色产业的挖掘，立足当地自然资源环境，因地制宜地制订地方特色产业发展计划，坚持人无我有的原则，打破同质性竞争壁垒，探索新的产业模式，为农民提供从产前的市场信息搜集、品种选择等到产中的技术指导，再到产后销售的全产业链式服务，及时解决生产全过程中遇到的难题。借助高校信息资源优势，结合市场需求研发新产品，促进农民收入的提升。对那些由于地理位置原因导致缺乏知名度的贫困地区高品质特色产品进行宣传并重新包装，帮助农户打造知名农产品品牌，搭建特色农产品产业链，助力打造集现代农业、休闲旅游、田园社区为一体的田园综合体，推动乡村三产融合发展。

9.3.3　持续提供人才支持，激发农民内生动力

随着时代的发展，人才已经成为促进地区经济发展的重要支撑，人才振兴是乡村振兴的重要保障。相比于城市地区，农村的经济发展落后，更加需要人才发挥带动作用。高校应该持续为农村培养和培育人才，尤其是农业类高校更应该加强与农村的联系，积极响应国家政策号召，主动加入乡村振兴的阵容中去。从高校选派科技特派员到农村进行技术服务指导，与农户对接，摸查当地产业发展情况，进行关键技术攻关和技术推广活动，因地制宜地提出产业发展应对策略。从校内选派驻村干部，强化农村党建引领，发挥基层党组织的先锋队作用，带领村集体发展农村经济，提供先进的发展思路和村级管理技巧，为农业谋发展，为农村带项目，为农民办实事。在人才培养上，高校应该根据乡村振兴的时代要求调整学科专业设置，完善专业课程，瞄准乡村振兴未来产业发展需求，培养农村真正需要的高素质人才，将服务重点由一产向二三产业倾斜，为农村培养更多电子商务、市场营销、乡村旅游等高收益性二三产业相关的人才。加强与农业企业合作，将其列为大学生定点实习单位，建设专业实践基地，培养大学生对服务农村的热情，鼓励其在农村就业创业，利用激励手段和优惠政策吸

引更多青年返乡，解决当前农村普遍存在的劳动力老龄化和专业人才短缺问题。学习借鉴中国农业大学，鼓励更多农业院校开办乡村振兴实验班，立足本省发展需求，培养服务农村的定向人才。除了培养校内人才外，培训当地农民才能真正实现由"输血"向"造血"转变，借助高校的场地、专业人才、基础设施等先天优势，组织开办培训班培养新型职业农民，针对不同类型的农业生产经营主体分别制订培养计划，重点培养种植大户、合作社、家庭农场等发展能力强的新型农业经营主体，辐射带动其他农户向职业农民转变，同时根据农民的接受能力动态调整培训的方式和培训内容，传授先进适用的技术手段，为农民解决生产过程中遇到的实际问题。完善培训体系，设置培训班规章制度严格监督受训人员的考勤，对多次无故缺席的学员提出警告。加强与学员之间的沟通交流，通过反馈及时调整培训内容和方式方法，配合考试检测学员的学习效果，在结业时颁发培训证书，培养新型职业农民。

9.3.4 加强农村生态文明建设，促进农业绿色发展

生态建设与经济增长之间存在辩证关系，生态建设需要大量资金投入的同时，也会带来更大的收益回报。高校在助力乡村实现生态宜居的进程中能够发挥引导和促进作用，推动乡村由绿水青山向金山银山转变。高校除了对农民进行思想引领外，也应该注重引导农民由传统的粗放型农业生产方式向绿色高质量农业生产方式转变，传授绿色科学种养技术，减轻化肥农药的施用量，将农业废弃物变废为宝，在农村推广秸秆和畜禽养殖废弃物综合利用技术，坚持人与自然和谐共生。在农村居民生活中，引导其规范农村生活垃圾分类处理，污水集中处理，提升农村生活的人居环境，评选最美庭院和最美街道，营造人人美化环境的氛围。在乡村文化建设方面，高校应该加强文化宣传，组织开展素质文化教育活动，发展职业教育培训和农民继续教育，通过制定优惠政策鼓励高校教师积极参与农村教育帮扶工作，鼓励大学毕业生到农村基层任教，提升农村教育水平。针对不同年龄阶段的农民对物质文化生活的需求，举办丰富多彩的文化活动，向农村义务捐赠书籍等文化产品，借助物质激励手段吸引广大群众参与，在农村营造人人爱学习的文化氛围，提升农村整体的文化素质水平。充分挖掘地方传统文化资源，利用地域文化提升当地农民的聚合力，保留继承农民祖祖辈辈沿袭下来的淳朴民风，以诚示人。充分发挥高校的专业优势，组织法律专业的师生为农民普及宣传法律知识，在进行农产品品牌建设和日常生活中时刻以法律为准绳，严格遵守法律，加强农村法治文化建设。利用高校旅游管理专业的优势，制定文旅融合方案，将文化要素与乡村旅游结合，保护当地祠堂、老街深巷、美食美景、剪纸彩陶等古建筑及文化产品，借助地区独特的历史文化打造个性化旅游景点。

9.3.5 巩固脱贫成果，助力乡村振兴

当前阶段正处于脱贫攻坚与乡村振兴有效衔接的过渡期，脱贫攻坚已取得全面胜

利，绝对贫困被消除，但相对贫困依然存在。加之大多数贫困地区地理位置偏远，自然环境相对恶劣，基础设施不完善，且农民文化素质普遍不高，产业发展缓慢，随时存在返贫的风险。从高校角度出发，应该立足自身优势，及时调整现阶段的服务"三农"计划，为农村提供人才、资金、技术等资源，促进农村实现产业兴旺、生态宜居、乡风文明、治理有效、生活富裕的总要求。及时总结脱贫攻坚期探索出的效率高、效果好的经验做法，按照乡村振兴阶段的现实需求适度加以优化和改良，运用到推动乡村全面振兴工作中去。在贫困户与高校服务"三农"人员之间搭建起利益联结机制，确保实现长期稳定有效的扶贫，决不能在脱贫攻坚结束后一走了之，要保证稳住脱贫成果，持续为农村输送科技和人才力量，落实摘帽不摘责任、摘帽不摘政策、摘帽不摘帮扶、摘帽不摘监管的要求。鼓励各高校之间加强合作，建立帮扶联盟，整合高校学科、科技、技术、管理、信息等资源，形成强大的聚集教育系统优势资源的"智囊团"和"专家库"，将"一对一"帮扶模式升级为"多对多"帮扶模式。同时高校也要加强与政府、企业等其他社会服务主体的合作，共同为实现乡村全面振兴提供支持。在政府的扶持下完善监测机制，防止发生大规模返贫。对脱贫人口进行划分，将脱贫边缘户纳入实时关注范围内，对有返贫倾向的农户及时帮扶，防止再次返贫。对高校扶贫项目进行跟踪回访，在深入了解项目实施效果的同时，及时发现问题并做出动态调整，强化项目的经济效应。借助高校社会地位为乡村吸纳资金等要素投入，强化基础设施等公共服务建设，吸引人才回流为乡村全面振兴贡献力量。利用高校力量帮助企业开拓创新成果，为企业解决项目实施和企业发展等重大关键问题，带动地区经济快速增长，实现乡村全面振兴。

参考文献

[1] 宋晨. 脱贫攻坚与乡村振兴的有效衔接研究——以保定市P镇为例 [D]. 保定：河北大学，2021.

[2] 豆书龙，叶敬忠. 乡村振兴与脱贫攻坚的有机衔接及其机制构建 [J]. 改革，2019 (1)：19-29.

[3] 杨艳文. 发挥高校优势　助力乡村振兴 [N]. 吉林日报，2021-11-15 (7).

[4] 王铁军. 高校选派科技特派员的优势及作用分析 [J]. 江西农业学报，2008 (8)：152-153，158.

[5] 惠志丹. 乡村振兴战略背景下农业高校服务乡村人才振兴研究 [D]. 武汉：华中农业大学，2020.

[6] 姜正君. 脱贫攻坚与乡村振兴的衔接贯通：逻辑、难题与路径 [J]. 西南民族大学学报（人文社会科学版），2020，41 (12)：107-113.

[7] 黄娟. 高校助力脱贫攻坚战的五个着力点 [J]. 中国多媒体与网络教学学报（上旬刊），2021 (5)：116-118.

[8] 李金祥. 创新农业科技？驱动精准扶贫 [J]. 农业经济问题，2016，37（6）：4-8.

[9] 陈宇施. 农业大学助力乡村振兴战略实施模式研究——以华中农业大学为例 [D]. 武汉：华中农业大学，2020.

[10] 严瑾，陈巍，丁艳锋，等. 以科技支撑激发产业内生动力——来自南京农业大学产业扶贫的经验 [J]. 南京农业大学学报（社会科学版），2020，20（4）：181-188.